# 田野教学与实践

教育部全国高等学校民族学类本科专业教学指导委员会
中央民族大学民族学与社会学学院 编

**2020 第二辑**

九州出版社 JIUZHOUPRESS | 全国百佳图书出版单位

**图书在版编目（CIP）数据**

田野教学与实践. 2020. 第二辑 / 教育部全国高等
学校民族学类本科专业教学指导委员会，中央民族大学民
族学与社会学学院编. -- 北京：九州出版社，2020.12
　　ISBN 978-7-5108-9977-5

　　Ⅰ．①田… Ⅱ．①教… ②中… Ⅲ．①民族学－教学
研究－高等学校 Ⅳ．①C95

中国版本图书馆CIP数据核字(2020)第247373号

田野教学与实践. 2020. 第二辑

| | |
|---|---|
| 作　　者 | 教育部全国高等学校民族学类本科专业教学指导委员会 |
| | 中央民族大学民族学与社会学学院　编 |
| 责任编辑 | 古秋建 |
| 出版发行 | 九州出版社 |
| 地　　址 | 北京市西城区阜外大街甲35号（100037） |
| 发行电话 | (010)68992190/3/5/6 |
| 网　　址 | www.jiuzhoupress.com |
| 电子信箱 | jiuzhou@jiuzhoupress.com |
| 印　　刷 | 北京捷迅佳彩印刷有限公司 |
| 开　　本 | 710毫米×1000毫米　16开 |
| 印　　张 | 21 |
| 字　　数 | 329千字 |
| 版　　次 | 2020年12月第1版 |
| 印　　次 | 2020年12月第1次印刷 |
| 书　　号 | ISBN 978-7-5108-9977-5 |
| 定　　价 | 89.00元 |

# 主办单位

中央民族大学民族学与社会学学院

# 编辑委员会

**编委会主任**

麻国庆（中央民族大学）

**编委会副主任**

石　硕（四川大学）　　　　何　明（云南大学）

张应强（中山大学）　　　　纳日碧力戈（复旦大学）

**编委会委员**

马忠才（西北民族大学）　　马成俊（青海民族大学）

王　欣（陕西师范大学）　　王德强（滇西科技师范学院）

田　敏（中南民族大学）　　吕耀军（宁夏大学）

刘　勇（西南民族大学）　　关丙胜（新疆师范大学）

许宪隆（北方民族大学）　　杨如安（重庆师范大学）

肖远平（贵州民族大学）　　吴一文（贵州警察学院）

张　文（西南大学）　　　　张江华（上海大学）

张先清（厦门大学）　　　　阿拉坦宝力格（内蒙古大学）

罗　布（西藏大学）　　　　赵利生（兰州大学）

秦红增（广西民族大学）　　袁同凯（南开大学）

聂爱文（广东海洋大学）　　郭献进（丽水学院）

黄志辉（中央民族大学）　　黄彩文（云南民族大学）

彭陟焱（西藏民族大学）

**主　　编**

麻国庆（中央民族大学）

**执行主编**　　　　　　　　**执行副主编**

黄志辉（中央民族大学）　　罗惠翾（中央民族大学）

**编　　辑**

白一莚（中央民族大学）　　王亚宁（中央民族大学）

# ▏目录

# 指导意见

云南大学

寸　炫

2019年7月，我院按照惯例开展了2017级民族学本科生的田野实习调查课程。不同以往的是，本次田野点的目的地是在师生都很陌生的内蒙古，其中我所带队的小组是内蒙古自治区的口岸城市二连浩特市。到了二连浩特市之后才发现，同为边境口岸城市，二连浩特的商贸往来、文化交流、人员流动等情况都和以往我所熟悉的云南边境口岸城市的隔溪相望、"一村跨国"、人员往来密切等情况相去甚远。为了展现口岸城市的特点，最终还是有两位同学的调查点确定在当地最具特点的交易场所——义乌商贸城展开。

本次调查除去在内蒙古师范大学参加蒙古族文化专题讲座以及来回车程的时间以外实际只有15天，调查大致可以分为三个阶段：第一，前期调查。确定具体的田野点，并且让学生能够通过这个过程了解二连浩特市大致的文化经济背景。由于时间紧迫，为了让学生能够迅速进入状态，这一阶段我一直全程参与。首先在出发前和学生讲解前调访谈的重点、流程以及技巧。然后以我为主开展访谈，学生会在我的访谈基本结束后补充他们觉得不清楚的地方，以此过程让他们迅速了解如何进入田野调查，如何与人相处，如何提问，如何切入主题等田野调查技巧。前一阶段调查结束后，要求每个人对前调情况写一个总结，同时根据自己的研究方向和兴趣点确定具体的田野调查点，撰写田野调查大纲，同时提交相应的访谈提纲。

第二，基本确定每个人的调查主题。按照我院学生田野实习课程的惯例，学生进入田野调查点以后，每天都必须提交当日的田野日志和田野报告。我会根据学生每天提交的报告，就内容、提出的问题和遇到的困难进行相应的指导，同时拟定一个调查的具体方向。因为我们组的四个田野点距离较远，无法一一跟进，所以在这一过程中，我主要参与那些访谈和调查进展不够顺利的小组。通过不停地讨论，再调查，再访谈，基本确定每一位同学本次田野调查的具体方向。

主题基本确定以后，我就不再参与他们的调查，白天会根据每个人的调查方向查找一些文献资料，晚上讨论每位同学提交的田野报告以及第二天访谈大纲，纠正方向，修改访谈提纲。

第三，田野报告大纲撰写。考虑到本次田野点跟以往学生们在云南本地调查不同，不具备回访的可能，加之学生们是第一次独立调查，所以为了回去以后在撰写报告的时候，不至于出现遗漏主要内容的状况，在田野调查过半的时候，我要求每个同学都根据目前的调查主题拟写一份田野调查报告的大纲，然后帮助他们整理、修改，这样接下来的调查基本就围绕这个大纲进行，一直到整个田野调查的结束。

总的来说，彭珊的调查除却一开始进入商贸城或许是因为商人对于陌生人戒备心比较重的原因，访谈很难开展以外，其他还算顺利。她也依靠自己的耐心和恒心，同时帮忙那些没时间接受访谈的商户打包快递、照顾店铺等，逐渐赢得了别人的信任，比较顺利地完成了整个调查。

就我自己的经验来说，田野调查的过程就是与人相处的过程，你调查得到什么内容，常常取决于你和被访者的关系如何。学会在田野调查中尊重别人，了解田野调查是一个索取而不是给予的过程，是让学生摆正田野调查态度的第一步。一个好的田野调查基本上也是报告成功的一半。无论多晚，我要求学生必须当天提交当天的报告，所以他们几乎每天凌晨2、3点还在和我一起讨论修改访谈内容和提纲，早上7点又要起床。

到了报告撰写的阶段，我帮助彭珊修改了五六次。因为前期结构和提纲已经确定，所以撰写过程中主要是根据以上提炼出一个更为精确的主题和论点。彭珊本身就是一个努力又认真的同学，回来以后又查阅了大量的资料，所以我给她的帮助，也就是对于一些论点和结构的小调整。

总的来说，作为第一次带队田野调查的老师，我也并不是经验丰富，所以也只有教学兼并，不断根据学生的主题学习新的内容。而对于我个人来说，总觉得田野调查的过程不仅仅是一个专业学习的过程，更多的是一种学习如何与人相处、学习一种思维方式的过程：一方面是将课本内容和实际相结合的过程；另一方面，更重要的，是了解民族学学科的有趣之处，将"同吃同住同劳动"运用到田野调查中并获取信任的过程。

# 口岸城市移民群体的适应与认同

## ——以二连浩特市外地商人群体为例

云南大学民族学 2017 级本科生　彭　珊

指导教师　寸　炫

**摘要：**内蒙古自治区二连浩特市作为中国的"北大门"，是中蒙贸易交往的重要通道，特殊的地理位置聚集了全国各地的外来商户，于当地形成了两个较大的商贸交易场所——义乌商贸城和温州商贸城。本文主要聚焦于描述二连浩特市义乌商贸城外地商人群体在亲缘、地缘关系网络中进行的互惠活动在其扎根、生存及适应中发挥的作用，呈现这一群体建立在"道义性互惠"中独特的文化规则和实践中的运作逻辑。

**关键词：**口岸城市；城市移民；适应；认同

不同的社会有着不同的文化运作规则及不同的社会关系实现的路径。中国社会是一个讲人情面子的社会，众多的研究成果和文化比较研究已证实了这一点（韩少功，2001；阎云翔，2000；翟学伟，1995；金耀基，1993；黄光国，1988；胡先晋，1988—1944）。[①]但在西方诸多理论范式的影响之下，特别是在社会交换理论、社会资源理论及社会网络理论的影响下，有些学者逐渐倾向于将人

---

[①] 翟学伟：《人情、面子与权力的再生产——情理社会中的社会交换方式》，《社会学研究》2004年第 5 期，第 48—57 页。

情和面子作为一种关系资源，附加在西方的相关理论框架内进行研究或建构模型。福柯的话很富于启示性："我们必须抗拒审视巨型的客体社会和其他巨大的整体性之诱惑，我们同时也要避免这些诱惑所埋下的普遍架构和系统陷阱。"（Foucault，1980 :11）而这也要求我们在借鉴、参考理论范式的基础之上，更多地从研究对象出发，根据具体实际调查情况进行理论结合实际的分析。

马克思指出："人们在生产中不仅仅同自然界发生关系，他们如果不以一定方式结合起来共同活动和互相交换其活动，便不能进行生产。"[①] 这样，社会性交换成为人类生产的首要前提。交换概念也由此获得了双重性的含义规定。如果说，人与自然的交换表达了经济的技术要素，那么，社会性交换则明确展现了经济的文化成分。[②] 一味恪守情景中心的中国人的处世态度是以一种持久的、把近亲联结在家庭和宗族之中的纽带为特征的所谓的相互依赖。可以说，在这样语境下的中国人，事实上倾向于具有多重道义准则，个人的处世态度，以存在于近亲者之间的暂时性纽带为特征。因而，在中国这个礼俗社会中极为重要的二次人类集团——家族，不可忽视的是其经济功能对家族中每一个小的组成部分——家庭经济生活的帮助。

自 1985 年 1 月，内蒙古自治区党委、政府批准二连浩特市为准地级市建制后，二连浩特市便开始陆续接纳来自全国各地的外地商人群体，轰轰烈烈地开始城市建设。在改革开放初期的中国，急速商业化和城市经济的勃兴，促使近一亿农民离开家乡，涌入中心城市去寻找就业或经商的机遇。这个规模庞大的群体被称为"流动人口"，这是中国经济改革及其与世界资本接轨的副产品（by-product）。[③] 在二连浩特市，规模庞大的外地商人群体的迁移的原因是多种多样的：有因同乡人、亲戚好友的介绍而动身的，或是经由一同进货的"朋友"聊天谈起有这么一个"聚宝盆"奔赴而来的，也有从各种各样的途径得知国家的政策变动而赶来的……总而言之，在 1985 年二连浩特建市后，全国各地的外地商人开始向二连

---

① [德] 弗里德里希·恩格斯，[德] 卡尔·马克思：《雇佣劳动与资本》，载中共中央马克思恩格斯列宁斯大林著作编译局编译《马克思恩格斯选集》第 1 卷，人民出版社，2012，第 106 页。

② 陈庆德，潘春梅：《经济人类学视野中的交换》，《民族研究》2010 年第 2 期，第 36~47 页、第 108 页。

③ [美] 张鹂：《城市里的陌生人》，袁长庚编译，江苏人民出版社，2014，第 1 页。

浩特市聚集，开始在这里艰难扎根，凭借着身上微薄的资本开创属于自己的小本生意。

## 一、二连浩特市基本情况

二连浩特市位于内蒙古自治区中北部，锡林郭勒盟西部，北纬 42°55′—43°53′、东经 111°17′—112°25′，与蒙古国扎门乌德市隔界相望，两市区间距离 9 千米。辖区面积为 4015.1 平方千米，城市建成区面积 27 平方千米。

二连浩特市是中国对蒙古国开放的最大公路、铁路口岸城市，国境线长 68.29 千米，距北京市 720 千米，距呼和浩特市 380 千米，距俄罗斯联邦首都莫斯科市 7623 千米，距蒙古国首都乌兰巴托市 714 千米。二连浩特市属中温带大陆性季风气候和干旱荒漠草原气候，风能资源较为丰富。

2010 年第六次全国人口普查数据显示，二连浩特市常住人口为 74179 人，同第五次全国人口普查（2000 年 11 月 1 日零时）的 47025 人比，十年内共增加 27154 人，增长 57.74%，年平均增长率为 4.66%。2016 年末全市总人口 75431 人，比上年末增加 2619 人，常住人口（居住本地区半年以上）58647 人，其中二连浩特市户籍人口 32189 人。户籍人口中全年出生 369 人，死亡 71 人，人口自然增长率 4.42‰。[①]

大规模流动人口的涌入为这个城市注入了新鲜的血液。可以说二连浩特市的发展很大程度上是离不开这群外来人口的，二连浩特市的人口增加、产业调整、文化交流发展的动力都有外来商人群体的支持和推动。

二连浩特市从建市、开放之初仅有几千人的人口，到现在有六七万的人口。二连浩特市本地人不到总人口的三分之一，其余全是外来的移民群体。外来的移民群体在二连浩特市扎根、生存的过程中带动了当地一系列产业的发展，可以说二连浩特市政治、经济、文化、社会、生态诸多方面的发展都有外来商人群体的影子。

据二连浩特市政府内部资料中的统计数据来看，二连浩特市的个体私营等非

---

① 二连浩特市政府内部资料。

公有制经济占主导地位，出口商品结构趋于多元化，这一切的成就很大部分都要归功于人数连年增长的、庞大的外来移民群体的积极建设作用。

表1 2006—2010年二连浩特市个体工商户注册登记情况[①]

| 年份 | 注册个体工商户 | 从业人员 | 注册资金 |
|---|---|---|---|
| 2006年 | 4391户 | 12346人 | 4855万元 |
| 2007年 | 4662户 | 13053人 | 5345万元 |
| 2008年 | 5648户 | 5648人 | 11197万元 |
| 2009年 | 6168户 | 11699人 | 13276万元 |
| 2010年 | 6473户 | 13498人 | 18522万元 |

在国家优惠政策的支持和得天独厚的地理优势之下，二连浩特市的快速发展可谓是顺应时代潮流，而支撑发展的主力军正是占据二连浩特市总人口三分之二的移民群体。

1992年，二连浩特市获批开放不久之时，全市两千多人基本都是当地土生土长的百姓。在国家政策倾斜、市场经济体制确立和城市化进程加速等因素的影响下，大量外地人口涌入，并在此扎根、生存，重建自己的人际关系网络——具体表现为小型的亲缘群体和业缘群体，以及不同规模的地缘群体（主要表现为以各省、市为基础的商会组织）。

二连浩特人最多的时候是在2008年前后，那个时候二连一共八万多人，本地人只有一万多，其他全部是我们外地人。只是后来生意不好做了，好多人都走了。现在二连还有六万多人，也差不多有三分之二的人是外地人……我们来到这里也是迫不得已，再难也要在这里混下去。不过最开始只是语言不通，生意很好做的……我也是我表哥带过来的。我之前全国各地都跑过，什么生意都做过，还在昆明卖了半年的烤鸭。后来来这里也是表嫂帮忙，刚开始吃住都是在她家，她还帮我租铺面，介绍客户给我……我在这里做生意，多亏了她帮忙！现在我们还经常聚在一起，过年过节也是经常一起的，也沟通联络一下感情，毕竟大家都是

---

① 二连浩特市政府内部资料。

亲戚嘛。①

大多访谈者都如此回答，来到二连浩特市做生意皆是"无奈"之举——老家种地养活不了一大家子的人，但多亏了亲戚朋友的帮助，才能够在二连浩特市站稳脚跟。第一批来到二连浩特市的商人基本都已回到老家养老，他们将在二连浩特市的生意交给下一代继续发展、壮大，而对于他们"无私"地带人到二连浩特市做生意，他们的口吻基本一致：

我们都是亲戚，也知道在老家种地养活不了家人，这里能做生意就带着一起过来做。亲戚之间也不考虑那些东西的，你好我好才是大家好嘛。②

过年回家走亲戚的时候，人家都会问你在外面干嘛，我说做点小生意，混得还行。人家要是想出来的，就会找上门来，我就带着他们过来了。吃住刚开始肯定是在我家，生意就他们自己看，我也不多说，反正都要他们自己觉得能做才做，我也不插手。③

归纳下来，大致可以分为两种情况：第一是对亲戚群体的帮助大多为"道义性互惠"，似乎自帮助之初就没有期待回报的想法；第二则是出于"沾光"和"面子"，带人出来做生意是一种人情的表达方式，存在着一种人情的伦理模式，这一过程则蕴含着道德和情感意味。阎云翔在《礼物的流动》当中将人情诠释为一种基于乡村社会中常识性知识的伦理体系，并认为该伦理体系包含了理性计算、道德义务和情感联系三个维度，而在不同的实验中，三个结构性因素变动不定的组合带来了人情在行动上的复杂性和弹性。通过研究，阎云翔认为在下岬村的礼

---

① 访谈时间：2019 年 7 月 26 日；访谈地点：二连浩特市浙江商会办公室；访谈对象：浙江温州的床上用品店老板虞某。

② 访谈时间：2019 年 7 月 24 日；访谈地点：二连浩特市义乌商贸城；访谈对象：江西籍男装店的老板娘侯某。

③ 访谈时间：2019 年 7 月 21 日；访谈地点：二连浩特市义乌商贸城；访谈对象：浙江温州银饰批发商叶某。

物赠送和社会交换领域，道德义务更能主导人的行为。在访谈中，"面子"和"威风"是多个报道人多次提及的两个词语。可以说，二连浩特市的外地商人群体的"给予"对"偿还"的要求是非物质性的，他们享受给予的过程，享受在给予之后获得的威望。

## 二、移民网络的发展与交易场所的转变

二连浩特市商户移民网络的形成和整个二连浩特市交易场所的发展变迁有着极大的关系——正因为当地交易空间的不断变换及国家政策、城市经济发展等其他诸多因素的影响，二连浩特市的移民网络才得以逐步壮大。交易场所的变化，大致可以分为火车站、南北市场并存、义乌商贸城与温州商贸城并存三个阶段。

在20世纪80年代中后期，二连浩特市暂未开放之时，中蒙两国的民间贸易主要是由建于1955年国际列车"拉出来"的——不少人批发百货带上火车，到达蒙古国境内开始沿火车车窗卖货，一般出国门没多久货物便会被"一抢而空"，卖货的人又原路返回。这样以一周七天为周期的短途、短期、高利润的销售模式吸引了很多内蒙古自治区和北京市的小商贩加入。与此相对的则是蒙古国人"代购"俄罗斯以及西欧的商品，然后乘国际列车在二连浩特市火车站下车，在当时火车站外两三百米的一个十字路口旁的一个旅店，和专门静候在这里的"二道贩子"①交易。这种交易大多是以物易物。因蒙古国属于温带大陆性草原气候，多草原和戈壁，粮食作物以及水果等的栽种条件严重不足，加之蒙古国的工业基础薄弱，因而在与二连浩特市的小商贩交易的过程当中，蒙古国商贩大多销售军装、呢大衣、毛毯、马靴、皮鞋、鹿茸、鹿角和筒袜等，而"二道贩子"则用大米、面粉等与之交换。蒙古国商贩所卖商品的价格较为低廉，且极具实用性，在当时可称得上是畅销商品，因而在二连浩特市火车站门口倒卖的小商贩赚了不少钱，故而这一行当也吸引了不少的本地人和外地人来到二连浩特市，开始当"小

---

① "二道贩子"是一种职业，俗称"小贩"。其工作的实质内容是指在生产或者供应商一方买进某种商品，然后再贩卖出去。他们就好像中间商一样，不同之处在于，他们常见于一些渠道相对比较窄，买卖双方联系比较闭塞的行业。

老板"。

但是，因为蒙古国的小商贩能够"代购"的商品较少，这一物物交换的贸易仅持续了一年多的时间就结束了。当时蒙古国工业发展滞后，其邻国俄罗斯轻工业生产也较为薄弱，日常生活用品产量较少，能够带到二连浩特市进行交换的东西少得可怜，于是他们换了种方法来中国交换物资——带着美元来到二连浩特市购买所需要的物品。很快，二连浩特市第一阶段的交易场所火车站就被固定的买卖交易场所取代。

1992 年，由政府投资修建了一个专门进行中蒙民间贸易的市场（火车站旁的旅行社北面的空地），即北市场。北市场面积很小，不到一百个摊位，随着贸易发展规模越来越大，狭小的北市场已无法容纳交易，导致很多小商贩在北市场外的土路上摆摊。于是，政府又修建了南市场（现二连浩特市温州商贸城原址），1993 年上半年南市场建成投入使用。于是，北市场的商户慢慢地开始往南市场搬迁，后来就形成了北市场以副食为主，南市场以百货为主的形态，二连浩特市第二阶段的交易市场就此形成了。

但这一阶段并未坚持多久。1992 年 7 月，国务院批准二连浩特市为全国 13 个沿边开放城市之一。[①] 全国各地的小商贩开始向二连浩特市汇集，因当时流动到二连浩特市的商贩太多，很多外地的商贩只能分散开来，分布于二连浩特市北市场、南市场和百货大楼（已于 21 世纪初拆迁，政府后在原址上兴建了新的百货大楼，原址在现二连浩特市金叶商城对面）。当时北市场已经濒临凋敝，南市场汇集了大量的商贩和蒙古国客户，百货大楼计划拆迁，在一位义乌商人的投资下，开始修建义乌商贸城，并于 2003 年建成。

义乌商贸城建好之后，南市场的商户们大多不愿意搬到义乌商贸城。一则老客户都是找着上门的，搬了店，客户就全弄丢了；二来义乌商贸城条件是好了，但租金也就贵了许多。当时，政府和投资建商贸城的老板为鼓励我们搬过去也给出了一些优惠：他们承诺给南市场的商户每户一间商铺，店铺租金也给了一定的优惠。我爸爸想了想就把义乌商贸城那边的商铺当作仓库，我过来守着，两边一

---

[①] 二连浩特市政府内部资料。

起开店，既可以保留住客人，还可以保留这边的店面，也不用怕南市场拆了租不到铺面。①

但这样的局面并没有维持太久的时间，在义乌商贸城建成不久后，南市场不知什么缘故起了一场大火。由于风向的原因，只有部分南市场受灾，纷纷赶来的商户们抢救出来部分货物。那些货物烧毁严重的商人因此离开了二连浩特市，到其他地方另谋出路；而大部分受灾相对较轻的商户则依旧坚持在南市场摆地摊卖货，在坚持了很长的一段时间之后，才和因百货大楼拆迁而搬离的商户一起搬到义乌商贸城重新开店。南市场商户搬走之后，一位温州籍老板 2005 年又在南市场的原址上投资建了温州商贸城，建成之后义乌商贸城当中一些到达二连浩特市较早、资本积累较多的、售卖商品质量较好的商户便搬到条件更好的温州商贸城做生意，当然也有部分商户直接买下了铺面自用。就这样，义乌商贸城和温州商贸城——二连浩特市的两大标志性地点就此形成了。

## 三、移民历史中的"道义性互惠"

20 世纪 80 年代至 90 年代，外出打工的农民发展成"民工潮"。外出打工被看成是无序的、盲目的人口流动现象。② 在 20 世纪 80 年代初到 2000 年初内蒙古自治区二连浩特市也接收了这样一批流动人口。从表面上看，外地商人群体的迁徙谋生行为是纯粹的个人行为。全国各地的人们迁徙至此，迁移方向是分散的、凌乱的，但在二连浩特市移民群体的扎根、适应过程中存在亲缘或是地缘群体的帮助——从迁徙至二连浩特市，再到扎根生存，以及之后的适应与认同，这个过程中道义性互惠的作用痕迹鲜明可见——老乡带老乡出来"发财致富"，不求物质上的回报，更多的是出于"面子有光"的心里满足感的获取。

在政治、经济、文化条件等的多重作用下，全国各地的人们纷纷从农村、城市来到二连浩特市，他们都怀着一个共同的目标：发家致富。来二连浩特市最早

---

① 访谈时间：2019 年 7 月 24 日；访谈地点：二连浩特；访谈对象：江西籍男装店的老板娘侯某。

② 张继焦：《城市的适应：迁移者的就业与创业》，商务印书馆，2004，第 1 页。

的一批外来人口约在 1985 年前后，当时二连浩特市正值内蒙古自治区党委、政府批准为准地级市建制不久。初到二连浩特市的外来人口大致可分为两类：一类人凭借身上微薄的资本在二连浩特市寻个地方落脚便开始寻找商机，因其大多来自农村，毫无经商经验，刚开始基本都是摆地摊，什么都卖，在二连浩特市摸爬滚打一番，在磕磕绊绊的过程中学会几句简单的仅限于交易的蒙古话，刚入门槛，就开始做自己认为赚钱的行当。当时我国市场经济发展正处于起步阶段，社会生产力水平低下，商品种类相对单一，他们当时主要卖哪个大类的商品，一直持续到了现在；另外一类人则是找一份临时工，例如，建筑、物流、家政、环卫等，也有部分人因为不适应二连浩特市的气候和社会环境而从二连浩特市辗转到其他城市继续谋生。

此外，二连浩特市的外来人群主要为三类：工人、农民、商人，因而其迁徙方式大致也可分为三类，即工人在工友或是同乡的介绍下到达二连浩特市务工；农民也大多通过同乡和亲戚朋友的介绍，转变生计方式，来到二连浩特市依靠微薄的本金开始创业；商人则大多通过进货时商人们的口耳相传，放弃原本经营的生意到二连浩特市重新开辟新的天地，然后一步步在其关系网络的互惠下逐渐开始适应城市的经济和社会生活。

据《二连浩特市志》数据显示，2000 年二连浩特市总人口 42922 人，户籍人口 16170 人。2000—2010 年，二连浩特市户籍人口年均增加 1000 人。进入 21 世纪之后，二连浩特市外来人口仍然占整个城市总人口的三分之二，数据不可谓不庞大。

商贸城里唯一一家佛事用品店的老板李某则说："我三十多年前就到了二连浩特市，在老家原来是种地的，收入微薄，连基本的温饱都难以解决，一位在二连浩特市务工的亲戚回老家的时候说这边有生意可以做，我就跟着过来了。因为二连浩特市本地人口较少，基本都针对蒙古国顾客，我当时来到二连浩特市后经过一番考察，发现蒙古国人从萨满教改信喇嘛教，二连浩特市也有喇嘛教的信徒，于是就开始卖佛事用品，一直到现在，三十多年一直都卖佛事用品。我过来做生意，安顿好之后就把老婆带过来一起照顾生意，小儿子也在一二年级时就带到二连浩特市上学。我过来这边做生意赚到了钱之后，就回老家把兄弟姐妹都带到这边做生意。至于做什么生意是他们自己选择，我更多就给予一些生活上的帮助。"

尽管逐渐显现的市场力量，为农民突破户口制度的限制进入城市务工和经商提供了新的可能，但在人口流动、国家和城市之间仍旧存在着多重社会政治张力。虽然城市急需外来人口所提供的廉价劳动与服务，但对城市管理者和居民而言，外来人口是一个严重的社会问题。在他们眼中，外来人口将会消耗本就紧缺的各种资源，还会导致犯罪和其他社会不稳定因素的上升。[①]

最初，外来人口的生存环境十分恶劣，他们没有二连浩特市的本地居民能够享受的权利，摆地摊的时候经常会受到当地生意人的欺负。因为当地人认为大量的外来人口涌入挤占了他们的生存空间，更重要的是外地人"会做生意"，就算当地人会讲蒙古语，优势也不明显。加之他们北方人身材高大魁梧……有时候还会发生肢体冲突。外来人口势单力薄无法与之对抗，刚开始只能任人欺负，但是胜在外地人团结……一来二去，慢慢也就在市场占据了一席之地。直到后来政府建了南市场，管理规范之后，这样的情况就好了许多。[②]

第二批外来人口则是在1992年底国务院批准二连浩特市为全国13个沿边开放城市之一后进入二连浩特市的。正好1993年南市场建设落成，加之政府有政策优惠，在外漂泊务工赚钱的人们将这一消息一传十、十传百，形成了二连浩特市外来人口迁入的第二个高峰，这个高峰时间一直持续到20世纪末。来到二连浩特市谋生的外来人口在此地扎根之后，在过年过节回家返乡的时候又将老乡和亲戚带到二连浩特市一起做生意。

在这种亲属带亲属，老乡带老乡的现象当中，有两种较为典型的情况。一是以义乌商贸城中数量最多的江西人为代表，同乡和亲属往往在生活和生意上都会形成一个休戚相关的关系网络。最先到达二连浩特市的人要帮助他们带来的亲戚

---

① [美] 张鹂：《城市里的陌生人》，袁长庚编译，江苏人民出版社，2014，第2页。
② 访谈时间：2019年7月24日；访谈地点：二连浩特；访谈对象：江西籍男装店的老板娘侯智某。

朋友创业，从进货、找客源到发货，几乎可以说是"一条龙服务"，尽最大努力帮助他们在二连浩特市扎根、生存，因而以江西人为代表的这一类二连浩特市外地商人群体基本上可以用"同乡同业"来概括。二是以浙江温州人为代表，他们会将同乡、亲戚朋友介绍到二连浩特市，生活上会给予最大的帮助，但不会干涉这些亲戚朋友的创业，也不会带他们一起做生意，因而浙江人做的生意也大多不同。

　　银饰批发商叶某说："二连浩特市有我老婆的舅舅和堂哥、表妹四五家人在这边做生意，除了表妹卖饰品兼卖银饰之外，其他的亲戚都做不同的生意。表妹的银饰就和我拿货，我也是以进价给她。我也有朋友过来这边做生意，但都是让朋友自己考察，看自己适合做什么生意。温州人做生意的很多，倘若自己赚了钱，带别人做生意亏了，想着自己在老家'名声不好'，自己也难做人，干脆除了给予生活上的帮助之外不干预任何生意上的事情。当然，毕竟是亲戚朋友，资金流转不开的时候也会互相帮忙，但这都是极少的情况。表妹的生意好坏和我没有多大关系。我觉得市场这么大，购买银饰的顾客也不止一两个，银饰店也不止我们两家，表妹主要是做零售的，其实客源也没有太大的交叉部分，况且表妹还是我的客源之一，利益方面自然是不会有什么矛盾的。"①

　　基于血缘、地缘和业缘关系的国内移民行为，往往通过这种方式在迁入地可以形成较为牢固和稳定的团体和关系网络。基于此，能够看到这样的迁移行为呈现出较为突出的两方面作用：一方面，移民群体的"抱团"加剧了当地人民基于社会资源争夺的排外情绪；另一方面，移民群体的壮大符合该群体自身的利益诉求。外地商人群体通过不断扩大其社会关系网络，促使自身的社会地位和综合实力增强，为争取当地更多相关政策的倾斜与优惠增加可能性，从而使其形成一个于当地、于外地商人群体都有益处的良性循环，不仅促进二连浩特市城镇化的进一步发展，同时也"留得住、壮得大"外地商人群体。

---

① 访谈时间：2019 年 7 月 24 日；访谈地点：二连浩特；访谈对象：浙江温州银饰店老板叶某。

## 四、移民群体人际关系的建构与再生产

二连浩特市的外地商人群体大多经过长时间的经验积累，通过不断带来同乡或是亲戚朋友，在二连浩特市构建起属于自己的人际关系网络。现在二连浩特市义乌商贸城的大多商户已经基本在二连浩特市形成了众多小型的新关系圈——他们不仅在生活上互相照应，生意上也能互相帮助支持。但值得注意地是，具有血缘和地缘关系的这一群人在居住地的选择上，并没有选择相邻而居，而是根据各自的需求和条件出发进行选择。对此，他们的解释也大同小异：

> 二连浩特市的面积几乎和一个镇的面积等同，大家也都有车，平时也各自忙各自的生意，有空的时候聚在一起，开车几分钟就能到，没必要一定住在一个小区。

并且，大多商户只有在过年过节才会回一趟老家。除去老家离二连浩特市相对较近的且店铺照看的人手足够的少数经营者会经常回家之外，大多外来人口俨然已在二连浩特市定居了，"回老家"仿佛成了一种仪式性活动。而在二连浩特市的社会交往，可以说占据了他们日常交往的重要部分。

二连浩特市与蒙古国扎门乌德市隔界相望，两市距离9千米，二连浩特是中国对蒙古国开放的最大公路、铁路口岸。一年三百五十六天，只有在中蒙两国的节假日期间才会闭关，由于蒙古国人没办法在口岸关闭时进入中国，客源自然也就断了，所以现在便形成了闭关就关门休息的惯例。在口岸长时间关闭时，义乌商贸城的外来商人群体会安排进货，所以一年算下来只有短期闭关和下午六点义乌商贸城关门之后才是他们真正的"闲暇时光"。自然而然地，关于这一群体的社交情况也就变得较为简单清楚——除了在义乌商贸城守店的时候和周围的商户们聊聊天、打打牌之外，便是关门之后和亲戚朋友聚在一起吃吃饭、出门走走。除去维护原有的人际关系，经营新形成的邻里群体关系也构成了外来商人群体日常休闲娱乐的一个重要部分。

除了自我形成的小型的亲缘、地缘式群体之外，二连浩特市的外来商人群体

在三十多年的时间内还发展出了以省份为单位（也有少数以县、市为单位，如温州商会）的有助于建立人际间互信和互惠交换规范的社会团体①——商会。二连浩特市本地人的排外情绪加速了外来群体的"抱团"行为，外来群体间的互动相对来说占据了该群体大部分的闲暇时间。二连浩特市的外来群体在同地区的人数到达一定规模之后，其中经济实力较强、威望较高的几位代表带头成立经济和情感交流兼具的组织——商会。在 20 世纪末、21 世纪初之时，二连浩特市涌现了二十多个商会，现存的商会仍有十个。这十多个商会能够发挥的作用较为局限，仅会在节假日组织商会内部成员的联谊活动，以及平日商会成员在生意上出现问题时，商会会出面帮忙解决。因而在部分人眼中，商会不干实事。商会成员在义乌商贸城一楼商户（共 1064 家）中仅占较少的一部分，参与商会的一般都是自身经济实力较强，同时与当地的地方官员熟识的部分商户，普通商户很少会主动加入商会。比起最初出现的众多商会，现今的商会显得有些"多此一举"。究其原因在于最初的外来群体"势单力薄"，无人依仗，但经过这三十多年的发展，最初的外来商人群体甚至已经将后代培育成了二连浩特市的"新人"，这些"新人"又在父辈的基础上继续发展、营生，可以说，现如今这一群体已然深深扎根于二连浩特的土壤当中。甚至连最初"仗势欺生"的本地人也因为外来的人数远多于本地人、外地商人的经济实力和他们对于二连浩特市建设所做的贡献等因素的影响，将原来的拒绝行为换成另外一种方式表现出来——最直接的体现便是，拒绝与外来商人群体及其所售卖商品的接触。同样地，对于外地移民商人来说，他们同亲属、老乡以及商铺周边的商户所建立的社会网络已经足够他们在二连浩特扎根，并且很好地生活下去，他们甚至"不必"认识本地人。

饰品店老板白某说："我的店一直都是批发和零售都有，但都只针对蒙古国人。当地人老是讲价，还啰唆。因为我卖的饰品大多都是用胶水粘在一起的，有时候掉了一两个的，很多人还会找上门来，也卖不了多少，都是几块钱的，也挣不了多少钱，一来二去的也心烦，就直接不卖给当地人了。"②

---

① 陈健民：《社团、社会资本与政经发展》，《社会学研究》1994 年第 4 期。
② 访谈时间：2019 年 7 月 20 日；访谈地点：二连浩特；访谈对象：通辽人白某。

卖小电器的河北人李某则说:"因为我本来卖的这些小电器也都是中等质量的,一般家庭都能消费得起。质量好,平时也有当地人来买的,有钱找上门,我当然也会赚,谁都卖嘛。只是除了卖家和买家的关系之外,我也不愿意和当地人发展更深的关系——因为没必要,我是来赚钱的,又不是来交朋友的。"①

就义乌商贸城内商户的亲属关系以及邻里商户间的互动频率对比来看,除去亲戚群体规模庞大的之外,大多都是邻里商户的交往多于亲属群体。因义乌商贸城的商户除在节假日口岸关闭时能够放松休息之外,便是每天下午六点义乌商贸城关门之后的短暂休息,其活动范围都被限定在各自商铺周围,与周围商户接触的可能性要大于亲属群体。外来商人中亲属结构相对完整的群体和亲人互动的频率通常高于亲属结构不完整的群体;亲戚朋友较少的外地商人,几乎可以形容为"零互动",平日里几乎不作沟通、不相往来。

## 五、移民群体的生存适应现状

### (一)户籍

义乌商贸城外地商人群体自始至终都是以牟利营生为目的,任何影响其谋生的因素都尽可能克服,而政府在打破城乡二元结构体制方面做出的努力对该群体在异乡谋生产生的影响已经微乎其微,加之中国人普遍的安土重迁观念,因而二连浩特市的外来人口办理户籍转入只有在对其有所裨益时才会发生。而迁入主要是受城市社会福利的影响,但通常这样的情况都只发生在户籍地距二连浩特市较近且老家地少、无地的人身上,其余不愿意将户口迁至二连浩特市的人也是因为老家还有土地以及"落叶归根"的想法。

在所有的访谈中,只有一位访谈对象将户口迁到了二连浩特市,原因是为享受二连浩特市的养老福利。其余更多人是因为归根、子女、福利等多重原因而不愿意将户口迁至二连浩特市。

---

① 访谈时间:2019年7月21日;访谈地点:二连浩特;访谈对象:河北人李某。

据男装店老板娘贺某说，她想把户口迁到二连浩特市，但是因为自己年纪超过了限制，没有办法迁。因为自己小孩上幼儿园，又是外地，还是汉族，每个月要七八百元的生活费，因而他们夫妻俩打算等过两年条件好一些能够买得起房了就把两个小孩的户口迁到二连浩特市。

饰品店老板娘白某则说，他们一家三口现在在老家都有田地，所以没有把户口迁过来。因为是内蒙古人，所以看病都是一样的，在老家交了医疗保险，在这边报销比例也和老家一样。虽然说现在已经适应了二连浩特市的生活方式，但是还是想要回老家养老。虽然也考虑过农村条件没有城市好，很多事情可能都不方便，而且他们夫妻二人在二连浩特市也买了房和车，但以后还是要看小孩的情况，小孩在哪里就去哪里。

浙江温州的商户虞某则说，尽管在这里买了房就可以落户，但没有蒙古国的顾客，二连浩特市就是一个空城。而且他认为老了还要回家养老，自己的小孩现在也是在温州上学，以后也是要看小孩的情况，现在户口迁不迁都没什么关系。

## （二）教育

据饰品店主白某说，她的小孩现在六岁，是蒙古族，户籍在老家通辽，现在在二连浩特市上蒙古语学校，上学和当地小孩一样没什么差别，每个月都有补助，一个月的生活费是三百多元。现在她的小孩上蒙古语幼儿园，主要教授蒙语课程，但也开设了汉语课。以后他们也打算一直就让小孩上蒙古语学校。她说父母双方当中一方是汉族一方是蒙古族的，将小孩送到蒙语学校或者汉语学校的都有，这都要看各自的选择；父母双方都是汉族的，把小孩送到蒙语学校的比较少。

江西的侯某考虑到这边的教育水平太低，小学这两年的教学质量倒还好，等小孩上了初中，他们夫妻二人其中一个就和婆婆一起带小孩回家上学。要是小孩真回去老家上学了，就打算暂时关一个店，平时就留一个人看店，上货的时候回来一起发货，然后再回家带小孩。但是后来，她又补充说，等小孩长大一些，学习成绩拔尖就回去，因为老家教育水平高，如果成绩平常就留在这边，他们考上什么学校就接着去上。她说刚开始她的孩子过来上学的时候学校不够，条件也比较差，市里的公立小学好，但外来人口只能上私立学校，每周都交借读费，很贵但也没办法。现在外地小孩也可以上公立学校，而且现在都是九年义务教育，只交书本费，但幼儿园要贵一些。二连浩特市一直都没有蒙汉双语学校，蒙语学校都是教蒙文，虽然汉语、蒙语都说，但课本内容是蒙语。汉语学校之前教育水平也不行，现在比之前好一些，毕竟人口也增加了许多，经济也发展了很多。蒙古族人上汉语学校的也有，但也有很多人纠结到底该如何选择。

除此之外，还有两位浙江温州的商户，他们的小孩都在老家上学，一是考虑到教学水平，二是因为温州人大多都是做生意，在老家上学以后同学就全国各地都有，不管在什么地方做生意都方便一些，但如果在二连浩特市上学，一旦回家之后就很少联系，更何况在二连浩特市上学的小孩的父母基本都是在二连浩特市做生意，区域太局限。

访谈对象中子女不在二连浩特市上学的均为温州人，因为他们认为二连浩特市的教育水平较低并且不能为其子女将来创业提供机会。在二连浩特市上学无困难，但同时也没有优惠政策。温州人和其他地域的商人群体在教育的选择上呈现完全相反的情况，最主要受到温州 20 世纪 80 年代开始的创业浪潮的影响。温州依靠独特的沿海地理优势和改革开放的政策，成为中国民营经济发展最迅速、最活力充沛的城市之一。可以毫不夸张地说，"哪里有市场，哪里有商机，哪里就有温州人"。因而在这样独特的环境影响之下，温州人对于子女将来的创业考虑自然是顾及方方面面的。

### （三）养老

外来商户在二连浩特市养老的意愿普遍较低，大多因为气候、子女教育、落叶归根等因素。其中情况大多分为两种：一是集宁人、科尔沁地区的内蒙古人大多选择在二连浩特市养老。因为老家都是农村，基础设施相对不够完善，而且本身都在一个自治区，社会福利基本没什么差别，甚至因为二连浩特市是国家特批的口岸开放城市，优惠政策较之部分农村地区还要好一些，同时集宁人和科尔沁人做生意的又较多，因而大部分人会选择在二连浩特市养老。另外一种情况则是非内蒙古自治区的外来人口，他们都选择在老家养老或是根据子女的情况再决定。

银饰店的叶某说，他还是准备回老家养老，尽管买了房，现在打算做到一定年纪就要回老家。因为亲戚朋友都在老家，而且中国人讲究落叶归根。现在在二连浩特市做生意的老一辈都回家了，在这边做生意的是基本都是下一代。

拖鞋店老板张某则说，2017 年他把自己的户口迁到二连浩特市了，因为二连浩特市离老家（集宁）也不远，而且现在买了房子和车子，就想着在这里养老。不过只是暂时这样考虑，以后有什么变化也不确定。

这一外来群体就算已经扎根于此，经历几年、十几年甚至于几十年的生活，依旧处于无时无刻的"焦虑"之中，处于长时间的悬置状态。他们长久地扎根奋斗，努力工作，是为了离开，为了尽快摆脱"外来商人"的身份标签，从来没有想过会留下来。

### （四）社会福利

据二连浩特市政府内部资料来看，2000—2010 年，二连浩特市城镇居民收入持续增长，民生保障水平显著提高。通过促进就业、产业富民和民生系统工程等多渠道增加居民收入，实现发展与富民协调互动。社会保障体系不断完善，最低保障标准和补助水平逐年提高。

然而，因外来商户较少将户口迁至二连浩特市，且大多商人都是外省人，所以基本不能享受当地的社会福利。来自内蒙古自治区其他地区的商户能够享受医保报销，但其他外省人则不能享受。

来自通辽地区的白某说，他们一家三口都在老家交了医保，在二连浩特市也可以用，但是报销比例小，并且二连浩特的医疗水平较低，遇到稍微难处理的疾病就不知道该怎么办，所以平时有稍微严重一些的病症就会去呼和浩特市的医院。

### （五）语言的学习

语言的学习分阶段。最初到达二连浩特市做生意的商户一般都是通过一本标注了汉语的小册子学习蒙语，此外便是在一来二去的交流过程中学习。进入 20 世纪后，二连浩特市开始兴起蒙语培训班，专门针对外来商户开班，一般学习周期都较短，学习用语也较为局限，基本都是日常用语，因而义乌商贸城的商户们均只能进行简单的沟通。

卖小电器的李某说，刚开始来到这里时语言不通，生意也很难做，他自己买了工具书学习蒙古语。当时天气恶劣，基本上就是穿着破棉袄上午十点推着小推车拉着两箱货开店，下午三点关门，之后回住所就开始学习蒙语。当时雇一个翻译的费用是每月 1800 元，现在差不多每月 3500 元，另外卖货还要给翻译一部分的提成。不过他在二连浩特市待了这么久，现在也不需要翻译了，况且自己雇的员工也会说蒙语。

男装店老板娘侯某因为在二连浩特市待的时间较长，从小耳濡目染也学会了一些简单的蒙语。中学辍学后，她在父母的店里帮忙了一段时间，在和蒙古国人交流的时候又学会了一些。她 17 岁时，父亲在外面报班，交了几百元，让她学了一个多月的蒙语，班上十几二十个同学年纪各异，各行各业的都有。课程结束后，她留在店里看店，来客人的时候也会交谈几句，慢慢地就学会了。在二连浩特市做生意的外地人专门报班学蒙古语的较少，基本都是靠自己摸索。她说学蒙古语和学英语差不多，单词、字母都要学，只是学的时间短，现在都还给老师了。她的蒙古族朋友和她交流的时候也是说普通话，她现在因为缺乏语言环境的训练，之前学的蒙古语大多都忘了，现在就只会自己生意这方面的用语。

## 六、结论和讨论

二连浩特市外来商人群体当中的互惠原则可以认为是非等价的、依附性的互惠。尽管在之后的经营当中，重建人际关系的商人们在经营、日常生活等方面可能会有持续性的交换，特别是受惠者会因为受到"庇荫"而做出一些回报行为，但从施惠者最初的行为来看，很大程度上，因个人经济实力等因素的影响，并不期望以他（她）为中心构建的人际关系网络圈内的他者会对其在经济方面有一定的补偿，而更多地设想在亲情方面能够有一定的情感获得。"沾光"和"面子"同样也是施惠者出于满足自身的需求而做出的慷慨行为。尽管以人情作为纽带的社会交换并不平等，却依旧有大量的人乐意为之，这背后的运作逻辑和文化内涵也值得进一步探讨。

非正规的大规模人口流动在城市中将外地人异化为"内部的他者"或非公民（noncitizen），并非一个由国家完全操控的单向进程。作为社会能动者（social agents），流动人口有其自身意向、欲求和意识形态背景，因此并不会轻易接受或内化国家规定的从属地位。（Giddens，1979）①二连浩特市的外来群体凭借不断提升的经济资本和购买力重新定义现有社会分类，他们通过各种各样的方式挣扎着超越官方所定义的城市市民身份，形成他们对"自我"的感知和社会归属感，但整个过程却充斥着外来商人群体对二连浩特市的排斥与不满。可以说这一群体的生存在某种程度上的"别无选择"，导致了他们的"被迫接受"。

在与生存理性有关的既有代表性研究中，波普金将农民的行为归结为由经济理性来驱动，认为他们的活动与现代社会中的个体一样，同样由趋向最大化收益的力量所推动。②与之相反，斯科特则坚称他们的行为受到道义伦理的强大传统力量的主导，即个体的行为全面地浸润于社会规则与文化传统之中。③但正如有学者敏锐指出的，相互激烈争论的"二者都没有拿出在个人层面上的直接证据来支持其对小农动机的分析"④。

有的社会学家认为，在相当长的时期内，作为社会基础单位的资源配置形式——家庭经济在整个国民经济中仍将占有很大一部分比例。（李培林，1995，91—92）⑤从长期的事实来看确实如此，同一家族乃至同一乡镇的父老乡亲的生存都被一根隐形的锁链串联起来，它"逼迫"着离乡的每一个人都要对乡里的每一个人担负起责任——作为一个促使跨地域亲属圈形成的重要因素，它通过"道义性的互惠"来增强关系网络的凝聚力和向心力，从而推动整个亲属圈的向前发展。

---

① [美] 张鹂:《城市里的陌生人》，袁长庚编译，江苏人民出版社，2014，第 25 页。

② Samuel L., Popkin, *The Rational Peasant : The political Economy of Rural Society in Vietnam* (Berkeley:University of California Press, 1979), p.30—31。

③ [美] 詹姆斯·C.斯科特:《农民的道义经济学：东南亚的反叛与生存》，程立显、刘建等译，译林出版社，2001，第 6—7 页。

④ 郑宇、曾静:《社会变迁与生存理性：一位苗族妇女的个人生活史》，《民族研究》2015 年第 3 期，第 52—61 页、第 124 页。

⑤ 张继焦:《亲缘交往规则与家庭工业》，《中央民族大学学报》1998 年 7 月 15 日。

# 指导意见

西南民族大学

陈韵竹

在我接受硕博教育的美国人类学界中，流传着这样一句对学科方法论的描述：make the strange familiar, make the familiar strange（将异域熟悉化，也将日常陌生化）。薛姗同学的论文淋漓尽致地体现了这一点。远方的食物，故乡的历史，作者寻找的既是食物背后的文化联结，也是故乡人在远方的开拓与融合。在这篇论文里，她以康定的锅盔展开一段陕西与康定间的族际交流历史，是一篇既有鲜活田野经历，又有翔实史料，同时还充满了烟火气的田野论文。

论文从草稿到终稿的变化，是一次让田野场景重现的历程。论文初稿里，虽然作者论点显明，历史资料几近完善，但在展开具体分析之前，缺少对康定文化的铺垫以及当地多元文化的现场感。论文草稿呈现出作者的既定论点，而田野材料浓缩成支持论点的概略片段。这个问题在论文草稿中十分常见：作为田野调查者的作者在写作过程中，由于对田野经历和资料都烂熟于心，因此在对观点的论述中，容易出现以只言片语高度总结的田野结果。然而对于读者来说，那个作者头脑里缤纷的田野现场并不存在，需要依赖作者的文字描述来重现场景，在作者重现的临场感里，理解所提出的研究问题的文化背景与分析逻辑。事实上，在一周的田野调查里，薛姗同学收集到了非常多的第一手田野资料，因此，在修改过程中，我们回顾了当时的关键访谈场景与转录后的文字访谈稿，梳理康定人对食物和当地多元文化融合的阐释。随后，再将这些鲜活的田野材料与全文的论证紧密结合，在田野材料的穿插叙述中，完成具有说服力的论述。

论文修改过程中的另一个问题是反身性以及如何谨慎对待预设。陕西和康定的锅盔，只是表象的类似，还是真有背后的文化历史渊源？薛姗同学作为陕西人，立意时的灵光一闪是全文写作的动力，好奇心与热情对学术研究固然重要，然而，这样的情感会对田野研究的数据收集与论证分析产生怎样的偏倚或是影响，都需要研究者时刻保持自反性，意识到自身立场可能对结果呈现产生的影响。这样的反思过程，即使在论文写作完成之后，仍然值得继续。

薛姗同学在田野研究与论文写作中体现出的扎实学科基础与严谨学术态度，是西南民族大学民族学本科教育培养的整体努力的结果。作为人类学的教育者，我们应该从一开始就告诉刚入门本专业的学生：人类学田野调查的终点不该是离开田野点的那一瞬间，而是产出论文的时刻。在初学者看来，这个学科时常充满对异文化的探索，田野工作也类似一场冒险。但在田野调查中忍受孤独，熬过文化冲击，从被访者处获取丰富的文化素材，并不是学科实践中最困难的部分，承受住论文写作过程中的冥思枯坐与一次次烦琐的修改，将潦草的田野调查笔记变为规整的论文，与学科理论产生对话，才是真正的挑战。感谢主办方，对本科学生来说，能拥有一次这样有指导、有反馈的田野论文写作机会，是一次绝佳的自我确认与锻炼的过程。

# 锅盔的故乡与远方

## ——饮食交流与族群互动

西南民族大学旅游与历史文化学院 2016 级本科生　薛　姗

指导老师　陈韵竹

**摘要：** 在民族互嵌的背景下，不同族群交往日益频繁。在交往互动过程中有多种表现形式，食物作为其中必不可少的组成部分备受人类学家的关注。四川康定自古以来就是汉藏等多族群和谐交往之地，极具代表性和研究价值。本论文以康定特色食物——锅盔为例，运用人类学田野调查法，从食物的流动入手，对康定与陕西的经济贸易、文化交流、通婚情况进行分析，剖析和谐的族群关系形成、发展的原因，为今天的民族团结、共同繁荣提供历史经验。

**关键词：** 康定；陕西；饮食；族群

## 一、引言

### 1. 提出问题

康定是四川省甘孜藏族自治州首府所在地，位于四川盆地和青藏高原的过渡地带，处于藏、滇、川三角地带的中心位置。康定，又叫作"达折多"，藏语中"多"意为交融交汇之地，"达折多"乃两河交汇之意。每个刚踏上康定这片土地的人，都将看到一幅文化杂糅的图景。在城中心折多河和雅拉河的交汇处，一座以三国时期的蜀国将领命名的"郭达山"陡然耸立。传闻孔明西征，令郭达造箭，"郭达一夜造箭三千，有青羊围炉而舞，真神人也；孔明大喜，封郭达为幕下将军"。这位三国时期的蜀国将领在康定原名"打箭炉"的传说中，担任了汉族文化的代表。这本应是座极具汉族历史传说色彩的山，但却在山壁上绘制了代表着浓厚藏传佛教风格的绿度母、金刚手菩萨、宗喀巴壁画，山中由清乾隆皇帝御书赐匾的著名格鲁派寺庙——南无寺也更显现出这个藏区小城的传统宗教氛围。在康定新城还矗立着一座得肋撒天主教堂。旅人们或背着旅行包，走走停停，满眼都是好奇，期待着领略到别样景色；或在游走中爱上这片土地而选择留下来，开一家故乡风味的餐厅，为这座小城增加些许异乡的滋味。本地人则悠闲自得，对这座城市的包罗万象早已习以为常。上了年纪的妇人穿着藏族传统服饰，背着奶娃娃在街上漫步。街道上的店家们格外热情地向人们推荐着这里绝不可错过的美食美景，他们把对家乡的爱都表现在满脸的笑容里。夜幕降临，人们陆陆续续汇集到情歌广场跳锅庄，奖励辛劳一天的自己，为这一天画上圆满的句号。周围的人们在这份热情的感召下，也纷纷加入，不管会不会跳，也不管动作是否到位、舞姿是否优美，大家都沉浸在这一份快乐之中。各式建筑、各类人群都在此汇聚，组成了这个独一无二的康定城。

康定不仅景色宜人，同时还是个美食名城，食物种类繁多，极有特色。藏餐馆、川菜馆以及各类小吃店几乎遍及大街小巷，其中最引起笔者注意的便是随处可见的藏式大饼（锅盔）。这是一种由面粉制作而成的、直径 15 厘米左右、厚 2 厘米左右的饼。与更有名气的成都锅盔不同，康定的锅盔更大、更厚，不是煎制而是烙成的，与笔者家乡陕西省的锅盔几乎一模一样。笔者不禁好奇：为何相隔如此遥远的两地会出现几乎是"复制粘贴"般相似的食物？这种高度的类似，是纯属巧合，还是两地之间本就存在着历史与文化的牵连？

### 2. 文献综述

食物触及了生活的每一个方面，与人类生存、社会发展的关系密不可分。饮食问题历来被人类学学者所关注。在传统的人类学研究中，饮食和食物都被作为文化表达，并置于文化象征主义的语境中——通过饮食和食物的差异性以呈现饮食的生产、交换和"消费模式"（consumption patterns）。①然而，传统民族志通常是重叙述，少理论，没有由饮食入手去探讨文化与社会。第二次世界大战之后，人类学家对世界各地民族的饮食风俗、食物禁忌、健康营养、现代生活之适应等方面开展了不少研究，形成了饮食人类学的研究分支。②食物创造和制造出社会的差异、边界、聚合和矛盾，交织着诸如阶级、社会性别、家庭和社会共同体之间的复杂关系。③

饮食体系不仅包含生物意义上的认同，还包括社会意义上的文化认同，是一种介乎于外部和内部形态而成为不同群体认同的依据。陈志明通过研究峇峇祭祀仪式的饮食文化及其象征意义，展现了华人的饮食之道在变化中的连续性。尽管文化发生了改变，但峇峇仍是华人，且保留了大部分传统闽南风俗，他们通过食物和祭祖仪式来强调自身的华人认同，这对于理解文化连续性、文化变迁、文化形式和象征具有重要意义。④牟军以云南过桥米线为切入点，论述了过桥米线味道的"好吃"与人们"好想"吃米线的地方依恋感，阐释了人们享受家乡食物的微妙心理以及"地方"与"全球"的互动。⑤另外，饮食也是人们最为日常、最为重要的功能性身体表述和文化表述，是突出群性和族群认同的基本要素。

族群向来是人类学研究的重点之一。国内外学者对族群（ethnic group）的定义也各有不同。马克斯·韦伯认为，"某种群体由于体质类型、文化的相似，或者由于迁移中的共同记忆，而对他们共同的世系抱有一种主观的信念，这种信念对于非亲属社区关系的延续相当重要，这个群体就被称为族群"⑥。巴斯在著名的《族群与边界》一书中，对"族群"的理想化定义进行了讨论，它指的是：（1）生

---

① 彭兆荣：《饮食人类学》，北京大学出版社，2013，第31页。
② 吴燕和：《港式茶餐厅——从全球化的香港饮食文化谈起》，《广西民族学院学院（哲学社会科学版）》2001年第4期。
③ [英]菲利普·费南德茨-阿梅斯托：《文明的口味：人类食物的历史》，韩良忆译，载彭兆荣《饮食人类学》，第32页。
④ [马来西亚]陈志明：《马来西亚伯拉纳干华人美食及其象征意义》，马德福译，《北方民族大学学报（哲学社会科学版）》2019年第2期。
⑤ 牟军：《历史与文化融汇的地方味道——云南过桥米线的人类学研究》，社会科学文献出版社，2016，第2页。
⑥ 转引自蒋立松《略论"族群"概念的西方文化背景》，《黑龙江民族丛刊》2002年第1期。

物上具有极强的自我延续性；（2）分享基本的文化价值，以实现文化形式上的统一；（3）形成交流和互动的领域；（4）具有自我认同和他人认同的成员资格，以形成一种与其他具有同一秩序的类型不同的类型。<sup>①</sup>国内学者在对族群的相关研究中也对其进行了自己的定义。潘蛟认为，族群不仅可以是一种组织，一种人们的"共同体"（community），或勃罗姆列依所说的"族群社会机体"（ethnosocial organism），而且也可以仅仅是一种"人群范畴"（category of population），或勃罗姆列依所说的"族体"（ethnikos）。作为人群范畴，族群仅仅是一种根据人们的世系、文化认同和历史记忆来做的人群分类。<sup>②</sup>孙九霞认为，族群是在较大的社会文化体系中，由于客观上具有共同的渊源和文化，因此主观上自我认同并被其他群体所区分的一群人。<sup>③</sup>还有观点将文化渊源，共同的历史记忆与遭遇当作族群凝聚的重要原因。<sup>④</sup>归结起来，族群是社会成员共同的认知和情感依附。

徐新建、王明珂等学者在《饮食文化与族群边界——关于饮食人类学的对话》中的讨论，从饮食与文化交流、食物与族群边界等方面，探讨了人类、饮食、文化的关联性，分析了饮食文化的层次性、多样性和丰富性。这是目前国内从饮食的角度探讨族群问题的相对较早的研究，曾多次被引用，为族群与饮食关系的研究提供了一个很好的方向。陈志明通过研究海外华人对中国饮食的传承与改变，发现移民者及其后代在新环境扎根定居后，仍然保持原有的饮食习惯，或是食用与当地环境文化互动交往之后产生的融合菜，将享用家乡或民族美食与身份认同感产生关联。<sup>⑤</sup>王欣以新疆为例，说明饮食习俗的相同与相似性，常常会成为拉近各族群心理距离的重要因素，而饮食习俗间的差异则可能造成族群间的心理隔阂与现实距离。这是由于在人类文化习俗中，饮食常被赋予身体隐喻，相同的饮

---

① [挪威]费雷德里克·巴斯：《族群与边界》（序言），高崇译，转引自《广西民族学院学报（哲学社会科学版）》1999 年第 1 期。

② 潘蛟：《"族群"及其相关概念在西方的流变》，《广西民族学院学报（哲学社会科学版）》2003年第 5 期。

③ 孙九霞：《试论族群与族群认同》，《中山大学学报（哲学社会科学版）》1998 年第 2 期。

④ 周大鸣：《论族群与族群关系》，《广西民族大学学报（哲学社会科学版）》2001 年第 2 期。

⑤ [马来西亚]陈志明：《海外华人：移民，食物和认同》，《北方民族大学学报（哲学社会科学版）》2018 年第 4 期。

食造成共同身体，相异的饮食导致身体区分。[①]韦玮和陈志明也曾对食物与人类不同生存环境之间的关系进行过讨论，认为不同民族的饮食文化，包含着其特定的民族饮食记忆，而这些记忆和其民族的身份认同密不可分，如贵州荔波布依族就通过食物来区分自我与他者。[②]大贯美惠子提到重要的食物与烹饪，成为在自我和他者的区隔与表征的辩证过程中的一种隐喻，从而加深自己的文化认同。[③]

总体而言，目前国内通过饮食来讨论中国多族群聚居的和谐共生的理论研究还在少数，从饮食来关注多民族地区族群关系的民族志调查和研究更显重要。选择四川康定作为田野调查点，在于康定特殊的历史、地理和人群流动，其食物的交流、交融过程也体现了族群边界及边界的跨越。

### 3. 调查方法

为了探究研究问题，在本次田野调查中，笔者结合和利用了多种人类学、民族学田野调查的研究方法，结合学科特点与当地的实情，获取田野计查第一手材料。在田野调查之前，笔者通过文献研究法，阅读有关康定地区的民族学、人类学和历史学的书籍，了解国内外学者关于族群关系、饮食人类学的理论研究。在此基础上，笔者设计了访谈问题与调查提纲，为调查的展开做好了准备。到达康定后，通过访问不同年龄段、不同民族、不同性别的当地人、游客、店家取得口述事实等相关资料。同时结合自始而终的参与观察法，针对本研究的问题进行资料的收集与记录。

### 4. 研究意义

"藏彝走廊"的概念在 1978 年由费孝通先生首次提出，描述我国历史上藏、汉、彝、羌等西部各民族迁徙、交流、融汇的通道。康定正处在这条"走廊"的中轴之上，是南来北往、东进西出的族群与文化的交汇点、融合区、发散地。特殊的地理位置造就了康定不同于其他藏区的饮食文化，汉、藏、回几个民族的饮食在此相遇，显现出不同族群间的差异与交融过程。通过深入了解康定地区饮食

---

① 王欣：《饮食习俗与族群边界——新疆饮食文化中的例子》，《中国饮食文化》2007 年第 2 期。

② 韦玮、陈志明：《食物的节律与认同：基于贵州荔波布依族的饮食人类学考察》，《西南民族大学学报：人文社会科学版》2018 年第 3 期。

③ [美]大贯惠美子：《作为自我的稻米：日本穿越时间的身份认同》，石峰译，浙江大学出版社，2015，第 3 页。

文化的形成及其变化过程，分析汉、藏的文化认同、交往与族群的关系，总结历史与现实中，康定多民族和谐相处的历史经验，为今天民族间的有机互动和良性交往，推动建立相互嵌入式民族社会组织和社区，提供民族志个案。

## 二、饮食交流与族群互动

2018 年 7 月笔者一行五人到达四川康定，运用民族学田野调查方法，对当地人进行访谈。组内成员有藏族等少数民族同学，在民族身份上拉近了与调查对象的距离，让团队快速地获得了深层次的一手资料。此行共访谈了二十家餐馆：三家藏餐馆（小小藏餐小吃、玛吉阿米藏餐厅、雪域牛杂汤）、四家川菜馆（正宗川菜馆、重庆川菜馆、家常川菜馆、唐家帽节子肥肠鲜粉）、十家小吃店（陈家凉粉、田凉粉、大同小吃、陕西馒头店、正宗西安肉夹馍、军屯锅魁、重庆烧烤、谭记牛杂汤锅、正宗云南过桥米线）、三家其他餐馆。其中，重点调查了小小藏餐小吃、陈家凉粉。通过对餐馆日常经营活动的细致观察，与店主和顾客们的深入访谈，笔者收集了藏餐馆、藏汉混合餐馆对餐馆的定位，对菜品的安排以及顾客的喜好等相关信息。除餐馆营业人员外，此次田野调查过程中，笔者还在餐馆、菜市场以及街道各处采访了一些本地人及外来人员，收集了关于当地人家庭饮食、餐馆选择等相关信息。

### 1. 康定的多元饮食文化

康定凉粉现已成为地方特色饮食的代表，不过经营和消费的群体却是多样的。例如，位于康定东大街的"田凉粉"，是康定当地家喻户晓的名小吃店，被评为"康定特色小吃""大众评选最康巴特色名店"。店里只卖凉粉这一种食物，凉粉由当地特产白豌豆制作。该店由汉族夫妻二人经营，是传统家庭生产模式，只在每天早上 8 点到 10 点营业。询问店里一位藏族大妈得知："我每天都来，早餐就吃凉粉。这边的习惯就是早上会吃凉粉，然后配着饼子（锅盔）吃。大家都这么吃，很好吃的。"在"田凉粉"的隔壁正是一家售卖锅盔的"陕西馒头店"，人们可以同时购买到凉粉和锅盔，两家店获得了共赢。在这里人们不分民族，一起享用早餐。

位于沿河东路的"陈家凉粉",店主叫卓嘎,藏族,40 岁左右,早些年从巴塘嫁到了康定。墙上贴着菜单:凉粉、凉面、春卷、冰粉、关东煮、火锅粉、火锅蛋等。店面很小,只有两张桌子和四个板凳。店里摆着一尊财神爷,墙上挂着一小幅唐卡。凉粉手艺是代代传承的,一开始背着背篓卖,后来才租下这家店。营业时间是早上 7 点到晚上 7 点。顾客中有些是过路游客,来店里吃点东西或者买些当特产带回家去,甚至有人买下大块凉粉带回西藏昌都;更多的是住在附近的当地人,早上称斤带回家,和酥油茶、锅盔一起吃。店主自家的早餐也是这样,用酥油茶配凉粉、锅盔或者馒头。锅盔和凉粉的重要性,还在康定另一项不可或缺的社交活动——"耍坝子"中体现。当地人约上亲朋好友搭起帐篷,一边吃着熟食,一边喝酒,一边唱着歌,玩棋牌,跳锅庄,放松身心,感受自然,其中最不能少的食物,就是凉粉、锅盔了。店主介绍道:"一般大家去爬山,出去草原玩或是出远门的话,必须带凉粉、锅盔,会在路上吃。可能因为比较方便吧。"现在"耍坝子"已经不再只有藏族民众才能参加,只要愿意,所有人都可以参与其中并享受到惬意的时光。这也成了大家相互了解、建立联系、加深感情的活动。无论年龄,不分民族,每个人都会感受到其中的热情。

同样,在饮食文化交流中,藏式饮食融合了多种食物和口味。例如,位于向阳街的"小小藏餐小吃",店主是两个藏族姐妹,开店八九年了。店里装修与一般小店很相似,特殊的是,墙上挂着一幅唐卡。姐妹两人穿着一身典型的康区藏装,包括头饰,这是我们走过的所有店家中都少有的。她们卖的食物并不是只有酥油茶、糌粑、青稞酒等正宗藏餐,也包括锅盔、酸辣粉、凉粉等,说明顾客群体中包含了藏、汉两族。店中招牌标明是锅盔,专门询问后,店家说:"锅盔是自家做的,就叫藏式大饼,不知道从什么时候开始吃的,祖上就一直在做了。我们每天都会吃的。"

康定的人们并不会给食物的种类划分明显的界限。藏餐馆会有川式风味,而来自陕西西安的店家,招牌是"正宗西安肉夹馍",但也卖起了牦牛肉夹馍,这似乎与招牌的"正宗"二字有些不协调。店家解释道:"这边的特色不就是牦牛肉吗,尝试一下新鲜的做法,吸引点游客。牦牛肉从附近牦牛肉市场买的,就在郭达桥那边。"这种现象在当地其实并不少见,比如川菜馆里的牦牛杂汤锅,连当地的火锅店也会将牦牛肉作为主打特色。一方面因为当地牦牛肉方便易得，在郭达山下的菜市场就有四家专门卖牦牛肉的铺子。另一方面，康定人并不把牦牛肉当作是只有藏族民众才能享用的特殊食物，而是康定的特色——不论什么民族，提及康定特色，那一定少不了牦牛肉。就像锅盔一样，虽然它来自千里之外，但在这座城市里却受到了各民族所有人的喜爱，成为生活中必不可少的组成部分。

图 1　小小藏餐小吃店中的藏式大饼

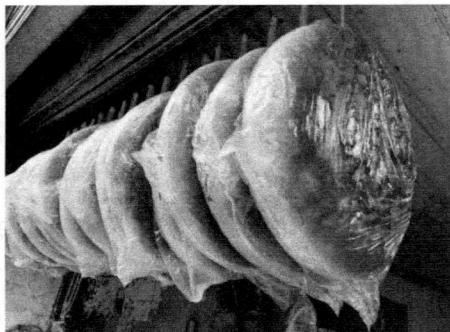

图 2　318 国道旁餐馆悬挂在门口的锅盔

## 2. 锅盔背后的历史、族群与文化交流

锅盔是一种食物，同时也成为一种载体。一种极具西北特色的食物在这里扎

根，并且融入当地藏族人民的生活之中，也从侧面反映出汉藏人民在康定这片土地上的交往与互动之频繁。

（1）陕西与康定的地域联系

康定是四川省甘孜藏族自治州首府所在地，又名"达折多"，藏语中"多"意为交汇融合之地，"达折多"乃两河交汇之意。康定位于青藏高原和四川盆地的过渡地带，处于滇、藏、川大三角的中心位置。东达四川，西通雪域高原，西北可出甘肃至"丝绸之路"，南联云贵地区接"南方丝绸之路"，是川藏茶马古道上三个贸易集散重镇之一。早在康熙五十五年（1716）及雍正十年（1732），就有人这样描述："进打箭炉……番汉咸集，交相贸易……"①

陕西地处关中平原，东起潼关，西至宝鸡，南接秦岭，北抵陕北高原，号称"八百里秦川"，其中心西安市是世界四大古都之一，历史上周、秦、汉、隋、唐等在内的 13 个朝代均在此建都，曾作为中国的首都和政治、经济、文化中心长达 1100 多年，这也使西安成为道教、佛教、伊斯兰教文化的汇聚之地。同时这里还是古丝绸之路的起点。在这条联结亚欧大陆的通道之上，不仅有商品贸易，文化、宗教也在此汇聚。来自神秘异域的吸引力以及商业机会促使关中平原的人们早早就外出经商，去往各地进行贸易往来。

图 3　汉藏同胞进行贸易往来的塑像

① 参见 [清] 焦应旂：《藏程纪略》，载吴丰培编《川藏游踪汇编》，第 15 页；转引自郑少雄《汉藏之间的康定土司》，第 48 页。

（2）陕西与康定的商业往来

宋代，随着川藏茶马古道的兴盛，作为连接四川与藏区的咽喉之地的康定，开始得以发展。元代，西南地区的茶马贸易逐渐变为中原地区和藏区特产的贸易。明代，政府为解决军需，实施"食盐开中"，陕西商民"疾耕积粟，以应开中"①，政府遂将"食盐开中"的理念运用于茶马交易领域，实行"开中商茶"，允许民间商人参与并予以奖励，陕商入川赴藏。清顺治元年（1644）清军入关，西南地区的茶马互市再次展开，康定为入藏要道，川茶易马日益兴盛，其中陕商占据着边茶贸易的主导地位。清末"川边新政"的推行是大批汉人移民进入川藏官道康区段沿线的关键因素。随着屯垦、通商、开矿、练兵、设官、兴学等"经边六事"的开展，商贩、垦丁、矿工、军吏、文员等相关人士亦随之迁入康区，且主要集中在康南官道沿线。②清代《竹枝词》曾记述："听来乡语似长安，何事新更武士冠，为道客囊携带便，也随袴褶学财官"，描述了陕商前往康区经商的情境。

20世纪初期，康定的汉族人口多为陕西人。历史上，陕西人很早就形成了从商的风气，三原、泾阳多经商于陇青，故称为"西客"；渭南、同州多经商于川省，故此地多"川客"；户县牛东乡则在康定多有从商者，称为"炉客"，历史可上溯到300年前。元朝初年，牛东先辈就沿着陕川商道向西、向南经商。元朝中期，大批牛东及其附近的商人进入"打箭炉"经商，是最早进入康定地区的汉族商人。以下转引自傅衣凌先生《明清时代商人及商业资本》中的一段话或可反映陕商活动的轮廓及其地位："河以西为古雍地，今为陕西。山河四塞，昔称天府，西安为会城。地多驴马牛羊旃裘筋骨。自昔多贾，西入陇、蜀，东走齐、鲁，往来交易，莫不得其所欲。至今西北贾多秦人。然皆聚于沂、雍以东，至河、华沃野千里间，而三原为最。若汉中、西川、巩、凤，尤为孔道，至凉、庆、甘、宁之墟，丰草平野，沙苇萧条，昔为边商之利途，今称边戍之绝塞矣。关中之地，当九州三分之一，而人众不过什一，量其富厚，什居其二。间阎贫窭，甚于他省，而生理殷繁，则贾人所聚也。"民国时期《康定概况》记："全县汉、康人民合计，不过二万余丁口。汉人皆属客籍，而以川、陕、云南之人为最多。康人则皆土

---

① 参见陈子龙：《明经世文编》，中华书局，1962，第2734页。
② 王海兵：《移民与清代川藏官道康定至巴塘沿线社会变迁》，《四川民族学院学报》2017年第5期。

著，亦有汉人娶康人之女为妻，或入赘康人之家所生之混合血族，为数亦至多。"①
统计资料表明，1927 年，康定的汉族人口为 4800 人，其中陕西人占多数，除户
县人外，还有泾阳、长安等地人，仅泸河西岸就有户县商号 40 余。1933 年康定
地区商贾总数约为 12000 人，其中，陕、川、藏商分别约为 7000 人、3000 人、
2000 人。②

（3）陕西与康定的文化交流

广为传唱的《康定情歌》，作为中国民歌的代表，被联合国教科文组织评为
世界十大民歌之一。民间流传一种说法，歌曲中所唱的"张家溜溜的大哥"原型
就是陕西入川的盐茶商人，"李家溜溜的大姐"则是康定当地锅庄的女子，这是
一段发生在陕商盐茶之路上的爱情故事。另外，与"茶马互市"年代一样久远的
"闹山鼓"，其实真正的名字叫"老陕鼓"，来源于陕西"户县锣鼓"。旧时在康定
经商的陕西汉子逢年过节都要打上一通，预祝来年生意红红火火。随着时间的推
移，"老陕鼓"成了"闹山鼓"，而锣鼓队的表演形式仍与陕西人过年时"耍社火"
几乎一模一样。打鼓的不再只是陕西人，康定城内的藏、汉等各族汉子也参与进
来，组成了一支既和谐又多元的多民族鼓队，体现着康定地区多样的民族交流与
互动。

（4）陕西与康定的婚姻融合

明清时期由于政策的支持，大量陕西商人前往康定进行贸易活动。不仅如此，
商人还与当地藏族女子结婚，使川藏官道沿线出现大量的"扯格娃"。"扯格娃"
为"番语，汉父番娘所生子女曰'扯格娃'。现在康藏担任通司翻译之人，什九
皆扯格娃也"③，他们在增进汉藏同胞交往、沟通汉藏文化等方面发挥了独特的作
用。他们的出现，使康区汉藏族群边界不再僵固，增强了弹性。由于汉族移民的
迁入，清代川藏官道沿线藏族社会也接触到了汉族的语言与文化，两种民族文化
在日益频繁的交流中相互影响着，形成了你中有我、我中有你的和谐局面。在
民国时期，康南地区纷纷变乱之时，"惟此大道沿线始终拥护中华政府，未尝叛

① 王业鸿：《康定概况》，《新西康》1938 年第 1 期。
② 刘阿津、李刚：《千年秦商列传》，电子科技大学出版社，2015，第 255—266 页。
③ 王海兵：《移民与清代川藏官道康定至巴塘沿线社会变迁》，《四川民族学院学报》2017 年第 5 期。

逆"①。原因之一就在于沿线的藏族人民与汉族人民接触已久，两者早就和平相处几百年，平衡的局面极具韧性，不会轻易被打破。

在田野调查中，笔者发现康定的人们对民族身份并没有十分明确的区分，当我们询问他们的民族，或是对不同民族交往的看法时，他们都会表现出诧异，似乎并没有思考过此类问题："我们其实不太注意到底是什么民族，没这个想法，大家都生活在一起，吃的也差不多，耍坝子也都一起去。其实没什么差别的，大家都是一样。""也没必要分得那么清楚嘛，过得开心就好啦。"大家生活在一起，而且吃着差不多的食物——藏式大饼、凉粉等，会一起"耍坝子"、跳锅庄，通婚现象也普遍存在，"藏族和汉族结婚很多的。有些汉族人结婚会租藏族衣服，汉族人与汉族人结婚也会租藏族的衣服来穿，就是因为好看嘛"。所以，民族区分并没有突出的表现，康定的人们在介绍自己时只会说"我是康定人"，而并不以民族名称作为严格的区分标准。

**3. 锅盔：饮食交流与族群互动的产物**

在各式各样的饮食中，康定的锅盔竟变成了主打食物，这是典型的族群交往和文化流动后的产物，它融入康定的餐馆和民众的日常生活中，成为当地必不可少的美味之一。

在陕西，锅盔又叫干馍，是"陕西八大怪"之一，人称"睁眼锅盔像锅盖"；以"干、酥、白、香"著称，干硬耐嚼，内酥外脆，白而泛光，香醇味美，是西北地区的民间小吃，尤其在陕西关中地区和甘肃、宁夏流传广泛。陕西锅盔的历史可以追溯到商周时期，相传周文王伐纣时锅盔就被用作兵士的军粮，在陕西西府一带，至今还有一个锅盔的品种叫作"文王锅盔"。锅盔到了秦代更是被发扬光大，相传秦军行军时士兵配发的锅盔，既大又厚，一个都有五六斤重。另外，锅盔的保质期比较长，适合长时间存放和携带，即使在炎热的夏季，半个月也不会发霉变质。

然而，距陕西关中地区千里之外的四川康定却发现了锅盔的身影，尤其是临近 318 国道的新市前街、新市后街，基本所有的餐馆门口都摆有一沓锅盔。这些锅盔并不是四川成都特色的填充肉馅的锅魁，而与陕西锅盔一模一样，并成为家

---

① 任乃强：《西康图经》（民俗篇），南天书局（台北），第 285 页。

家户户日常饮食中不可缺少的一部分。

图 4　新市前街一家餐馆门口的锅盔

　　特定的食物飞跃千山万水，成了另一地区的人们日常生活中不可或缺的一部分。长年累月中，人们自觉或不自觉地不断将本地的文化传播出去，同时也吸收了异地的文化，而食物就是其中一项不可忽视的载体，它承载着背井离乡者的乡愁，见证着两地人的互动融合。

## 三、结语

　　人类学研究中，食物一直是被关注和研究的对象。在关于食物与族群的研究中，族群的历史、地理以及文化在食物的交流、融合和族群边界等方面的内容存在密切的联系，发挥着重要的影响。康定是藏彝走廊、茶马古道和南方丝绸之路的必经之地，因其特殊的地理环境和历史因素形成了多族群杂居共生的文化景观，这样的社会形态使得康定社会具有很强的包容性、互补性。

　　小小的锅盔，反映了日常生活中族群交流的影子。历史的车轮昼夜不停，百年时光流逝，相隔千里的陕西与康定，在那条茶马古道之上曾发生过多少或和睦或冲突的往事，已不得而知。但从锅盔这个小细节中，我们可以窥见陕商在路途中的艰险以及陕商与康定藏族同胞间的生命交集与贸易交流。或许只是偶然，锅盔就留在了这里，并受到所有人的喜爱。今天的我们，仍能通过锅盔的故乡和远方，去梳理两地之间历史文化与族群往来的种种牵连。

**附录 1**

前期调查提纲

A. 餐馆

研究内容：

餐馆本身（老板、员工）、餐馆流动人群

切入点：

对象：经营者

1. 对餐馆的定位（正宗川菜 / 藏餐）

2. 餐馆内菜品的选择（康定特色 / 吸收外来特色）

3. 本地人 / 外地人（外地：祖辈迁移 / 自身迁居）

对象：就餐者

1. 本地人 / 外地人

2. 选择餐馆的原因（适合口味 / 追求新奇）

3. 是否为追求民族特色？在城中是否清晰感受到藏式风情？

B. 家庭

切入点：

1. 是否是本地人？如果不是，何时从何地迁来？

2. 访问 / 了解：以前主要吃的是什么？现在保留了以往的哪些食物？

3. 对比：以往单一民族和现在多元民族下饮食的差异性

4. 影响：其他民族的食物对本地民族食物的影响

5. 融合：其他民族的食物与康定本地饮食的融合

## 附录 2

表 1　访谈餐馆店主名单

| 店主 | 年龄 | 民族 | 籍贯 | 店名 | 地址 |
|---|---|---|---|---|---|
| 卓某嘎 | 40 | 藏族 | 巴塘（嫁入康定） | 陈家凉粉 | 沿河东路 |
| 夫妻二人 | 35 | 汉族 | 康定 | 田凉粉 | 东大街 |
| 何师傅 | 35左右 | 汉族 | 陕西西安 | 正宗西安肉夹馍 | 东大街 |
| 王阿姨夫妇 | 50左右 | 汉族 | 成都邛崃 | 军屯锅魁 | 新城区 |
| 何师傅 | 30左右 | 汉族 | 陕西西安 | 陕西馒头店 | 东大街 |
| 谭氏夫妇 | 40左右 | 汉族 | 重庆 | 谭记牛杂汤锅 | 郭达街 |
| 夫妻二人 | 40左右 | 丈夫汉族妻子藏族 | 康定 | 正宗川菜馆 | 新市后街 |
| 张婆婆 | 60左右 | 汉族 | 四川德阳 | 重庆烧烤 | 新市前街 |
| 一男两女 | 40左右 | 藏族 | 康定 | 雪域牛杂汤 | 西大街 |
| 两姐妹 | 40左右 | 藏族 | 雅江 | 小小藏餐小吃 | 向阳街 |
| 中年妇女 | 50左右 | 藏族 | 康定 | 玛吉阿米藏餐厅 | 新市前街 |

注：另有三家其他餐馆

表 2　访谈顾客名单

| 店名 | 性别 | 年龄 | 民族 | 身份 |
|---|---|---|---|---|
| 田凉粉 | 女 | 40左右 | 藏族 | 本地人 |
| | 女 | 60左右 | 汉族 | 本地人 |
| | 男 | 50左右 | 汉族 | 游客 |
| 军屯锅魁 | 男 | 20左右 | 藏族 | 本地人 |
| 大同小吃 | 男 | 20左右 | 汉族 | 本地人（店员） |
| | 女（两名） | 20左右 | 藏族 | 本地人 |
| | 女 | 40左右 | 汉族 | 本地人（店员） |
| 雪域牛杂汤 | 女 | 40左右 | 非汉族、非藏族 | 在康定上班十几年 |

表 3　访谈菜市场商贩名单

| 售卖产品 | 性别 | 年龄 | 民族 |
|---|---|---|---|
| 菌类 | 女 | 50 左右 | 藏族 |
| 牦牛肉 | 男 | 30 左右 | — |
| 雪莲花 | 女 | 40 左右 | 藏族 |
| 奶渣 | 男 | 60 左右 | 藏族 |

表 4　访谈行人名单

| 职业 | 性别 | 年龄 | 民族 | 籍贯 |
|---|---|---|---|---|
| 清洁工 | 女 | 45 左右 | 藏族 | 丹巴 |
| 保洁员 | 男 | 40 左右 | 彝族 | 九龙 |

# 指导意见

云南民族大学

李建明

　　竹编是西南各族人民在长期的生产生活经验中共同创造的手工技艺。竹，因其生命力旺盛、生长周期短以及可塑性强很早就被人们认识和利用，在早期的西南各民族文化生态中扮演着重要角色。以山地民族的迁徙建寨为例，每当村寨因人口增长分寨，迁离的人们在选定新的居住地后便要优先种植竹子以便获取建筑与生活材料。不仅如此，竹编还参与到人们的信仰仪式中，成为重要的仪式用具，由此会分化出专业的竹编艺人承担制作社区器物的需要。竹编是各民族共同的创造，但因民族与地区差异，不同民族通过自身文化创造的竹编工艺品又有差异。因此，竹编文化也反映了西南各民族的审美以及对生活世界的认识。张哲维同学的文章《文山富宁归朝地区壮族竹编工艺调查研究》以云南文山富宁归朝地区壮族的竹编为调查对象，深入细致地描述了文山壮族竹编工艺的制作流程、工艺特点以及竹编艺人当前的传承情况。同时，张哲维同学还注意到了随着生产力的提升，现代工业制品逐步替代了竹编的各种功能，使得竹编行业逐渐衰落。然而，作者通过对竹编艺人的调查以及发掘竹编自身潜在用途的不可替代性，说明竹编依然能够在快速工业化的当代乡村社会发挥应有的用途。张哲维同学的论文调查细腻、写作认真，在田野调查的同时与当地村民结下深厚的友谊，这是从事民族学的人在研究地方社会时应有的态度。

# 文山富宁归朝地区壮族竹编工艺调查研究

云南民族大学 2016 级民族学本科生　　张哲维

指导老师　　李建明

**摘要：**近年来，民间传统文化受到现代文化的冲击越来越大，各个地方、各种群体的传统文化都面临着这样的现状。笔者以云南省文山壮族苗族自治州富宁县归朝镇老街三寨区域为田野点，以此区域内的传统壮族竹编为主要调查对象，选择了两位极具代表性的报告人进行访谈，收集了大量有意义的田野材料。本文着重比较、解读老街区域壮族最近数十年来生活、生计方式的变化，通过竹编地位的改变，展现在经济、社会发展过程中老街壮族在文化上所做出的改变和妥协。

**关键词：**社会变迁；传统手工；壮族；竹编工艺

## 前言

笔者随云南民族大学民族研究所（历史学与民族学学院）2016 级民族学班于2019 年 3 月 12 日至 4 月 11 日到云南省文山壮族苗族自治州富宁县归朝镇进行了为期一个月的民族学田野调查活动。笔者在初到归朝镇时，发现当地一些壮族民众还在使用竹子编制的器具作为生产生活用具，并且当地一些村民的介绍中有提及他们"熟练掌握竹编技能",拥有"竹编技艺传承人"等称号,同时在一些地方志和文山州编撰的非物质文化遗产书籍的照片里,屡次见到竹编制品的身影。笔者认为这是一个有意义的调查对象,遂展开了走访调查与资料收集。

竹编在壮族人的生活中所扮演的角色十分重要,可以说是渗透到了壮族人生活的各方各面,他们的日常生活都是在与竹编制品打交道。可以说,竹编对于壮族,是生活、生产的根本与保障,没有了竹编制品,他们大部分的生产生活都无法开展与进行。壮族所居住的地区都是热带,属热带季风气候区,气温高,热量充足,太阳光照条件好,年降水量较大,所以壮族居住地区的水热条件良好。在自然、人文条件的共同作用下,壮族选择用竹子作为生产生活中的主要用具:第一,湿热的气候十分利于竹子的生长,竹子多分布在山顶、山脊线、向阳坡、河流边、低洼地;第二,竹子生长速度很快,在经过砍伐后能再次生长,对于持续使用材料和将来能否继续使用材料的问题影响较小;第三,壮族对于竹子材料的需求是十分巨大的,竹子分布广、生长快的特点满足了人们的需求;第四,竹子分布广泛,取才方便,甚至推开家门就有竹子,可以直接就地取材、就地加工;第五,壮族还掌握了人工种植竹子的技术,材料丰富;第六,经济性,竹子产量大、生长快的特点决定了选择竹子的成本低。

## 一、田野调查点概况

### (一)归朝镇概况

归朝镇位于富宁县东南部,距县城 37 千米,东接谷拉乡,南与广西那坡县的龙合、定业、城厢等乡镇相毗邻,西靠板仑乡,北与洞波、者桑相接壤,323 国道和普厅河穿境而过,是云南通往沿海地区的重要通道,下辖 15 个村委会、341 个村小组,居住着壮(70.9%)、汉(14%)、瑶(15.1%)三个民族,2007 年的人口普查数据显示,全镇共 8759 户、41343 人,其中少数民族占总人口的 86%。坝区(主要为普厅河流域)为各民族杂居区,边远山区(主要为后龙山区域)人口居住分散,民族成分单一,以小村落为单位展开生产生活活动。山区村落基础设施极为落后,一些村落甚至连基本生活用水都成问题,并且交通也很不方便——通往外界的都是山路、小路，部分村落与坝区的距离仅为十多千米至数十千米，但到这些村落需要花费数小时至半天时间。近年来随着国家扶贫攻坚计划的大力实施，状况有所改善。现阶段仍然居住在山区的民族多为瑶族，壮族目前基本都搬迁到了坝区。现在山区还遗留着一些过去壮族生活的痕迹：已经长满一米高杂草的位于后龙山山间小平地上的稻田、田坝，还有过去壮族在山上的坟墓（部分坟墓是从更加偏远的山区搬迁过来的），所以每逢清明节，壮族家庭会上山进行扫墓活动。

居住在归朝镇的各民族风俗文化各异，民族服饰类型多样，民族节日众多。归朝镇下辖区域内至今仍遗留很多带有浓重壮族文化烙印的人文古迹。归朝地区水稻种植业很发达，在龙跃村考古发掘出土的石锛，证明归朝地区早在新石器时代已有稻作文明存在，直至今天归朝地区仍然在进行水稻的种植，因此被选为中国壮族稻作文化科学研究基地。2006 年建立了"中国壮族稻作文化传习馆"，馆内陈列了一些与壮族水稻种植相关的文物与资料，中国杂交水稻之父袁隆平院士在此题字："中国壮族稻作文化民俗科学研究基地"。归朝镇还被文山州委、州政府确定为"壮族风情旅游带"的重要组成部分。

### （二）主要田野调查地点和报告人简况

在本次田野调查中，笔者主要调查的区域是归朝镇的老街三寨。老街三寨由老街村、长沙村、登冒村三个村小组组成，都是壮族村寨，地处低热河谷区，海拔 652 米，共有 141 户，564 人，隶属于归朝镇归朝村委会，距镇政府所在地 2 千米，笔者从住地沿公路步行到老街三寨需要 15—20 分钟。主要的报告人有两人：韦某和黄某。

下面简单介绍一下两位报告人：韦某，男，壮族，生于 1955 年，今年[①]64 岁，居住在老街村，中共党员，由文山州政府认定并授予"壮族传统竹编技艺传承人"称号；黄某，男，壮族，生于 1943 年，今年 76 岁，居住在登冒村，中共党员，是老街三寨区域大家公认的"竹编能手"。两人现在仍然在进行竹编制品的制作，成果颇丰。

---

① 本文中的"今年"均指"2019 年"。

## 二、竹编制品在壮族人民生活中的广泛使用

报告人韦某说，竹编的器具在 20 世纪六七十年代，覆盖了壮族人生活的方方面面：背篓，用来装上山采集的植物枝条、背粮食。扁担，用来一前一后挑两个小箩筐。簸箕，竹条间隙小的簸箕用来筛去玉米、大米等粮食中的细小杂质——一手握住簸箕一端，另一只手前后抖动簸箕，杂质从间隙中掉落；竹条间隙大的簸箕用来筛去粮食中生长不良、被虫蛀空的部分——两手握住簸箕，将粮食从前往后抛，受到重力及质能关系的影响，质量小的、不好的部分被抛到了簸箕的前方，质量大的、好的部分留在了簸箕的后方。有些编得很密集的竹制品，甚至可以用来装水，水不会从中漏出，例如鱼笼，在笼口有一个特制的盖子可以防止里面的鱼游出。捕鱼时将鱼笼放到河水中，笼口朝向上游方向，鱼游动时会直接游入笼子，在特制盖子和水流的共同作用下，鱼将无法逃脱。也可以把鱼笼别在腰间，淌入浅水，直接用水抓鱼。有意思的是，过去壮族人在水田中料理作物时，会发现一些生活在水田浅水里的鱼和虾，壮族人同样将鱼笼别在腰间，边料理作物，边抓鱼虾。还有各种尺寸竹编的桌子，最大的直径 2.6 米，可以坐 26 人同时就餐；另外还有一种设有拔插结构的桌子，方便携带；编制者还可以自由决定桌子的大小。撮箕的用途最广泛，可以铲猪菜、铲粮食、装蔬菜、装肉。

图 1　鱼笼成品　　　　　图 2　鱼笼的特制盖子　　　　　图 3　簸箕成品

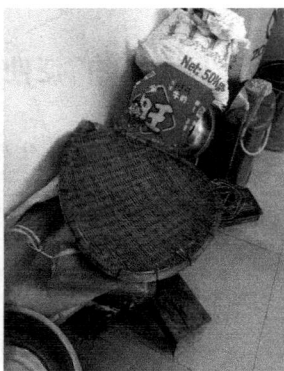

| 图4 竹制箩筐成品 | 图5 竹制撮箕成品 | 图6 竹制鸡笼成品 |

报告人黄某说，过去生活中所有的基本生活用品、大部分劳动工具都是竹编的，包括家里老一辈人住的房子，也是用竹子建造的，就是"干栏式"建筑。

"栏"，壮语意为"楼房""家"的意思，也称为"干栏"，归朝壮族人民自古以建"栏"居住而著称。《魏书·僚传》对"干栏"的记载："依树积木以居其上，名曰干栏，干栏大小随其家口数。"①过去为什么要建"栏"而居？《旧唐书》记载是由于"土气多瘴病，山有毒草及沙虱、蝮蛇"②。可见，"栏"式建筑是先民为适应炎热潮湿的气候环境和应对毒蛇猛兽侵害而创造的一种建筑形式。过去壮族人居住的干栏式房屋，"栏"多为三层，四垂檐瓦，一般是顶层储粮，中层住人，底层放置农具和饲养牲畜，以三开间或五开间为一幢，还建有耳房、阁楼和抱厦，家家都有望楼和晒排。在古代，壮族首领受中央册封为王、侯、土司或达官贵人，其官邸建筑便是以干栏连环布局的若干相通的"走马转"阁楼，更显舒适、安全而又气派。

壮族人住的房子，即干栏式建筑，是用竹子建造的。用直径达到数十厘米，生长期达10年或10年以上的绵竹，作为房子最重要的承重部分：房梁、柱子；墙壁则用直径在5厘米至10厘米的竹子，将其砍成两半，在柱子间排列好，用竹条编制的绳子捆绑好；地板也是如此。竹制房屋的屋顶则是用茅草铺就的，过

---

① 魏收：《魏书》，中华书局，1997。
② 刘昫：《旧唐书》，中华书局，1975。

去老街村附近的山上长满了茅草，因为茅草只能生长一年，所以每年就在茅草长势最好的时候，发动全村人上山收割茅草，存放起来供全村人使用。现在的老街村区域，几乎看不到茅草的身影了，周围的山上也长满了各种树木，寥寥无几的茅草就只长在路边的小草丛里，不为人所注意了。在数百年的时间里，竹子完美地在壮族人生活中扮演了重要角色。当壮族人想要搬家时，就把老房子一把火烧毁，再到新址附近，就地取材，建造新的房子。过去老街村人住的都是竹制房屋、茅草房顶，直到 2005—2006 年，才在政府的推动下建设了水泥砖房，正式告别了干栏式建筑。

另外，最粗的竹子还用于建造水车的主体部分，在农业生产时引水灌溉，也在日常生活中为人与牲畜从水源地带来了饮用水。当壮族人要修建新水渠时，就用竹子编制长度为 2 米至 3 米的封闭式的大竹筐，把大块的石头放入其中，再一一投入河中，短时间内就建成了一个临时的拦河坝，当下游的水渠挖掘完成时，再把竹筐抬走，河流恢复正常的流量，水渠自然也随之灌满水了。

竹子的用途当然不止这些。壮族人有祭祖的习俗，过去祭祖用的神台、牌位的边框、背板，都是用竹子制作的，另外挂在窗外的"辟邪物"也是用竹子制作的。壮族人还用宽竹条（宽度约 1 厘米）编制竹席子，席子尺寸稍微小一些的可供人睡觉用，而尺寸更大的是用来晒谷子的。过去没有水泥地，谷子直接放在土地上晾晒很容易发霉变质，各种虫子也会爬进去，而用一张竹席子垫在下方，能很好地解决这个问题，而且在收集谷子的时候，也会方便很多。壮族人过去会用大锅熬制一些红糖，他们会编制一些更小的席子，围在锅的边缘上，这样能防止滚烫的糖浆溅出来烫伤人。现在很少人会自己熬制红糖了，大家都到超市去买，价格比较便宜，还比较节省精力。如果要用桶提水，走动的时候，桶内的水面会因为惯性而左右摆动，还会溅出，壮族人就用细竹条编制一个圈，卡在桶口周围，这样一来，在提水时，水的摆动幅度就不会太大，也就不容易溅出来。现在用桶提水的少了，村里都通自来水，还用上了太阳能。壮族人日常生活中喝水、喝酒用的杯子，是用竹筒制作而成的：把一根竹子砍下，切割成适合的样子，保留一片竹节作为杯底，再加工一下就可以使用了。现在都是用塑料杯、纸杯、玻璃杯，没有人用竹杯了。过去壮族人还用竹子制作各种大小不一的水桶，用竹片围成一圈，再用铁圈收紧，这样就制成了一个水桶。如今用的都是塑料桶，很便宜，一次买好多个放在家里。正因为竹子在壮族人的生活里扮演了很重要的角色，所以壮族人有一项习俗：在过年时用红色布条绑在竹子上为竹子"挂红"，再在竹丛的周围撒一些大米，希望在新的一年里，竹子的长势良好、生命力旺盛，材质优良，为壮族人提供源源不断的材料。在制作竹桌子时，壮族人还充分利用了竹子的一种特性：竹子外部光滑的部分是疏水的，而竹子内部比较粗糙的部分是吸水的，所以桌面都是疏水的外层向上，水撒上去浸不透，这样方便打扫，也延长了桌子的使用寿命。

可见，竹子在过去壮族人的日常生活中扮演了很重要的角色，几乎所有的生活用品、生产用具、祭祀用品都与竹子有关，竹子渗透在壮族人生活的方方面面。报告人韦某同时也是壮戏传承人，被文山州授予了"州级非物质文化遗产传承人"称号，他们壮戏戏班过去的乐器（快板、二胡、笛子）、道具（刀、枪、剑、斧、槊）都是用竹子制作的。"过去壮戏班的剧本、排练、服装、化妆、道具等所有环节都是我们戏班自己的人参与完成的。现在呢，服装一般是去文山或者昆明买，道具也不用竹子了，都是其他材料了。"报告人韦某说。

## 三、竹编制品的制作过程

### （一）竹子的选材与加工

以老街村为例，老街村建村已有数百年的历史了，可以追溯到沈氏土司时期。过去人们居住在现归朝镇南方的后龙山里，老街村位于现在这个位置也有 100 多年的时间了。村子迁移到现址时，人工种植了很多竹子，因为竹子在壮族人的生活中占有十分重要的地位，而且壮族有一个传统：当建村的选址工作完成了，就要先种树、种竹子，所以老街村人工栽种竹子也有 100 多年的历史了。人工种植竹子时，基本是选择在比较低洼、阴暗、潮湿的地方，不能在山上栽种，山上日照很充足，竹子生长情况不好。种植竹子要求阳光不能太多或太少，水也不能太多或太少，种植的地方还要求土质比较好，这样竹子的生长发育才能正常，长出来的竹子质量才达标，才可以用来编制竹制品。另外，在河边和村子边、住房的周围也种有一些竹子。移栽竹子时，一般是连根长 1 米—1.2 米，种植时要注意把竹子最上端的竹节用刀砍开，把竹子中间中空的部分露出，让雨水能流进竹子，这样才有利于生长。要是雨水比较少，就人工把一些水倒进去，这样有利于竹子的生长。移栽一般在每年一二月进行，这时移栽的竹子容易成活。移栽之前先找好要种植的位置，然后再将砍伐的竹子直接移栽过来。竹子一经栽种并成活后，生长速度很快，有时可以长到几米甚至十几米长，最长的还有 20 多米的。当一根竹子被砍了用作竹编、移栽或是其他用途，只剩下几米或是不到一米的长度了，也能很快长出来。"竹子长得很快的，砍了又冒，砍了又冒的。"报告人韦某如是说。移栽的竹子不能急着砍下来使用，因为生长期不够的话，竹子质地会很嫩，很容易生虫，竹编制品的质量也很差，所以要等至少三年后，竹子才可以砍伐使用。同时竹子也不能太老，竹子太老将会难以加工。但有一种情况要注意，当竹子生长期过了三四年后，竹子开花了，就说明竹子要死亡了，这时不管生长了几年，都必须砍下来用掉。竹子因为竹节的距离不同，中间隔断的大小也不同，壮族人在编制竹制品前会根据不同长度隔断的竹子加以选择。老街村附近绵竹最多，人工栽种的也基本都是绵竹。金竹虽然是竹编最理想的品种，但是人工不好栽种，生长期也很长，一般生长七八年才可以使用，相比较起来，绵竹生长三到五年就可以使用了。如果需要金竹的话都要去外面花高价买或是到很远的地方去砍，总之获取途经没有绵竹那么方便。砍伐竹子也是有规律的，一丛竹子是自中心向四周生长开的，砍的时候要先砍靠近中间的，因为越靠近中间的竹子，生长期越长，材质也就更坚韧，更不容易生虫，制作出来的竹编制品的质量也就更好。相反，靠外的竹子生长期短，材质还不合格，不能使用。

在选择竹子时，一般选择生长了六七年的竹子，这样的竹子颜色偏黄一些，编出来的用品不容易生虫，质量比较好。也可以选择生长了三到五年的竹子，这样的竹子颜色偏绿，虽然编出来的用品比起用生长了六七年的竹子编制的用品容易生虫，但质量也不错。一般雨季的竹子是最好的，因为雨水比较充足，这时竹子都已经生长得比较成熟了，韧性比较好，编制过程中不容易断裂，也更容易进行弯折、加工。用这些竹子编制的竹制品不容易生虫，编制出来的竹编制品的使用寿命也比较长久，一般用上十几年是没有问题的。竹子在被削成竹条之前先要用火烧一烧，过火之后的竹条表面会留下一些黑色的斑痕和一股烟熏味。过火的目的是把竹子里面的油、水分烧出来，这样也可以增加竹条的韧性，编制的时候不容易断，在需要弯折竹条时也比较容易操作。当然，竹子最好不要摆放太久。在准备要编制时，当天出去砍伐竹子，砍完拿回来加工后编制，这时的竹子就不需要放在火上烤了。在将竹子削成竹条时，使用的是一把自制的弯刃刀。削条对刀和刀刃的要求比较高：刀刃要两边的厚薄程度都一样，尽量光滑，不能有缺口，否则削出来的竹条长宽不均匀，难以编制。加工时，先将一根竹子的上部用刀划出一道长度约为 5—6 厘米的口，然后将一个十字型的木条（长约 13 厘米，宽约 1.5 厘米，厚约 2.2 厘米）沿划出的口子插入，然后用刀背一点一点往下敲。这样一来，被一分为四的竹子每条大小相仿，尺寸均匀，而且最重要的是这样做省时省力，既提高了效率，又不容易划伤手指。分开的竹条厚度比较大，不容易弯折，所以又用刀将约 2 毫米厚的厚竹条再分为两根约 1 毫米厚的竹条，这个分离过程是最需要练习和准确发力的部分。一手用大拇指和食指紧握住刀刃，以一种"撬"的姿势慢慢发力，一段一段往下削，当遇到比较薄弱的竹节时，要用手紧紧捏住竹节，再用刀发力一点点往下削（幅度小于削竹条时）。最后，一根竹子可以削出八段竹条，用以编制竹制品。对于竹条的要求是，不管长度多少，上下要基本同宽，允许的误差范围约在 0.5 毫米左右。

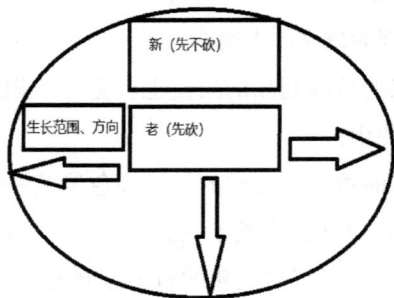

图 7　砍竹子的方向

图 8　分割竹条所用的十字形工具

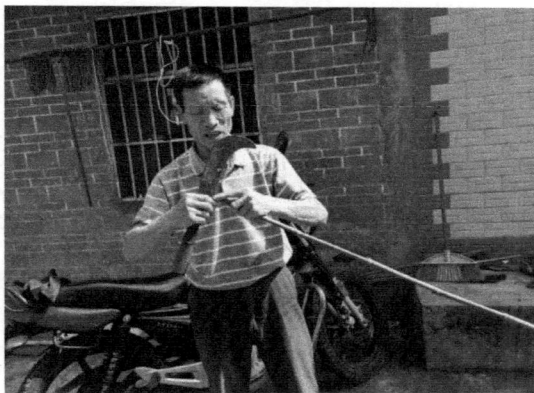

图 9　报告人韦某用刀在竹子上划出口子，以便放入十字形工具

图 10　报告人韦某用十字形工具分割竹条

## （二）竹制品的编制过程

壮族人编制竹制品的过程和方法也是充满着智慧的，以下以竹桌子为例进行说明。经过与报告人黄某不断地交流，以及笔者自己的观察、测量与分析，得出了以下结果。

报告人黄某为笔者展示了一张竹桌子的桌面的编制过程。任何一个竹桌子的编制都是从桌面开始的，以图 11 所示的"基本构型 1"开始。

　　然后以这个"基本构型 1"为基础，加上其他的竹条，形成"基本构型 2"（图 12）。

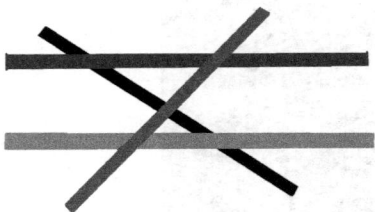

图 11　桌面基本构型 1　　　　　　　　　图 12　桌面基本构型 2

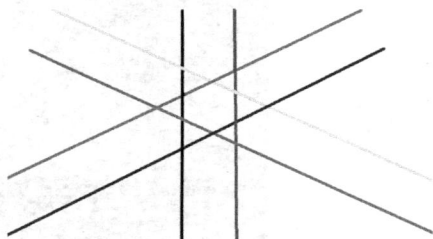

　　编成了第一个"基本构型 2"后，在中间六边形的中心做上记号，以提示编制者整张桌子的桌面中心位置。报告人黄某是在中心位置撒上炭灰作为标记（图 13）。然后再将其他的竹条插入，形成更多的、相互穿插的"基本构型 2"。本次编制的是一张可以坐六七人的竹桌子，编制者从中心的"基本构型 2"开始往外数，每个方向都是 10 根竹条，如果竹条数量不够，再补入。当数至每边 10 根时，表明桌子达到预定的大小了（图 14），就可以进行下一个的步骤了。这时呈现的是一个大的六边形。接下来用三至四根长竹条围着六边形的六个顶角缠绕，长竹条形成一个大圆，这个圆是之前六边形的外接圆，外接圆直径约为 93 厘米，那么整个桌子的周长约为 292 厘米（π 取 3.14，周长 = 圆周率 π × 直径），然后用短绳捆绑固定。长竹条固定完毕后，用与大圆直径等长的三根长竹片放在底部，相互交叉，用以加固，三根长竹片的交点在圆心处，然后用韧性较好的绳子或是铁丝再次捆绑固定，固定五处位置（图 15）。另外还有第二种加固方法，同样用三根长竹片，一根与大圆直径等长，另两根比大圆直径短，三根长竹条相互平行，最长的一根穿过圆心，另两根作为圆的两条弧，放到预定位置后，再用韧性较好的绳子或铁丝加以固定，固定六处位置（图 16）。放在下方用以加固的长竹片在固定在桌面之前，要将竹节的多余处削去。此举在于增加整根竹片的强度，如果竹节处存在多余材料，整根竹条受力将会不均匀，发生断裂的可能性就会增大。此时再将两至三根长竹条重叠、弯曲成与之前大圆相同大小的圆，再用绳子捆绑固定，做成另一个独立的大圆。完成这些步骤后，把独立的大圆穿入上、下两排竹条中，再将之前大圆之外的竹条翻折，下方的竹条向上翻折，上方的竹条向下翻折，上、下方的竹条相互交叉，将新的大圆固定起来，形成竹桌子边缘的小围栏（图17、18）。在穿插竹条之前，要反复确认两个大圆的距离——即小围栏的高度，是两根手指的宽度，约为4—5厘米。这个步骤将耗时两小时。现在多余长度的竹条就自然朝向下方了，就可以作为桌子的支撑部分了。这一部分高度约为45厘米，所以整张竹桌子的高度约为49—50厘米，桌面高度约为45厘米。

图 13　中心作为标记的炭灰

图 14　穿插、排列好的竹条

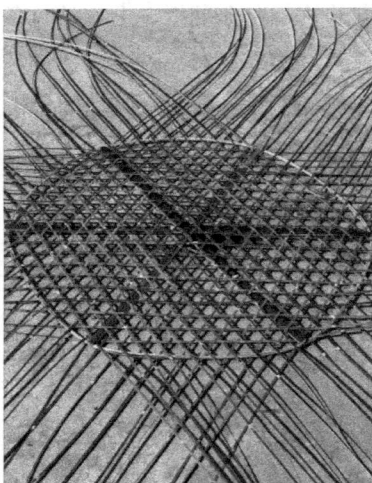

图 15　用长竹片加固，此为加固方法一

图 16　用长竹片加固，此为加固方法二

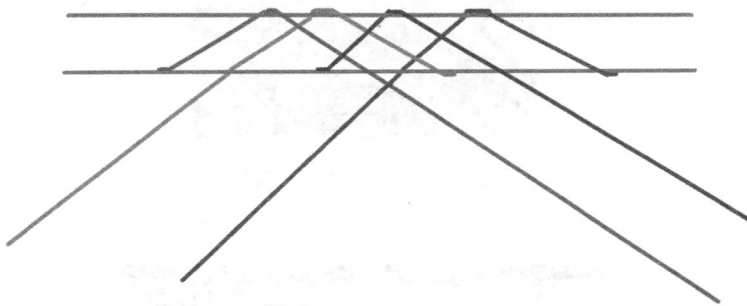

图 17　桌面边缘的围栏构型

图18　桌边小围栏的编制

图19　报告人黄某在加工竹条

图20　报告人黄某在编制桌子

图 21　竹编桌子成品

## 四、竹编工艺在当今的衰落

过去一个壮族家庭里的人都会编制竹制品，家里的长辈会有意识地、系统地将竹编技艺传授给下一代。报告人韦某师从他的父亲，从 20 世纪 60 年代开始学习，当时他边上小学边学习竹编，慢慢学会之后就一直跟着家人制作竹编制品。在跟着家人一起编制的同时，不断练习竹编技艺，技能也变得越来越熟练了，甚至有些步骤和工序可以不用眼睛看着就能进行，"以前晚上为了节省油灯的灯油，就把油灯吹灭，在晚上摸黑编竹，都不会出错"。另外，村里有一些人编制竹制品时，遇到不会的都会到他家中进行观摩学习。过去村里所有人都是竹编能手，只有很少的人不会编竹制品，这些不会编的人只有向其他人买竹制品，生活的开销比较大，也不方便。"如果不会编，就不符合一个农村当家人的身份。"报告人韦某如是说。过去竹制品基本是自己编了自己使用，很少的一部分是编了送人，而现在基本上所有的竹制品都是编制出来拿到市场上卖的，或是卖给有相关需求的人，连自己用的都很少了。随着时代的发展，竹制品的身影慢慢地在壮族人的生活中淡去了，仅剩下竹桌子、竹凳子、箩筐、背箩、扁担、撮箕、簸箕、竹制小盆、竹制篱笆、竹制的门头辟邪物、小鱼笼、大小鸡笼了，这些竹制品的生存空间也一直在被其他材质的同类产品所挤压，所剩也不多了。现在年轻人都不会竹编技艺了，也不愿意学习。"现在基本只有老人才会竹编了，年轻人没一个会的，连我的儿子也不会。等我们之后，就可能没有人会了。"报告人韦某说，"现在真的是时代不一样了，什么都可以买到了，也没有人愿意学习竹编，慢慢地也就没有多少人会竹编了。很多会的人年纪都很大很大了，要么就是已经去世了。现存的熟练的竹编者，老街村加上我有四个人，登冒村有三个人，就没有了。也没有人来学习了，连我的儿子也不会。而到了我孙子这一辈人，天天忙着上学，回家还有好多作业，更不可能有时间和心思来学习竹编了。"

报告人黄某是在 30 岁左右学会竹编的。当时他周围的人基本都会，在耳濡目染之下，他边看边学，慢慢地就学会了，并没有专门找人学习这些技能。以前编的竹制品，要么是自己用，要么是送人，只是到了最近几年，才开始帮人编制，赚一些小钱。黄某说："现在的年轻人都不会这些了。村里的年轻人都出去打工了，他们去昆明、深圳、珠海、海口等地，还有广西打工，而且打工赚的钱还比较多，也就都看不上编制竹制品赚的这'几十块钱'了。"

笔者在一个月的调查过程中，走访了归朝镇周围的 11 个村庄，仅有一次见到与笔者同龄的人。在村庄里的老年人最多，其次是在归朝镇周围有工作或是在家务农的中年人，然后是一些在归朝上小学和中学的学生。"过去竹编制品基本都是自编自用，很少是给其他人的，而现在编的竹制品都是拿来卖的。"报告人黄某说，"一旦村里有人需要了，提前过来通知一声，编好了再通知对方过来取。"价格方面，一个鱼笼 30 元，一个大鸡笼（罩子形状，上方开孔，直径约为 1.2 米）50 元，一个成年人背的箩筐 60 元，一个可以围坐 6—8 个人的圆桌 80 元。制作周期，一般编制一个鸡笼需要 2 天，一个成年人背的箩筐 3 天，一个可以围坐6—8 个人的圆桌 5 天。

老街村过去还有一个竹编工坊，会竹编的人在工坊里工作，为全村人编制竹制品。他们效率非常高，一个工坊的产品就可以满足老街三寨的需求。竹编工坊大约在 1995 年的时候撤销了，之后每家如果需要竹编制品，就要自己编制了。"前几年政府在开发归朝的旅游业时，我们还在河边栽种了好多竹子作为景观，还可以搞漂流呢。"报告人韦某说。如今，竹子的用途越来越少，上山砍竹子的人少了，也基本不人工种植了。竹子甚至都不能当作柴用来烧了做饭，因为比起其他的树木，竹子不经烧，而且含水多，不易点燃，点燃了放到灶里面还会噼里啪啦地炸裂。

每逢周六是归朝镇的赶集日，一个月里共四次。市场有人售卖竹编制品，主要有以下几种：竹桌子、鱼笼、箩筐、竹盆、帽子、斗笠（中间有塑料纸内衬，可防水）、背篓、竹筐。售卖家禽和宠物狗、宠物猫的摊位还备有很多小的竹制笼，一个竹笼只能放下一只鸡。这些竹制品的平均价格在 50 元左右，工时一般在 1—2 天。这些竹制品都是由摊主自己编制或是由其家人、朋友编制的，但是生意比较一般，较少有人光顾、购买。市场上竹制品交易最为频繁的，就是在活禽交易摊位了，但是其作为活禽交易的附属品，并不像在专门的竹编制品摊一样单独售卖。笔者在一次去龙头井村的路上偶遇到了一个在编制竹笼子的人，他说他编笼子就是专门供应给售卖活禽的商家，他的动作较慢，一天大概能编七个左右，每个星期售卖活禽的商家过来收购竹笼，商家给出的收购价是两元一个。笔者观察到，这些竹笼编制得很粗糙，仅仅用于活禽的包装，可能用完就被丢弃了。

图 22 周六集市上售卖的竹制品

## 结语

作为民族传统技艺的竹编技艺的衰落，是经济全球化、国家工业化的必然结果，是必然的发展趋势。据笔者分析，竹编制品的衰落有很多原因，其中主要的有：第一，现今工业化程度越来越高、大量的轻工业产品行销至国家的每一个角落，它们数量庞大、质量更好、价格低廉，极具竞争力，对乡村地区本土产品的冲击是巨大的，在这样的浪潮下，本土产品无一幸免，全部渐渐式微。外来商品挤占了竹制品的市场，塑料、金属制品使用起来更加方便，购买成本较竹制品也更低，并且还不用自己花时间和精力去选择、砍伐、加工竹子，同时工业产品的耐用程度、使用寿命也比竹制品高。第二，竹制品本身也有一定的使用寿命，壮族村民家里现有的竹制品仍然处在使用寿命之内，旧的没有损坏，自然不会制作新的竹编制品或是花钱购买新的竹编制品。第三，壮族人的竹编技艺传承无门无道，现在能熟练掌握竹编技艺的基本都是 60 岁以上的老年人，只有少数几个是四五十岁的中年人，他们的精力、体力随着年龄慢慢减弱，没有足够的精力去传授竹编技艺了。报告人韦某说："我现在已经老了，没有精力了，每天光干干农活就很累了，不想太消耗自己的精力了。要是我再年轻个十多二十岁，我当然是很愿意传授技艺的，包括像你们来搞调查的大学生，我帮你们削好竹条，手把手教给你们。"

但是竹编技艺作为我国民族传统手工技艺的一大重要组成部分，我们不能任其消亡，有关部门应该花一些财力、人力、物力，将其完整、全面地保留下来。笔者认为可以采取以下措施：第一，设立"传承人"称号，给予其物质上、精神上的奖励，鼓励其将技艺传承下去，同时也鼓励一些有余力的人来学习竹编技艺；第二，由政府牵头、企业出面，将竹编制品市场化，打造成文创产品，利用互联网时代的优势，紧密结合国家"互联网 +"战略，将其推广到更远的地方，利用当今蒸蒸日上的电商经济，使竹编产品不仅局限在本地，可以销售到全国各地；第三，组织进行相关研究与学习的高校和专业（如民族学、民族手工艺、工艺美术）定期考察，将竹编技艺以各种方式保存、传播；第四，各类文化事业单位应与高校、政府、企业通力合作，共同保存、传播技艺。

本次田野调查，笔者的收获颇丰。笔者从小在城市里长大、生活，没有机会接触乡村的生活，这次笔者体会到了不同的风情、人情、生活方式，开阔了视野，丰富了经历。作为一名大学本科学习民族学的学生，进行田野调查是十分重要的，这意味着我们正式从书本走向了实践，从初学者走进了门，在民族学这一领域里"成年"了。

# 指导意见

凯里学院

王 健

　　蔡利单同学以广西三江梅林乡为田野点，进行了为期 15 天的田野调查，以移动电话的更新和普及为线索，尝试探讨科学技术与社区变迁之间的关系以及在互动过程中如何影响当地社会关系网络的建构——移动电话作为一种新事物进入当地人的日常生活，给当地人的各个方面带来了重要的影响。从调查报告的选题、调查到撰写，学生明白了理论与田野调查相结合的重要性，以及如何撰写一篇合格的田野调查报告。

　　自人类学 / 民族学这门学科成立以来，田野调查便是其最重要的方法之一，也是区别于其他学科的特征之一。众所周知，田野调查被认为是民族学 / 人类学获得第一手研究资料的主要方法，要求调查者亲自进入所调查地区，与当地人同吃同住同劳动。对于民族学本科学生来说，田野调查能帮助其将理论知识与实践更好的结合在一起。而我们的教学理念是让学生能够进行更多的田野调查，明白这门学科的真谛。学生进入田野点，不仅能锻炼他们人际交往的能力和资料收集的能力，还能更好地让他们明白这门学科的属性——这门学科学的是什么，怎样才能学好。民族学 / 人类学是一门包容性很强的学科，让学生进入田野，参与当地人的日常，就是让他们理解文化的多样性。而在田野调查中，我们一直强调"当地人的视角"，站在当地人的角度去理解他们的文化，去理解他们的知识体系。作为学生的田野调查的引路人，在调查期间，应该与学生达成一种"默契"，知道他们所想、了解他们所做，将其逐步引导到一个比较正确的方向。关注他们一天的田野工作的开展情况，鼓励其所思所想。除此之外，人类学/民族学强调的是一个整体性的视角，要求把所调查对象放入到整个社区来进行研究，而不是使其脱离社会。如本调查报告中对于移动电话与社会变迁的分析，关注的并不仅仅是移动电话作为一种科学技术进入社区所发生的变化，而是将其放到整个社区，关注由此所带来的通讯方式、购物方式、娱乐方式等方面的变迁，进而分析了移动电话作为"物"进入社区，在与社区互动的同时，对社区的主体——人的社会关系的构建、身份认同等方面带来的变化。

在进入田野调查之前，蔡利单同学充分利用图书馆以及网络，查阅了大量的资料，对 STS 研究以及网络人类学有了充分的了解，认真研读了梅林以及三江的相关文献。确定选题、进入田野之后，蔡利单同学迅速适应了当地的语言环境和气候环境，与当地人打成一片。每天晚上按时汇报，及时发现问题，根据实际情况不断调整提纲。每天访谈的内容在当天之内转换成不少于 3000 字的文本，坚持不写完不睡觉。另外，她坚持将每天访谈到的材料以最快的时间文本化，避免长时间的回忆，确保了材料的可靠性。她尽量在访谈一个对象之后就将其访谈内容转换成文本。在田野调查结束之后的文本整理中，蔡利单同学增加了相关参考文献和理论对话部分，更改了一些表述不当的用语，提高了文章的流畅度。总的来说，该生在田野调查中准备充分，吃苦耐劳，做到了与当地人同吃同住同劳动，拿到了第一手的田野材料，完成了本报告。

# 移动电话与社会变迁

## ——广西 J 村的田野调查

凯里学院民族学专业 2016 级本科生　蔡利单

指导老师　王　健

**摘要：** 随着移动电话技术的发展，其以一种新事物的身份对当地人的生活方式、自我观念以及社会关系产生了深刻的影响。本文以移动电话的更新和普及为线索，尝试探讨科学技术与社区变迁之间的关系以及互动过程中如何影响当地社会关系网络的建构。调查主要从两个方面展开，首先从移动电话的发展史出发，探讨社区变化与移动电话的联系，进而反映不同时间段两者交织的状态；其次是从空间切入，对社区空间中与移动电话有关的事物的具体形式和变迁进行考察，通过仔细梳理社区空间内事物与社区的互动过程，得出移动电话既是社区的组成部分，也对社区空间进行了再生产的结论。同时，移动电话在与社区互动的同时，也对社区中的主体——人的社会关系的建构、身份认同等方面产生了影响。移动电话改变了群体的互动方式，对社会关系的建构、维持、加强增加了一种新的方式。

**关键词：** 移动电话；时间和空间；社会关系；社区变迁；互动

## 引言

通过对"物"展开研究，可以探讨其背后的社会意义和文化逻辑。在人类学的历史里，"物"一直是人类学所关注的焦点，只是每个时期的研究重点各不相同。早期的人类学家对"物"进行研究的主要目的是对社会结构进行探讨，"物"被用来反映社会结构或社会关系网络的构建，而不是作为主体性存在，具有其本身的价值。当代的"物"的研究则偏向于"物"对文化理解的线索性。

人类学对于"物"的关注，较早可以追溯到摩尔根的《古代社会》，通过物品和生存技术的出现来判断社会发展的阶段。[①]莫斯（Mauss）在《礼物》一书中对送礼、收礼、还礼以及礼物交换展开了讨论，提出了一个毛利人的概念——"豪"（hau），即"礼物之灵"（the spirit of gift），让我们看到了"物"不仅仅是纯粹的物质，还有社会性和文化性的层面。[②]更精彩的是，莫斯开创了对礼物的系列研究，从格雷戈里的《礼物与商品》、戈德利耶的《礼物之谜》再到阎云翔的《礼物的流动》，不同时代的学者都围绕礼物展开了精彩的讨论。马林诺夫斯基对特罗布里恩群岛的"库拉"贸易的讨论，认为"物"的交换中存在"荣誉和信用"，是一种无意识社会学的反映。[③]埃文斯 - 普里查德在《努尔人》一书中，提到努尔人将牛认为是一种"文化终极目标"，并且从努尔人与牛的关系出发，对当地人的生活方式和政治制度展开了研究。[④]而哈里斯从文化唯物主义的角度对物进行研究，在其著作《母牛·猪·战争·妖巫——人类文化之谜》中，从母牛、猪、原始部落的战争，印第安人冬季馈赠和妖巫等文化现象去解释文化之谜，哈里斯认为任何文化现象都依赖于现实生活。[⑤]西敏司在《甜与权力——糖在近代

---

① [美] 摩尔根：《古代社会》，杨东莼、马雍、马巨译，中央编译出版社，2007。

② [法] 马塞尔·莫斯：《礼物——古式社会中交换的形式与理由》，汲喆译，商务印书馆，2016。

③ [英] 马林诺斯基：《西太平洋的航海者》，梁永佳、李绍明译，华夏出版社，2002。

④ [英] 埃文思 - 普里查德：《努尔人——对尼罗河畔一个人群的生活方式和政治制度的描述》，褚建芳等译，华夏出版社，2002。

⑤ [美] 哈里斯：《母牛·猪·战争·妖巫——人类文化之谜》，王艺、李红雨译，上海译文出版社，1990。

历史上的地位》一书中，对糖的历史、消费和生产之间的关系进行了描述，认为糖是一种权利的象征以及彰显了一个帝国的扩张状态。[①] 人类学家阿尔君·阿帕杜莱（Arjun Appadurai）在他编著的论文集 *The Social Life of Things*（物的社会生命）中，首次提出了物与人一样拥有"社会生命"（social life）的观点，从而推动了"物的人类学"研究。[②] 孟悦和罗刚在其著作《物质文化读本》中，对物质文化展开了讨论，认为对物质在时间上的变化发展的追溯是研究物质文化的重要方法。[③]

随着移动电话技术的发展，其以一种新事物的身份对当地人的生活方式、自我观念以及社会关系产生了深刻的影响。从移动电话这一"物"的角度出发，可以更好地窥探社会变迁的逻辑。

J 村的传统文化是其在历史长河中不断形成的，符合其自身生活习惯、认同的逻辑体系和价值观念。J 村特有的传统文化既是该地区人们价值观念的取向，也是一个民族的展现。随着时代的发展，电脑、互联网尤其是移动电话等新媒体不断涌入该地区，对该地区的文化、生活方式、社会关系等方面带来了巨大的影响。传统的事物逐渐淡出人们的视野，新媒体逐渐在 J 村村民的生活扎根，涉及该社会的各个方面。从没有到出现、从稀缺到普及、从传统到现代的改变无疑是一种适应，这种适应在不同群体中体现出较显著的区别。移动电话在与社区互动的过程中，作为社区主体的人如何适应社会的变化，他们采取了什么策略去适应这种变化，这种互动对该地区的社会以及社会关系网络的发展带来了哪些变化？

随着信息网络的不断发展和普及，当地政府也实施了一系列政策促进和强化当地网络基础设施的建设，加快实施"宽带广西"行动战略，扩大宽带网络覆盖范围和规模，提高基层宽带网络质量和服务应用能力；同时大力发展应用 3G、4G 等移动通信技术、新一代广播电视网等技术，丰富贫困地区获取扶贫信息的手段，促进脱贫攻坚大数据应用服务多样化、高效化、便捷化，为大数据平台建设夯实网络设施基础。网络基础设施的建立为当地社区带来一系列新机遇的同时，也在不断适应的过程中造成了 J 村村社区的变迁。

---

① [美] 西敏司：《甜与权力——糖在近代历史上的地位》，商务印书馆，2010。

② Appadurai A., *The Social Life of Things*（Cambridge: Cambridge University Press, 1986）.

③ 孟悦、罗钢：《物质文化读本》，北京大学出版社，2008。

# 一、J 村村移动电话简史

## （一）漫游：插花地问题

J 村地理位置特殊，从地图上看，类似一个小指头伸到了贵州境内，三面都被贵州地界环绕。由于特殊的地理环境，历史上曾几次想把广西 J 村划分到贵州，但都以失败告终。J 村老校长 LZM 告诉我们关于把 J 村划归到贵州的历史。

1944 年，贵州想把 J 村划给贵州。1946 年国民党从从江县派了一个连，带了一挺机枪到 J 村乡公所里来谈判，要把 J 村拨给贵州，但 J 村不同意，说要打就打，后来他们保安团全部撤退了。中华人民共和国成立后，又有两次想把 J 村划分给贵州。1953 年，贵州提出想把 J 村划到贵州，广西提出用大年交换，就是贵州用大年交换 J 村，结果广西反悔，贵州失去大年，却没有得到 J 村。之后还有一次，广西当时提出把 J 村划分给贵州的前提是把从江县的县政府搬到 J 村，但后来也以失败告终。

行政区划的特殊性决定了该地区在各方面的特殊性。移动电话的漫游费在这种行政区划下显得尤为突出。众所周知，在漫游费未取消时，漫游费用较高，J 村由于特殊的地理位置导致移动电话所需的漫游费用会更高。因为一旦离开 J 村，三面都是贵州，除了从广西这面走，其他地方都是贵州的信号，在这种情况下，当地人会寻找一种什么样的出路？

村口小卖部的老板告诉笔者，他在 2002 年外出打工时买了第一部手机，当时 J 村还没有信号，要到三江县城才有信号。到 2005 年左右 J 村安装信号站，才有了信号，当时他们使用的电话卡是广西的卡。另一个村民韦 CS 是在 2004 年买的手机，也使用广西的卡。他还告诉笔者，当地人买手机会到从江县城购买，因为他们觉得三江县城太远，售后服务得不到保障，但他们却都是使用广西的卡，而不是贵州的卡。

这种行政上的划分将 J 村与贵州区分开来，J 村人有着较为明确的省际观念和身份观念。在谈到漫游费用时，他们都不是很介意，当有人打电话来时，不会因为是贵州的来电就不接，该接的电话一样接。也不在乎是会因此产生昂贵的漫游费用。从当地人对漫游费的态度可以看出，这种行政划分并没有对他们对该地区行政区域的认同以及对自己身份的认同产生任何影响。

## （二）移动电话发展史

J 村的电话发展史可以追溯到 19 世纪 30 年代，根据下述资料我们可以得知 J 村的电话发展史。

图 1 收录于《中国工程师学会广西考察团报告》。1932 年，广西省政府建设厅在柳州北部沙塘、石碑坪和无忧一带开办广西垦殖水利试办区，1934 年 7 月改名为广西农村建设试办区。1935 年秋，广西农事试验场迁至沙塘与试办区合并。试办区以沙塘为中心，南北 35.5 公里，东西 34 公里，面积 920 多平方公里，规模在当时实属罕见。电话网线设计图体现该试办区在通讯方面的发展规划。图中新地名以及新旧地名叠加构成的情况，可考历史地名的变迁。①

由该材料所述可见，J 村在民国时期已经开始分布有电话亭，但仅仅有一个，而且当时的电话应该是公有电话，无私人电话。改革开放以后，落后的通信网络成为经济发展的瓶颈，自 20 世纪 80 年代中期以来，中国政府加快了基础电信设施的建设，促进了通讯信业的发展。大概是在 20 世纪 90 年代以后，J 村村民开始使用座机。当时有人到家中安装电话线，现在一些人家里依然保留着电话线。2003 年到 2004 年，座机逐渐被手机替代。

但在此之前，外出打工的人已经开始购买手机和电脑，大部分都是年轻人。虽然另有部分家庭有购买电脑的经济能力，但因为不会使用，所以没有购买。在那个年代，手机对当地人来说只是用来和其他人进行远距离通话的工具，不具备其他功能。而现在的智能手机，一些老人家说他们不会使用，他们用的手机是

---

① 姜玉笙：《三江县志》（卷 12），成文出版社（台北），1975。

"老年机"（有按键、操作简单）。手机最早在当地使用大概是在 20 世纪 90 年代初期，有村民告诉我们，他的第一个手机是在 2002 年买的，手机只能用来打电话和发短信，但 J 村没有信号，要到广西三江才有信号。他的手机是外出打工的时候买的，在家的人没有手机。另一个村民 WCH 是在 2003 年买的手机，当时他是政府的工作人员，手机是在商场里购买的，买的时候花了一百多元钱。据此大致可以了解到最先使用手机的群体是外出打工的村民，尤其是在那些比较发达的城市里打工的人，可以较早接触到手机。表 1 是村民用手机的时间以及各阶段的话费。

表 1　村民用手机的时间以及各阶段的话

| 姓名 | 职业 | 买手机的时间 | 1990—2005 年话费 | 2005—2015 年话费 | 2015 以后 | 备注 |
|---|---|---|---|---|---|---|
| Xxx | 小卖部老板 | 2002 年（bb 机） | 70—80 元 | 100 多元 | 300 元 | 智能手机，使用移动、联通卡，另外现在每月还有宽带费（98/ 月） |
| 韦 CS（男） | 政府退休干部 | 2003 年 | 70—80 元 | 100 多 | 18 元 | 老人机（按键机），使用一张卡（无上网费用） |
| 岑 W（男）40 岁 | 街道小卖部老板 | 2008 年 | — | 70—80 | 100 元 | 智能手机（套餐送宽带） |
| 罗 A（男）45 岁 | 建筑工人 | 2008 年 | — | 50 元 | 100 元 | 智能手机（第一个手机是有人上门推销时买的） |
| 杨 D（男）14 岁 | 初中生 | 2017 年 | — | — | 50 元 | 智能手机（上网费用） |
| 赖 L（男）57 岁 | — | 2014 年 | — | 20 元 | 130 元 | 智能手机（仅用来打电话）现在包含宽带费用 |
| 唐 X（女）19 岁 | — | 2014 年 | — | 50 元 | 98 元 | 智能手机（手机基本功能都有使用，购物、聊天、视频） |

从表 1 中可以看出，随着网络的发展，2005 年以前手机费用普遍差距不大。2005 年至今，使用数据网络上网的人支付了较高的手机费用，没有使用数据网络

的人则手机费用较少。2017 年全国取消长途话费和漫游费用，因而 2017 年之前手机费用除了流量费用以外就是长途话费和漫游费用较高，2017 年以后手机费用较高的原因是部分家庭安装了宽带网。在调查过程中，当地居民 LL 告诉我们：

> 我家最开始的电视是使用卫星接收器的，不需要额外的费用。中途用闭路电视，每年只用交 100 多元钱。现在看电视是用家里装的宽带网，要用手机话费来支付费用，所花费很高。我以前每个月（话费）20 元钱不到就能用一个月，用话费来看电视的话可以连续看很多集，不像闭路电视，播完就没有了。①

　　另一个较显著的差异是目前智能手机与"老年机"的话费差距较大，主要原因是智能手机功能的多样化，很多软件都需要用到网络，上网需要流量，因此就增加了上网的费用。"老年机"的功能较智能手机来说较少，对使用"老年机"的群体来说，能够满足他们的主要需求，而且智能手机用起来较为麻烦，他们年纪大了，反应比较迟钝，容易弄错。另一个原因是智能手机对于那些不识字的群体来说使用起来比较困难。因此按键手机多数是由老年人群体使用，久而久之，也就被称呼为"老年机"。

图 1　老校长 LZM 的手机（笔者拍摄）

---

① 访谈时间：2019 年 6 月 6 日；访谈地点：岑武渡口；访谈对象：LL。

## 二、从声波到电磁波：移动电话与社区互动

### （一）信息的扩散与社区管理

#### 1. 敲钟、广播、手机：通知方式的变迁

新媒体的介入，打破了传统的信息传递方式，由最开始敲钟告知到后来的手机通知、由靠人挨家挨户地喊到现在的广播通知，传统与现代之间介入的新媒体促进了一种信息传递方式的变迁。这个阶段不仅有通知方式的变化，更有技术的进步。通知的及时性与高效性以一个外来者的角色出现，最终融入社会，成为当地的一部分。在村委会和勒勇、勤客寨的鼓楼有喇叭，村委会有四个，分别朝着东南西北四个方向，J 村小学也在使用广播。1944 年在 J 村曾经降落一枚炸弹，弹壳因在敲击时声音洪亮，后被用来通知重大事情。

（1）紧急事件的通知：另寻出路的炸弹

位于 J 村鼓楼的《弹物记》碑刻记录了关于那枚炸弹的历史。1944 年有一枚炸弹落在广西 J 村，由教导队挖出并想将其带走。J 村当时有一个叫作罗咸星的知名人士在场，经过商议，他回到村子里召集 21 位有名望的人商量，最终决定每人捐钱，将这个弹壳买了下来，并把它抬到了观音阁。1958 年三江县政府曾把这个弹壳拉到古宜，准备用来炼铁，却发现敲打弹壳的声音异常洪亮，两三里外都能听到，于是当时的县领导决定将其留下，并挂在县政府敲击，作为三江县政府上下班和休息的讯号。但在此期间，J 村村民强烈反对将此物抬走，并且要求归还此物。1980 年，当时的大队支书到古宜与县政府交涉，最终又把此物运回 J 村，现存放在 J 村鼓楼内。敲击弹壳的声音被用来作为紧急事件的通知讯号，例如，村里遇到火灾、匪灾等重大事件时才敲响它，平时不能随便敲击。敲击时的声音也有所区别，敲打得比较急速、声音没有间断的时候便是发生火灾；声音不急促，两次之间略有间隔，就是有人要进攻村子。这个弹壳成了全村寨紧急集合的司令钟。现在主要是由村民管理。

图 2 《弹物记》碑刻（笔者拍摄）

（2）广播站

1953 年 7 月，J 村境内的匪患已基本肃清，人民政权巩固。为了宣传党的方针政策，J 村乡政府（当时乡长是 LYW）在三民村勒成寨鼓楼坪边的空地上用四根大杉木建起了一座广播楼，楼高 4.5 米（见图 4），播音员有 LZM、LFM、LQZ 和 LPL 四人，播音时间为上午七点到八点，下午五点到六点，如遇特殊情况也要随时登楼广播。当时的广播器材非常简单，就是用白铁皮卷成的广播筒。每逢广播时，都由 LZW 和 LFM 轮流念稿，LQZ 和 LPL 轮流广播。这就是 J 村内最早的一个广播站。1958 年，这个广播站被撤销，广播台也拆除了。

1969 年，本地已有人用上了四管的再生来复式收音机（当时每台售价 21 元），1971 年，长波段的六管超外差式收音机已上市（当时每台售价 43 元），这说明晶体管制造业已有了很大的发展，人们已开始用收音机收听中央人民广播电视台和广西人民广播电台的节目。

1973 年，J 村水电站和纯德水电站建成发电，富禄公社内的交流电供给已得到保障。1974 年 4 月，三江县革命委员会送了一台电子管扩音机给 J 村大队，同时还在每个生产队的文化室内安装了一个舌簧喇叭。J 村大队在大队楼上腾出一个房间当作广播室，J 村的第二个广播站建成了。第一任播音员是 LQY，第二任播音员是 HGM，第三任播音员是 LBH。他们都在生产队记工分，由大队统筹解决待遇问题。1976 年 5 月，上级要求"村村通广播，户户装喇叭"，在富禄公社内，家家都安上了一只舌簧喇叭，这样收听中央和广西的广播电台的节目就更方便了，大队有的会议或通知也在广播站播出。1980 年 4 月，扩音机的电子管被烧坏，而这时各地使用的广播元件都是晶体管的，电子管已无货供应，J 村广播站被迫停止广播。

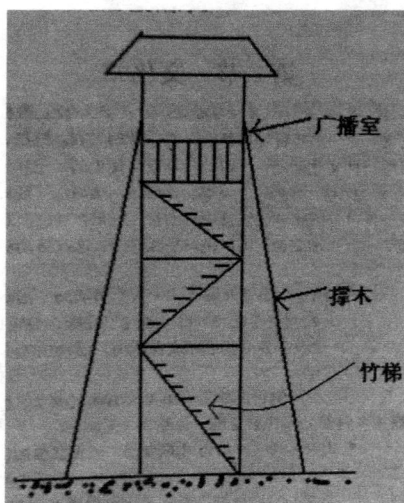

图 3　1958 年广播站简图（LZM 所画，笔者拍摄）

在此之后，村委会与勒勇、勤客寨共同重修的鼓楼安装了两个喇叭，村委会有四个，鼓殿楼有一个。村委会的四个喇叭分别朝向东南西北四个方向，而鼓殿楼的则是挂在门的上方。村委会的喇叭主要是用来通知村民开会，或者广播与村民日常生活相关的政策，有时也会放一些侗歌。喇叭的声音能通知到的地方有限，村民陆续使用手机以后，就很少用喇叭通知事情了。村委会的喇叭主要是由村委会管理。而鼓殿楼的喇叭主要是勒勇、勤客寨使用，交由鼓楼旁边的村民管理，用来通知大小事务。现在用得较少。

图 4　勒勇、勤客寨的喇叭

图 5　村委会喇叭

（3）到户叫人与电话通知

村委会在下发通知时，原先的方式是通知各小组的组长，然后各小组组长挨家挨户去通知。当时小组长通知村民主要靠步行，电动车、摩托车普及后，便代替了步行。自从村民们使用手机后，各小组的组长便收集了村民的电话号码，如果村里有重要事情通知就打电话。一些村民会使用微信，他们会加入一个微信群，有通知的话就会在群里发布，得到消息的村民也会相互告知。另外对于一些不会使用微信的人，小组长会用打电话的方式告知。不管是挨家挨户地告知，还是打电话、发微信，都是这个社区发布通知的一种方式。

村民 LPA 告诉笔者，他有一个微信群，就是用来询问医疗保险和贫困户的事的。微信群里还会发布一些政策和通知，村民有不懂的就可以在微信群里问负责人，给他们带来了很多便利。

## 2. 使用网络对社区的管理

随着网络技术的快速发展，手机等新媒体逐渐应用到当地的行政管理中，并且发挥了越来越重要的作用。笔者在对当地村委会的调查中，记录了村委会在日常工作的通知方式、上下级发布通知的渠道等。在了解中，我们发现他们主要运用微信参与的社区管理。

表 2　村委会的微信工作群

| 群名 | 规模 / 人数 | 主要成员及主要功能 |
|---|---|---|
| J 村乡人民政府群 | 90 人 | 党建人员，政府日常工作通知 |
| 2019 年 36 个预脱贫村基础设施工作工作群 | 51 人 | 基础设施建设 |
| 柳州市脱贫攻坚第一书记群 | 290 人 | 脱贫工作安排 |
| J 村帮扶联系人 | 30 人 | 贫困人员帮扶及培训 |
| J 村村党员群 | 29 人 | 党员工作通知 |
| J 村村工作组 | 131 人 | 村委会通知及安排村内事物 |
| J 村分队 | 19 人 | 工作人员考勤和工作完成情况 |
| 三江县脱贫攻坚（乡村振兴）工作群 | 172 人 | 分管第一书记，全县扶贫工作人员、县组织部、县第一书记 |
| J 村组（乡、村）工作群 | 39 人 | 村干部、乡领导、扶贫工作队员 |

以上的微信群主要用来沟通日常工作的安排、考勤，传达通知，各区域负责人也在其中汇报工作开展情况和探讨遇到的困难。通过在微信群里的沟通，参与社区管理，解决社会问题。另外村委会有十八个生产小组（队），有什么具体通知就会下发到各小组组长，各小组组长会将他们在管理时遇到的某些困难反馈给村委会干部，村委会成员会利用微信群等讨论解决方案。遇到一些突发情况时，比如在下班的时候接到通知，会先在群体讨论，并做出相关的安排以及分配任务，保持相互间的联系。

## 三、个体行动：流动的线上家园

### （一）被"偷"走的时间：抖音等应用程序的出现

抖音在当地的使用较普遍，也深受大家的欢迎，"刷抖音"逐渐成为人们在日常生活中打发时间的一种方式。有些人说刷着刷着时间就没了，有些则说不敢碰抖音，怕沉迷其中，白白浪费了自己的时间。抖音也被用于政府的宣传当中。

村委会第一书记李 TB[①] 告诉我们，上一级政府下达相关文件（《柳州市"打

---

① 访谈对象：J 村第一书记李 TB；访谈时间：2019 年 6 月 8 日 14∶00；访谈地点：村委会。

造远教微屏·助力攻坚"工作方案》），要求在全市开展"打造远教微屏·助力脱贫攻坚"抖音宣传活动。

在该文件中，要求使用抖音，利用抖音这个平台进行扶贫。要求拍摄素材，并发到相关部门，经过处理以后，再发布到自己当地的抖音号上。另外要求建立公众号，通过编辑公众号文章对当地进行宣传，或是发布与当地相关的政策或公开事务。谈到要求使用抖音进行宣传或扶贫时，李书记以及他的同事都说他们下载了抖音，并且都有自己的抖音号。但李书记说他自己自制能力不强，担心沉迷其中，因此除了工作需要，他个人不使用抖音浏览或是发布信息。

### （二）时空延展与压缩：购物模式的变迁

#### 1. 新的支付方式的产生：手机支付

随着手机的普遍使用，一种新的支付方式——手机支付产生了。据当地人告知，J村在街道附近有较多的小卖部、超市、卖小吃的商铺，还有卖菜、卖肉的小摊以及卖日常生活用品的摊，但没有形成比较正规的集市，平时只能去买一些比较简单的日用品，而其他东西则是从从江县城购买。这些商贩和商人，大多都贴着微信或支付宝的收款码，消费者来买东西就可以使用手机进行支付。

> 村里人说：以前买东西需要使用现金支付，有时没有零钱还会找不开，找钱来来回回又慢，有时赶时间老板又没零钱找开，急得不行。现在手机支付的话不用找钱，支付完给老板看一下就可以了，方便快捷。带钱出来的话一方面容易掉，放在包里掏着掏着就掉了，也不安全，钱放在手机里也不会丢。①

这种新的支付方式从一定程度上冲击了传统的支付方式，但并没有完全取代，仍有人还在使用现金去购物或者购物时被要求用现金支付（因为卖家不会使用收款码，不会用手机收钱）。有一天早上，笔者在江边访谈到一个以打鱼为生的下寨人，他说如果打到的鱼多的话就会拿到从江县城去卖，少就拿到J村街道卖。他也使用智能手机，虽然手机有收付款功能，但他不会用，所以只能要求顾客给

---

① 访谈时间：2019年6月7日；访谈地点：集市；访谈对象：街道集市的商人。

现金。

对不会使用智能手机的人来说，这种新的支付方式不太适合他们，他们很难适应以及使用。但对另外一些群体来说，手机支付的出现改变了传统的支付方式，给他们生活带来了便利，也对传统的现金支付造成了冲击，但没有完全取代现金支付。

**2. 购物方式的转变：网上购物的横空出世**

J 村地理位置较特殊，交通不便，靠近西山镇的村民就到西山镇赶集，靠近从江县的村民就到从江县赶集。J 村人口流动少，加之交通不便，所以没有集市，但 J 村以前是有过集市的。2000 年时 J 村就有上门推销各种家电产品、日常生活用品的，但当地人大多会选择去从江县去买。

村民 L 先生告诉我们，在购买手机、家电等物品时，他们更偏好选择到从江县去买，因为 J 村所属的三江县相对于从江县来说较远，售后服务等都得不到保障，而且来回花费较高，浪费时间。因此要购物的话就会选择到邻近的县城，而不是选择在自己直属的县城。①

在没有集市和离县城太远的情况下，J 村村民就会选择从邻近的集市购买自己所需的物品，这种购物方式是面对面的交易。

随着智能手机、电脑等网络媒体使用群体的扩大，一种新的购物方式——网上购物迅速发展。通过网上购物可以足不出户就能买到想要的物品，而且商品选择的范围更广、种类更丰富。快递服务的出现为网上购物提供了现实基础，目前有部分当地人已经在使用网上购物。村里有三个快递服务站，开发区还有一个韵达快递。在对快递服务点的观察中，笔者观察到使用快递的主要是 50 岁以下的人，甚至还有一些小学生。有些学生表示，他们会使用"拼多多"购买一些物品，也会使用"淘宝""京东"等网购 app 购物。使用网购的群体大部分是女性，男性占较小的一部分。快递负责人说一般取快递的人要多于寄快递的人，有时几天才会有人寄一个快递，但每天都会有快递件到达快递点。

---

① 访谈时间：2019 年 6 月 6 日；访谈地点：寨门下的渡口；访谈对象：LL。

在政策的支持和商机的促使下，该地区还出现了使用微信朋友圈卖当地特产的情况。当地韵达快递和天天快递的负责人 HB① 利用他的微信朋友圈卖 J 村的土特产，他每天会在朋友圈晒自己的产品，展示一些商品的基本信息、货物的存量，并会把实物拍照或录成视频发布。以下是他在朋友圈发布的一些信息：

麻辣小龙虾今日上市，吃了麻辣小龙虾，让纯洁的你忘记她，一斤 48 只要48，全市派送……今天发货了……今天的明虾、小龙虾已卖完啊，还有需要的只能明天联系咯。谢谢各位老板的支持。

HB 在他的朋友圈发布的消息，其中会具体告知是否有货、余量多少、支持配送的区域、发货的时间等。朋友圈的文字没有统一的格式，毫无规律可循，也没有特定的发布时间。内容中会告知商品的基本信息，偶尔使用一些搞笑的网络语言吸引人的注意力，另外还会配图片和视频，这样可以使顾客看到产品的质量和状态，配上一些看起来很可口的图片，如一些用小龙虾做成的美味佳肴，放到文字下面，吸引顾客的消费欲望。产品的整个销售过程，从选择产品到讨价还价，付款，装箱发货，全都是在微信上完成的，没有涉及线下交易。与传统的面对面的购物相比，在微信买卖商品节省了时间，且销售范围更广，面对的群体更广。村民们在网上购物的同时，也利用网络所提供的平台让自己成为销售的主体，从购买的顾客转变为销售的商家。这让离家很远的人也能吃到家的味道，就像一根线一样把大家联系在一起，缩小了虚拟空间的距离，拉近了彼此之间的联系。

## （三）文娱活动：虚拟空间的共同在场

J 村是少数民族聚居地区，除了汉族，有侗族、苗族、壮族、瑶族、仡佬族，以侗族为主，侗族占总人口的 83%。侗族的歌曲文化源远流长，侗族大歌是侗族三宝之一。侗族有以歌交友的习俗，会通过对歌的方式来寻找男女朋友。在当地"花炮节"等节日中，会有一个"行歌作乐"的活动，当地年轻人和老人会聚集在一起，唱歌、跳舞。侗歌的形式及种类繁多，有敬酒歌、哭嫁歌等。随着网络

---

① HB，男，J 村人，快递负责人。

的不断发展，在手机等网络产品的普及下，人群之间的距离缩小，当地人不再局限于聚在一起或有重大节日时才唱歌，在不同时间、不同地点他们都可以通过手机与相隔很远的朋友联系，并一起对歌。

村民 LYL① 是 J 村的侗戏传承人，像他这样的传承人在当地还有很多，比如侗族大歌的、侗族木构建筑营造技艺的、侗族刺绣的等。他是在 2018 年成为当地侗戏传承人的。LYL 十六岁学习侗戏、彩调剧（《刘三姐》，大型的彩调剧）、侗族大歌、少数民族舞蹈，2016 年以自编自导的《欢乐侗乡》参加县侗戏大赛，后有人将视频发布到网上，之后 CCTV7 的《乡土中国》栏目也到此采访他，他的作品也在该栏目中播出。

LYL 喜欢唱歌，家里唱歌设备齐全，有话筒、耳机等辅助工具，他还会利用"全民 K 歌"的平台发布他唱歌的视频和音频，获得很多人"点赞"。

LYL 说，他录了一些视频但没有设置为大家能看到，都是自己能看。闲着无聊的时候会自己拍摄自己唱歌的视频。他在手机上唱的歌曲主要是流行歌曲，很少涉及侗歌。他也会在快手、抖音等网络平台上发布自己唱歌的视频。当问到他是否会将侗戏视频发布到网上时，他表示不会，因为视频内容过长，而抖音、快手能发布的时间太短，很麻烦。他们还会在微信群里唱歌，但在微信群里对歌的时候会唱侗族大歌，与朋友用侗歌对唱。

LPA② 也是 J 村的村民，一个月以前才学会使用智能手机，他也有微信群。他说微信群里的人会唱侗歌，但他自己不会唱，他就会点开听。也有好几个人会对唱，还有些唱歌的人是贵州的，不是他们村里面的人。群里人有些也不认识，但他们会一起聊天，听他们唱歌。

在他们的观念里，唱歌不再是在某一场域、某一空间里才能进行的活动，而是一种超越时间和空间的娱乐性活动。在这个大的网络社区里，他们与不在身边的人的空间距离缩小了，使不在一个社区的人也能实现在一起唱歌，也能看到其

① 访谈时间：2019 年 6 月 10 日；访谈地点：LYL 家中；访谈对象：LYL。
② 访谈时间：2019 年 6 月 10 日；访谈地点：寨门；访谈对象：LPA。

他人唱,更能通过网络关注到更多不同地区的人的声音。在微信群、快手、全民K歌、抖音等网络平台上,当地人实现了与他人对歌、录制作品、看到更多的人唱歌等。在这个过程中,他们也开始接触一些新的流行歌曲,把新的东西带回自己的社区。他们拍摄和录制视频,将自己的文化传播到外界。网络技术嵌入到社区,而社区也将他们自己的文化逻辑嵌入到网络,从某种程度上来说,这是一种"互嵌"。

## 四、移动电话与身份认同、身份构建和社会关系

### (一)移动电话与年龄群

各个年龄段的群体由于兴趣和自身需求的差异,对手机功能的使用也有一定的区别。从这种差异中可以了解到在大数据网络下,手机的出现对不同群体产生了怎样的影响,以及在这种网络时代下不同群体的人如何适应以及谋求发展。笔者将当地人群体的年龄进行了划分:30岁以下属于青年群体;30岁到60岁属于中年群体;60岁以上属于老人。

#### 1. 青年:新时代的引领者

笔者在村里调查时,试图与一些小学生进行交流,但效果甚微。最后大家坐在一户人家门口休息,讨论如何改变交流的方式,寻找哪些有意思的话题,让他们想和我们"玩",从而提供一些我们想要的调查资料。最后,终于有个胖胖的小男孩问我们要不要和他们打羽毛球,于是,我们建立起伙伴关系。

在打羽毛球的过程中,大概来了十多个小朋友,大部分是小学五年级的学生,除了还在读一、二年级的小朋友没有拿着手机来以外,其他的小朋友几乎每个人都有一个手机。邀请我们打羽毛球的是一个小学五年级的学生,在J村小学上学,他还有一个妹妹,他们两个都有手机。当我问到他们为什么都有手机的时候,他们是这样回答的:

问:你们为什么都有手机啊?谁给你们买的?

　　答：我们都有啊，爸爸妈妈给我们买的。

　　问：是他们自己给你们买的，还是你们要了他们就给你们买？

　　答：我们要他们就给我们买。

　　问：买手机是考得好给的奖励吗？

　　答：不是，考得不好也买。①

　　从这里能够看出，他们的父母并没有将手机作为一种奖励性手段去与孩子达成某种协议，买手机是一种出于对孩子的宠爱行为。邀请我们打球的男生有一个手机，他的妹妹也有一个手机，在打球的过程中，并没有看到他的父母。男生告诉我们他父母出去工作了，要晚上七点才回来。他们的手机全是智能手机，不是电话手表和只能打电话、接电话的"老年机"。也就是说，还在读小学的学生所拥有的手机涵盖了目前智能手机的所有应用功能。手机完全被他们当作一种娱乐工具来使用，而通讯功能并不是主要的。

　　问：你们都用手机来干嘛，学习还是其他？

　　答：玩"快手"啊，打"王者荣耀"，"吃鸡"。

　　问：你们用来学习吗？

　　答：用"作业帮"，一扫就出来了。

　　问：作业还是要自己做，不能依赖手机抄啊。你们打游戏时爸爸妈妈不管你们吗，平时拿着手机玩他们也不说你们吗？

　　答：不说，也不会骂我们。

　　问：天啊（他们还在读小学，就可以这么肆无忌惮的玩手机了，而且还是家长允许的）！你们平时都玩什么游戏呢？

　　答：打"王者荣耀"啊，"刺激战场"啊。[这时候笔者旁边的好几个小朋友就开始说，他们玩过"韩信""白龙吟"（指韩信的皮肤，是"王者荣耀"中的任务），还玩过"大圣娶亲""美猴王""地狱火"。其他几位小朋友说他们打"辅助""射手"或者是"打野"的都很厉害。当时关注了一下他们的表情，谈到游

———————
　　① 访谈时间：2019 年 6 月 7 日；访谈地点：SXZ 家中；访谈对象：J 村小学学生 SXZ。

戏的时候男孩子们眼里都冒着光，女孩子就显得不太感兴趣，站在旁边刷着手机，时不时地看看笔者。]

问：这些"皮肤"不是需要钱买的吗，你们是自己买的皮肤？

答：不是，是我一个哥哥的，他是一个游戏主播，他读五年级。

问：他买"皮肤"的钱是哪里来的？

答：他爸给他的。

在访问的过程中，旁边大一点的小朋友们都在玩手机，几个女孩子聚在一起刷快手，还时不时和小伙伴们聊天，男孩子也刷快手，也打游戏，大家都有手机。从上面的谈话中，笔者了解到，手机在这些小学生的生活中已经是一种唾手可得的东西，并占据了他们除了上课以外的大部分时间，家长对孩子使用手机也不太限制，手机成为当地青少年的必备品和一种新的娱乐方式。而手机运用到学习中的情况较少，都是使用手机查找家庭作业的答案，很少使用手机进行学习。在访问的过程中得知，这些孩子大部分都是留守儿童或半留守儿童，所以从某种程度来说，孩子是在写作业或是在玩手机，他们的父母并不太清楚。另外，这些孩子使用手机的行为是父母或是他们的长辈允许的。

### 2. 中年群体

手机出现的年代刚好与这一代人密切相关，可以说他们见证了手机的发展史。从手机的出现，到现在手机功能的多元化、手机选择的多样化，他们都在经历和见证这个时代的变迁。在这种变化中，他们中的一些人不断适应手机的各种变化，最终成为手机的主要使用者。求知欲和接受新事物的能力决定了他们对手机的接受力。

在访问中笔者得知，该群体中的一部分成员主要使用手机的微信、电话、快手等功能。在访问中，了解到一个比较有趣的现象，即使有些不识字的人也能使用手机。

问：你有手机吗？

答：有啊。

问：你用手机多长时间了？

答：两年。

问：那平时都用手机来干什么呢？

答：打电话、聊微信啊，还会和亲戚朋友开视频。但是我不读书（不识字）。小的时候要背弟弟妹妹，就没有去读书了，现在都不太会。[①]

在访谈的时候，WPH 还带我去见了和她差不多年龄的人，由于家里没钱，他们在很小的时候就离开家到外面打工，都没机会受教育。据他们所说，当时村里人有的才十二岁就外出打工了，晚一点的十七八岁才出去。现在的手机大部分都是智能手机，可以通过记录图标、颜色、在屏幕的大体位置等进行使用，一些不认识的字也会询问识字的人，久而久之，手机的基本操作也就不成问题。在使用微信时，他们大部分是采用语音与其他人对话，或是用语音电话与视屏电话。在访谈的过程中，笔者加了一个村民的微信，空闲时间还收到她发的小视频，视屏的内容就是一些人在唱侗歌。他们用自己的方式学会了使用手机，从以前的按键手机到现在全面屏的手机，在接触到新事物时总要有新的方式或者手段去解决遇到的问题。

识字的人在聊天的时候就会使用文字，也会自己发朋友圈，并且会利用手机拍照、抢红包。有孩子在外地读书的话，他们都用手机给孩子转生活费。相对于通过银行转钱来说，手机转账更简单、快捷，还不需要手续费。手机改变了这群人的生活方式，而这个群体也在不断地适应网络社会的挑战，寻求各种合理的方式去适应网络化，最终达到各方面的平衡。

### 3. 老年

"老年机"似乎是老年群体的标配，大家习惯性地给老人贴上一种标签——他们年纪大了，不会用智能手机。但真的是这样吗？笔者在访谈多位老人时发现，老年群体中的大部分人都使用按键手机，他们很难学会使用智能手机，手机对他们来说只是简单用来打电话和接电话。

---

① 访谈时间：2019 年 6 月 11 日；访谈地点：龙王井下面的田里；访谈对象：WPH。

一位 60 多岁老人和她 80 岁的嫂子，她们用了大概十多年的手机。当问到"用手机来干嘛"的时候，他们都告诉我是用来接电话和打电话，手机的其他功能他们也不太清楚。还有一些当地的老人说，老人家年纪大了，不像你们年轻娃娃，学不会了，那些功能太多了也不会用，能打电话就可以了。

对于老年群体来说，手机的功能越来越多，但他们却难以适应这些新事物。他们真的就认为智能手机只是年轻人的标配吗？在访问的时候，笔者了解到，有一些老年人也在使用智能手机，他们会用一些常用的软件，比如微信、快手，即便不识字也会用语音聊天，会和家里的亲戚朋友打语音电话、视频电话等。这一群体在传统赋予他们的一些标签中逐渐去寻求一种平等，打破原有的认知观念和认知体系。

### （二）代际关系

代际关系是人们日常生活中一种重要的社会关系。网络渗入当地人生活的方方面面，同时也渗透到人们的代际关系中。在该地区，网络的渗透对当地的影响主要体现在对手机的使用上。不同年龄群体之间的关系通过手机会产生了一种新的联系，孩子与父母、孩子与祖父母，不同年龄群之间的联系方式也不尽相同，而通过手机，他们的关系会更加亲密还是更加疏离，他们会怎样处理这种因年龄和辈分所产生的差距？在对村民 LPA 的访问中，他告诉了笔者平时是如何与他孩子和孙子联系的。

问：您是什么时候用手机的呢？

答：手机用了十多年了，但这个智能手机是最近一个月才买的。

问：为什么想买智能手机呢？

答：我看着他们玩，觉得好玩、热闹，后面我就去买了一个。自己摸索，然后遇到不懂的，我就问问他们怎么弄，现在都会一点点了。平时会玩微信，在群里聊天，和家里的孩子打电话。

问：那您平时会和他们开视频吗？

答：我不和他们开视频。

问：为什么不开呢？

答：我现在年纪大了，又是农村人，跟孩子开视频的话，他旁边会有朋友在，如果看到我们这些老人家，会丢了自己孩子的脸面，会让他们朋友觉得你爸爸怎么这么老，不好看。万一自己孩子旁边还有女朋友的话，看到也会让人家看不起，所以我就不和他们开视频。

问：那你和家里的孙孙联系吗，怎么联系的呀？

答：很少联系的，就会和他们用手机打打电话。现在好多了，以前没电话时只能等他们回到家以后才能见到。

长辈与晚辈之间的关系，与两代人之间所处的环境有关，父母在很多事情上都会为孩子考虑，知道他们所处的社会环境，便会尽量做到不打扰、不给他们带来困扰，也不会怪自己的孩子，他们会站在孩子的角度替他们着想。通过手机，父母能够与孩子联系得更密切，也会对他们的生活环境有所了解，这种年龄、辈分之间的差距也会逐渐缩小。

不同年龄和辈分的群体之间对手机有不同的认识，而通过手机，他们之间的代沟会越来越大，但也可能趋于平衡。最早使用手机的群体是外出打工的年轻人，而在家的有些老人是在他们的带动下开始使用。在那个时候，年轻群体和老年群体已经开始有了差距，而随着智能手机的出现，这种差距开始越来越大。上一代的人刚适应原有的手机，新的手机就出现了，接受能力较强的年轻群体可以马上接受并适应，但对于老年群体来说，他们却难以接受和适应。笔者访谈到一些村里的老人，他们表示他们年纪大了，不像你们年轻人，眼睛也好，这个智能手机太麻烦了，老人家不灵活了，学不会了。而一些中年群体（大部分不识字）表示他们不认识字，也能学一点简单的微信，会刷抖音、快手，但是遇到发文字的就不清楚了。

一部分群体正在通过自己的方式去缩小不同辈分之间的差距，但另外一部分群体则使这种差距越来越大。代际关系通过手机被更好地展现了出来。

### （三）合作与需求：家校联系

家庭与学校的联系一直是比较受关注的话题。网络在渗入社区的同时又提供了一种新的渠道——通过手机使学校和家庭取得联系。这种利用手机使学校与家长联系，一方面便于学校的管理，另一方面利于家长了解孩子的在校情况。J村小学的学生大部分是留守儿童，他们的父母大都在外地打工，平时与孩子联系都是靠手机。外出打工的父母在了解孩子学习方面会有所欠缺，但是现在通过手机，家长就能通过加入老师建立的微信群、给老师打电话等方式了解孩子在校的状况，老师也会在群里发布一些孩子在校的情况，比如将活动时拍的照片、获奖的照片发给家长，也会把布置的家庭作业和孩子的学习情况等内容告知家长。学校的老师表示，偶尔会有学生的家长打电话到学校了解他们孩子的在校情况，也会发微信给老师。在学校的小学生们则说，老师会在微信群里布置作业，还会把他们在教室听课的情况录成视频发到群里，然后父母在群里就能看得到。

通过手机加深了家长与学校之间的联系。这个新的渠道拓宽了学校与家长之间的空间场域，在网络这个大环境下将学校与家庭更好地结合在一起，使学校的教育与家庭的教育不会脱节，并在这个新的场域中，寻求到适合的平衡方式。

### （四）虚拟与现实：新的社会关系网络的形成

社会关系并不仅是在所处社区中建立的，还包括在不同社区建立的一系列关系。网络的嵌入在社会关系的构建中也有不可或缺的作用（关系网络的嵌入即社交媒体的使用主要是以行动者的网络为基础，而非完全是出于利益与兴趣）[①]。这个关系网络的范围是以行动者为主的，排除利益与兴趣，还有一些其他方面的原因。通过依托网络的社交媒体，以一种新的方式把不同空间下的群体放到一个虚拟社区里。在这里，人们可以建立一种处于网络中的"虚拟关系"，而这种关系也会经过网络变为现实，反之也是如此。

村民LPA告诉笔者，他加入了一个陌生的微信群，是他的朋友邀请他进去的，他除了认识他的朋友，其他人都不认识。但他会在群里和其他人聊天，其中有些人还是不同地区的，包括外省的、外村的、外县的。在聊天的同时，又会因为和

---

① 杨小婵：《大众传媒与藏族村落社会空间的互动研究》，博士论文，兰州大学，2018。

某个人聊得来，加好友，万一以后有机会见面的话就会邀请他们来家里坐坐，之后可能就会成为朋友。

另外一个村民 HB，他是利用微信等平台在网上卖 J 村土特产的。他说每天都会有固定的量，通过在朋友圈发一些产品的基本信息，有需要的人就会通过微信向他下单，下完单以后他就会用快递寄过去，支持国内各个地区的配送。他说有些人和他是一个地方的，相互不认识，但都因为买特产最后熟悉起来。这些人中有一部分是外出打工的，因为想念家乡的味道，觉得家里面的东西好吃，就会通过朋友介绍来和他买，买的次数多了，也就慢慢认识了。有时候通过看看这些人朋友圈的动态，可能就会知道他的一些基本情况，比如长相、他家大概在村子的什么地方等。还有一些人从他这里买了拿去送给他们的亲戚朋友，让他们知道 J 村的特产。

依托网络建立起来的一个虚拟空间中的社会关系，通过某种契机，就会变成现实社会中的关系。从陌生到熟悉、从虚拟到现实，依托网络建立起各种社会人际关系。

LZM<sup>①</sup> 老校长说，以前有一个的意大利的女孩和他的女儿成了朋友，直到现在她们都保持电话和微信联系。这个意大利的女孩之前是来富禄工作的，在那里待了三年，中途有一次她来到了 J 村，在 J 村渡口迷路，不知道回去的方向，机缘巧合之下，遇到了 LZM 校长的女儿。之后 LZM 校长的女儿邀请这个外国朋友家，并在她家过年。那次之后，又来过四五次。那位外国朋友现在已经回到了意大利，据说在欧盟上班。她回到意大利之后，会与老校长的女儿用微信联系，和老校长用电话联系。但现在已经有一年多没联系了，也不知道怎么联系。

在这个跨国的关系中，只能依靠网络才能取得联系，原来在现实中存在的社会关系，变成了虚拟空间中的社会关系，离开手机和网络，他们之间的关系也会有所改变。

虚拟与现实，是对这种社会关系的一个展示，而这种关系通过手机产生了联

① 访谈时间：2019 年 6 月 9 日；访谈地点：LZM 家中；访谈对象：LZM。

系，也会因为手机断了联系。这种因手机建立的朋友关系、顾客与商户的关系甚至是家人之间的关系，其中所涉及的身份认同和身份构建与社会关系较为密切。在网络空间中，人们从不认识到熟悉，从不同区域集中到一个虚拟空间中，拉近了彼此的距离，由此产生更多的联系。

## 五、结语

移动电话的出现，为 J 村人的购物方式、信息传递方式、社会关系的维系与建构等方面带来了新的体验。从定时赶集到没有时间限制的网上购物，从人工传递消息到网络中传递消息，把原来处于不同社区的群体都放在同一个网络社区内，这个"社区"内的距离都是相等的，人们可以通过手机缩短彼此之间的距离，随时能超越时间或空间的限制与其他社会成员进行交流。手机的出现与革新见证了一个社区的变迁。在手机与社区的互动过程中，一些传统的事物逐渐淡出人们的视野，取而代之的是需要人们适应新事物。在这个过程中，传统事物是否应该被保护？人们应该适应社会发展的要求，去改变原有的生活方式，还是应该保留原有的生活方式？是否应该重视与被当地人视为与社会脱节的群体——"不会用手机的人"的诉求？依靠移动电话维持、建构、强化的社会关系是否能代替面对面的交流？网上的朋友和现实中的朋友都能称之为朋友吗？这些问题都是需要我们关注的。科学技术的发展既促进了社会的变迁，也为社区带来了一系列问题。了解社区需求，在群体互动过程中平衡各群体关系，一些因手机产生的问题应及时采取措施，从当地出发，因地制宜地制定相关政策，并充分利用手机的传递功能，促进 J 村社区的经济和社会发展。

通过对 J 村社区及其村民的了解，有助于我们利用科学技术对乡村振兴、产业帮扶、精准扶贫等方面提供不同视角的意见和参考：

首先，在促进社区基础设施建设的同时，可以通过微信等平台询问当地民众的意见，要结合村民的实际需要建设真正对他们有用的东西。

其次，在进行精准扶贫、产业帮扶的过程中，加强与贫困户的沟通和交流，并且利用网络平台加强宣传力度。可以开展相应的培训，对当地村民进行技术指导。

再次，该地区民族文化资源丰富，可借助网络平台将其传播出去，既能保护和传承民族文化，又能提升知名度。

最后，应照顾到各个群体的不同需求，比如因移动电话产生的代际关系、群体间的交往与联系，进而促进社会的和谐联系。

J 村的社区变迁可以从社区与移动电话的互动过程中体现出来。移动电话的广泛运用加强了村委会与社区群体的联系，社会关系得到整合、建构、维持，各种新的活动或新的生活方式依托网络而得以实现。从有线电话到无线电话、按键手机到智能手机，仅是手机的自我革新，便能凸显出一个社区的社会变迁。手机的不断更新也给 J 村带来了极大的便利，从出门必须带钱到可以利用手机支付；可以不定时地视频通话，打破了社区成员之间的空间距离；足不出户便能买到世界各地的物品，网上购物的横空出世打破了传统的购物方式，带给当地人一种新的购物体验。手机的出现使不同群体的人有了不同的新的联系，不同的群体对手机的认知也各有不同，对其功能的使用也有所差别。适应能力弱的人在这个网络化的社会中略显吃力，这种现象在当地还不是很明显。但随着手机技术的不断提高，手机的功能越来越强大，也越来越复杂。因手机造成的不同年龄群体之间的差距也更加明显，部分群体可能会与社会脱节，社区成员之间的代沟越来越明显。因此，之后在利用手机建构社区时，要注意到各个群体的需求，考虑不同群体的差异，合理利用手机促进社区的发展。在手机的发展史中体现了 J 村社区的变迁，社区的变迁也通过手机显露出来。技术的进步进而带来了新的发展机遇。

# 指导意见

广西民族大学

黄家信

 

 

 

    汪钰程同学是云南蒙自人,据说从高中阶段已经开始对民族学感兴趣,立志报考民族学专业。2016 年秋,进入广西民族大学民族学专业学习,受到特别关照,逐渐成为许多教师和同学熟悉的爱专业、爱学习的典型。他根据实际情况和兴趣爱好选择了云南屏边县湾塘乡大冲村苗族作为调查对象。

    2019 年 7 月 10 日,汪钰程同学说,到田野点之后,当地干部请他帮忙收集全村"非遗"传承人和"非遗"项目的资料,准备申报民族传统文化保护区。但是,他对"非遗"的研究不太感兴趣,打算在帮村民做好工作的同时,重新选一个主题研究。通过几天的了解,汪钰程同学对当地苗族婚姻变迁的主题比较感兴趣。"以前这里的苗族都不与外族通婚,后面好像(不太确定)开始与其他支系通婚。然后现在嫁进来的外族女性有汉族、哈尼族、德昂族,还有从越南、老挝嫁进来的苗族女性。我觉得这方面还是比较值得研究的,老师您觉得怎么样,是否有研究价值?"导师回复:"都可以。田野点不要换来换去的,把一个点调查深入,总比蜻蜓点水好。可以将国内跨族婚姻与跨国婚姻做比较，这方面成果应该非常少。"

7月19日，他拟出《汪钰程关于婚恋状况调查提纲》提交导师把关，访谈提纲如下：

一、请问你家里有几口人？

二、请问你家里有几个人是已婚的？

三、请问你家里的人分别是和哪里的人结婚，结婚对象是什么民族？

四、请问你家里的人都是通过什么方式认识自己的伴侣的？

五、请问你家里的人结婚的时候都是怎么办的婚礼？

六、请问你的择偶观念是什么？

七、如果将来你的后代与别的民族结婚，你同意吗？

根据他的提纲，导师拟出以下意见：

第一步

先从乡、村、组想办法得到这样的材料（以他曾提交的《住户人员基本情况登记册》1 页为例）。无论是纸质的还是电子的，必须打印出来备用。

第二步

拿着打印材料，一户一户访谈（同步录音）。无论外来媳妇、赘夫：

在哪里出生、成长、读书？基本的成长经历？

婚姻状况：几婚？如何认识？如何结婚？婚后生活？对自己民族、周边民族评价？

可提前列几个选项：

你认为你们民族在性格方面有哪些优点？（诚实、好客、勤劳、热情、大方）

你认为你们民族在性格方面有哪些缺点？（粗鲁、懒惰、自私、依赖）

你有其他民族的朋友吗？（有、很多、很少、没有）

你认为其他民族的人会看不起你们吗？（从来没有、偶尔、常常、一直）

同其他民族交往，你说什么话？（本民族话、普通话、西南官话、他族话）

媒人探话：有无自由恋爱？经对歌认识的有吗？媒人上门的话，一般要去多少次？每次带什么礼物？女方同意的话，如何表示？不同意的话，如何拒绝？

订婚：如何确定双方已有婚姻约定？仪式是如何表达的？

年节送礼：什么时候送？哪些人去送？送什么？交接礼物时有专门的话语吗？

插香讨庚："八字"是怎么要来的？通过什么仪式？有无特别禁忌？具体过程描述：预备—出门—到对方家的礼仪—如何通报—接收仪式—途中仪式—到家仪式。

报期：如何选择婚期—如何向对方传话—如何确认—要不要用文字来写。

迎亲仪式：什么时候开始准备？要提前做哪些准备？迎亲客、送亲客人员构成，礼物、嫁妆数量质量，从娘家到夫家沿途仪式，拜堂仪式，拜堂后的其他仪式，迎亲结束的标志。

回门仪式：何时回门？有何仪式？

子女：出生仪式、取名规律。

赡养特征：有无回本民族原来生活区域现象等。

当年 10 月，汪钰程同学将田野材料中最有特点内容进行提炼，按一般论文形式写出初稿。此后，按照导师意见进行多次修改，在标题、排版、格式、内容等方面，师生之间不断沟通交流，直至最终定稿，提交全国第二届民族学教指委田野论文大赛。

汪钰程同学因为特别热爱民族学专业，无论在校学习、外出田野调查，还是撰写田野报告、专题论文，都很积极主动，导师再苦再累也甘愿助力。

# 云南屏边县湾塘乡大冲村苗族婚恋观调查

广西民族大学民族学与社会学学院民族学专业 2016 级本科生　汪钰程

指导老师　黄家信

**摘要：** 云南省屏边苗族自治县大冲村是纯苗族聚居区，作为偏远的山区，历史上是一个相对封闭的单一传统社区。随着现代化进程的加快，大冲村开始与外界接轨，出现打工恋、网恋、族际婚和跨国婚等婚恋新方式，当地苗族人的婚恋观也发生了改变，对传统社会产生较大影响。

**关键字：** 苗族；婚恋观；云南

婚恋观是反映个体价值观念和民族群体文化的指标之一。作为一种重要的社会行为与心理现象，婚恋观不仅反映了个人价值观念的内在变化，它又是社会政治、经济、文化在个体行为选择上的体现。一个族群的婚恋观随着时代与社会的变迁，也会发生相应的变化。屏边苗族自治县是云南省的一个以苗族为主体民族的自治县，其中湾塘乡的苗族人口占全乡总人口的一半以上，而大冲村则是一个纯苗族行政村，仅有个别其他民族通过婚姻等方式进入该村。因此大冲村的苗族文化保存得比较好，而大冲村苗族婚恋观的变迁则是屏边地区苗族婚恋观变迁的一个缩影，具有典型性和代表性。

2019 年 7 月 7 日—8 月 17 日，笔者到红河哈尼族彝族自治州屏边苗族自治县湾塘乡大冲村，开展了为期一个多月的田野实习调查工作。通过此次实习，笔者深入村民的生活，了解当地的人文地理、经济文化的发展及当地苗族婚恋观的变迁情况。此次的调查报告主要是以大冲村苗族的婚恋观为研究对象，包括其通婚的地域范围、初婚年龄、结婚次数、结婚对象的民族和国籍、结婚对象的学历和工作、男女双方结识的原因、婚礼的形式等内容，运用了访谈法、参与观察法、问卷调查法等田野调查方法，旨在了解大冲村苗族在时代变化和发展过程中的适应情况和婚恋观变迁情况，从而进一步探究其婚恋观变迁的原因、表现形式以及当地人的态度和看法。

## 一、大冲村概况

### （一）自然环境

大冲村位于屏边县湾塘乡东北部，距离湾塘乡政府 23 千米，距县城 65 千米。属于高寒山区，最高海拔 1870 米，最低海拔 560 米，平均海拔 1215 米，年平均气温 17.4℃，年降水量 1300 毫米。适宜种植的农作物有玉米、稻谷。①

### （二）历史沿革

在行政上，大冲原与清平合称清平大队，后单独出来，历经"大冲大队""大冲乡人民政府""大冲村公所"的变迁，2000 年改为"大冲村村民委员会"并沿用至今。

大冲村全村占地面积 30.09 平方千米，有 10 个自然村，分别是大马底村、岔河村、茅草坪村、沙子田村、石朵坎村、半坡村、石屏街村、底古马村、石旮旯村、岩子脚村。村委会设于沙子田村小组。

### （三）人口和民族

大冲村全村总人口 1975 人，劳动力 882 人，是一个纯苗族村。全村共有建档立卡贫困户 343 户，1381 人，其中劳动力 686 人。2014 年脱贫 60 户，262 人；2015 年脱贫 42 户，170 人；2016 年脱贫 130 户，524 人；2017 年贫困动态管理建

---

① 此处资料由大冲村村委会提供。

档贫困户 109 户，425 人，其中，因病致贫 41 户 173 人，因残致贫 4 户 9 人，因灾返贫 9 户 42 人，缺技术 55 户 201 人；2017 年预脱贫 11 户 50 人。[①]

大冲村的主要苗族支系是"蒙诗"（青苗）、"蒙颛"（绿苗）、"蒙邶"（花苗）、"蒙巴"（黑苗）[②] 四个。由于通婚等原因，大冲村的苗族支系呈现融合的状态，从服饰上已经很难区分，人口少的支系语言也逐渐被人口多的支系同化。

图 1　屏边苗族 5 个支系妇女传统服饰
从左至右：蒙诗、蒙逗、蒙邶、蒙颛、蒙巴

## （四）生产和经济

大冲村有耕地 1962 亩，其中人均耕地 1.09 亩；有林地 11240 亩。全村人均年纯收入 2570 元，村民经济来源主要以种植业、养殖业和外出务工为主。经济作物有八角、石斛、杉树、砂仁、猕猴桃等。村内的公路共有 42 千米，其中，硬化公路 10 千米，普通泥土公路 32 千米。从该村到乡人民政府有 20 千米，其中有 10 千米为砂砖硬化道路。各村主干道为土路路面，村组道路坑坑洼洼，交通十分不便。该村村民住房以土木结构的住房为主，其中有 100 多户村民居住于砖混结构住房，同时已改厨、改厕、改厩，但大部分农户仍居住于土木结构住房。[③]

---

① 此处资料由大冲村村委会提供。

② 此处苗族支系名称，引号内为自称，括号内为他称。

③ 此处资料由大冲村村委会提供。

图 2　大冲村村景

### （五）文化教育

　　大冲村的民族语言保存得较好，男女老少都具有使用本民族语言交流的能力。在服饰方面，女性习惯穿戴苗族传统服装，并且有苗族蜡染、刺绣和制作苗族传统服饰的传承人。在苗族器乐方面，有两名登记注册的器乐制作工艺的州级传承人，有一名器乐演奏的省级传承人。在歌舞方面，有山歌、板凳舞、芦笙舞等文化娱乐活动，有一名苗族民歌的县级传承人。礼仪习俗等方面，有婚嫁习俗、丧葬习俗、敬拜天地神习俗等。

　　大冲村设村党支部 7 个，党员总数 46 人，其中男党员 43 人，女党员 3 人；共青团员 20 人。每个党支部都有文化活动室。全村设有一所小学，在校学生共有 107 人，有教师 5 人。①

-----

　　① 此处资料由大冲村村委会提供。

## 二、对大冲村苗族婚恋观的调查

### （一）样本调查与访谈设计

笔者以屏边县湾塘乡大冲村的苗族群体为样本，于 2019 年暑假前往大冲村的大马底、沙子田、石屏街几个村民小组进行田野调查，通过当面访谈和电话联系的方式，运用民族学、人类学的研究方法，获取第一手资料。

就通婚的地域范围、初婚年龄、结婚次数、结婚对象的民族和国籍、结婚对象的学历和工作、男女双方结识的原因、婚礼的形式等多个方面设计问卷，并对大冲村大马底、岔河、沙子田、石屏街、底古马几个村民小组的苗族群体采取抽样调查。通过统计分析来研究判断大冲村苗族婚恋观是否发生了变迁，发生了怎么样的变迁，进一步了解大冲村苗族在现代化发展过程中的适应情况和婚恋观的变迁情况，探究大冲村苗族婚恋观变迁的原因和他们的真实想法。

### （二）婚恋观数据采集

本次调查共 46 例，其中老年人 12 例，中青年人 34 例；族内通婚 41 例（含跨国婚 7 例），族际通婚 5 例。以下内容都是调查对象初婚时的情况，二婚及以上的情况会另做分析。

#### 1. 通婚的地域范围

在调查的 46 例里面，同寨内通婚的有 10 例，同村不同寨的有 6 例，同乡不同村的有 7 例，同县不同乡镇的有 6 例，与领近县市通婚的有 7 例，与省内较远地方的人通婚的有 1 例，与外省人通婚的有 2 例，与外国人通婚的有 7 例。

表 1　大冲村苗族通婚情况统计表

| 调查对象 | 同寨 | 同村 | 同乡 | 同县 | 领近县市 | 省内较远地方 | 外省 | 外国 |
|---|---|---|---|---|---|---|---|---|
| 老年人 | 0 | 2 | 3 | 3 | 4 | 0 | 0 | 0 |
| 中青年人 | 10 | 4 | 4 | 3 | 3 | 1 | 2 | 7 |

从调查情况来看，大冲村苗族在地域范围上的通婚对象"近多远少"，以大

冲村所辖的 10 个村民小组向外扩张，直至屏边县邻近的蒙自、马关、金平、广南、开远等县市，都是大冲村苗族通婚的主要地域范围，而与红河州相邻的越南则是跨国婚姻对象的主要来源。从年龄上看，寨内通婚的都是中青年人，同一个寨子的人一般都有亲戚关系，有些甚至还有血缘关系；而老年人的通婚范围最远只到邻近县市；与省内较远地方的人、外省人、外国人通婚的都是青年人，比较多元化。

### 2. 初婚年龄

在调查的 46 例里面，初婚时 10 岁以下的有 1 例，10—20 岁的有 16 例，20—30 岁的有 27 例，30 岁以上的有 2 例。

表 2　大冲村苗族初婚年龄统计表

| 调查对象 | 10 岁以下 | 10—20 岁 | 20—30 岁 | 30 岁以上 |
|---|---|---|---|---|
| 老年人 | 1 | 2 | 9 | 0 |
| 中青年人 | 0 | 14 | 18 | 2 |

从调查情况来看，大冲村苗族初婚的年龄随着时代的发展反而变小了，老年人除了有 1 例是 7 岁时结婚的，2 例是 10—20 岁阶段结婚的，其余都是 20 岁以上才结婚的；中青年人 10—20 岁阶段结婚的有 14 例，占中青年调查对象的41%。据当地人说，现在的青少年早婚现象更严重。此外，跨国婚姻中的女性初婚时大部分年龄都在 20 岁以下。

### 3. 结婚次数

在调查的 46 例中，只结过一次婚的有 39 例，其中 1 例离婚后没有再婚；二婚的有 6 例；三婚的有 1 例。

表 3　大冲村苗族结婚次数统计表

| 调查对象 | 初婚 | 二婚 | 三婚 |
|---|---|---|---|
| 老年人 | 11 | 1 | 0 |
| 中青年人 | 28 | 5 | 1 |

从调查情况来看，二婚、三婚的人随着结婚次数的增加，择偶的地域范围也在扩大。有 3 例初婚都是与同寨人结婚，二婚时找的对象有别的乡镇的、领近县

市的甚至还有北京的。跨国婚姻中女性的初婚或者二婚都是在本国内，有的在国内还生过孩子，并且把孩子带到中国来。老年人二婚的仅有1例，原因是丧偶；中青年人二婚原因为丧偶的仅有1例，其余都是正常离婚。除此之外，大冲村还有"逃婚"的现象，但是在调查的案例中没有遇到。

### 4. 民族与国籍

根据大冲村村委会统计，截止至2018年4月19日，嫁到大冲村的汉族女性有2人、哈尼族女性1人、德昂族女性1人，其余都是苗族；跨国婚姻女性有24人，其中有21人来自越南，3人来自老挝。

在调查过程中，笔者发现嫁到大冲村或者到大冲村上门入赘的外族人非常少，但是从大冲村嫁出去或者入赘外地的人并不少；跨国婚姻也都是女方嫁到大冲村来，没有中国人嫁到国外或者到国外入赘，也没有外国男性入赘大冲村的情况。在询问当地人是否同意自己的后代与外族人或者外国人结婚的时候，大部分人都表示同意，少部分表示不清楚，没有人明确表示不同意。

### 5. 结婚对象的学历

在调查的46例里面，从未上过学的有24例，上过小学的有15例，上过初中的有4例，初中以上的有2例，学历不明的有1例。

表4 大冲村苗族结婚对象学历统计表

| 调查对象 | 文盲 | 小学 | 初中 | 初中以上 | 学历不明 |
| --- | --- | --- | --- | --- | --- |
| 老年人 | 11 | 1 | 0 | 0 | 0 |
| 中青年人 | 13 | 14 | 4 | 2 | 1 |

从调查情况来看，调查对象的学历普遍不高。老年人仅有1例上过小学，其余都是文盲，而到青年一代还有从未上过学的文盲。据大冲村村委会的驻村工作队队员说，虽然现在有九年义务教育，但是大冲村辍学的情况还是比较严重。每到开学季都有从小学、初中辍学的孩子，他们都要打电话去劝这些孩子和孩子的家长，让孩子不要辍学。而辍学一般与早婚相伴。

### 6. 结婚对象的工作

在调查的46例里面，在家务农的有30例；打工（包含打零工和长期在外打工）的有 10 例；除了务农和打工，还有老师、村干部、私营小业主，共 6 例。

表 5 大冲村苗族结婚对象工作统计表

| 调查对象 | 务农 | 打工 | 其他 |
|---|---|---|---|
| 老年人 | 11 | 0 | 1 |
| 中青年人 | 19 | 10 | 5 |

从调查情况来看，老年人中除了 1 例是年轻时是修公路的以外，其余都是在家务农，没有打工的；中青年人的工作比较多元化，除了务农，还有其他工作。

### 7. 认识方式

在调查的 46 例里面，有亲戚关系的或者从小一起长大的有 10 例；经人介绍认识的有 7 例；包办婚姻有 1 例；社交活动认识的有 6 例；打工时认识的有 10 例；其他或不明的有 12 例。

表 6 大冲村苗族恋爱的认识方式统计表

| 调查对象 | 亲戚关系 / 一起长大 | 经人介绍 | 包办婚姻 | 社交活动 | 打工 | 其他或不明 |
|---|---|---|---|---|---|---|
| 老年人 | 3 | 2 | 1 | 2 | 0 | 4 |
| 中青年人 | 7 | 5 | 0 | 4 | 10 | 8 |

从调查情况来看，有亲戚关系或者从小一起长大的，占调查对象的 22%；社交活动包括赶集、"串姑娘"、"踩花山"等，属于当地苗族的传统恋爱习俗，占调查对象的 13%；打工时认识的都是中青年人，占调查对象的 22%；其他的认识方式比较多样、复杂，有在外面上学时认识的，有在外面学吹芦笙的时候认识的，有去修公路的时候认识的，甚至还有网恋等。除了包办婚姻之外，其余都属于自由恋爱。

### 8. 婚礼形式

在调查的 46 例里面，举办苗族传统婚礼的有 27 例，现代新式婚礼 2 例，没举办婚礼的有 17 例。

表7 大冲村苗族婚礼形式统计表

| 调查对象 | 苗族传统婚礼 | 现代新式婚礼 | 没办过婚礼 |
|---|---|---|---|
| 老年人 | 7 | 0 | 5 |
| 中青年人 | 20 | 2 | 12 |

从调查情况来看，老年人结婚时举办苗族传统婚礼的有 7 例，占 58%；没办过婚礼的有 5 例，占 41%。中青年人结婚时举办苗族传统婚礼的有 20 例，占 59%；举办现代新式婚礼的有 2 例，占 6%；没办过婚礼的有 12 例，占 35%。苗族传统婚礼在大冲村内是主要的婚礼形式；举办现代新式婚礼的都是外出打工的青年人，是在外面办的婚礼。中青年人没办过婚礼的比例相对于老年人来说有所下降，不举办婚礼的原因也不同。

## 三、大冲村苗族的传统婚恋习俗

### （一）传统恋爱习俗

大冲村苗族人以自由恋爱为主，父母包办婚姻的情况非常少。苗族男女传统的结识方式有很多，基本上都是在社交活动中认识的，比如"串姑娘"、赶集、"踩花山"等，其中苗族独有的恋爱习俗是"踩花山"。

花山节，屏边苗族人称之为"踩花山"（nghouk houd daox），是苗族人民在春节期间举行的一项重要活动。2007 年，屏边苗族的花山节被列入省级非物质文化遗产保护名录。

花山节的第一天，主办者要准备一些酒置于花杆脚下，芦笙师傅先吹响芦笙围绕花杆转三圈，接着由"花杆王"（zid houd bangx）祭祀花杆。祭祀完毕后，由当地德高望重的苗族老人宣布花山节开幕。花山节期间，举行对歌、文艺表演、斗牛、斗鸡、斗鸟、斗脚架、打陀螺、打磨秋、打鸡毛毽、赛马、耍刀、耍链钎（两节棍）、爬花杆、跳芦笙舞等活动，每项活动都非常精彩和刺激。特别是爬花杆比赛，是人们最爱观赏的一项活动，也是苗家小伙子们显示自己本领的大好时机。比赛时，上场的有个人，也有小组。个人上场者先吹芦笙并舞蹈一番，再爬花杆；小组上场的则个个吹着芦笙，随着音乐的节拍伴以翻、滚、腾、跳等各种高难度动作和造型，搭着人梯，一边吹芦笙一边爬上 30 余米高的花杆。无论是个人爬花杆还是小组爬花杆，围观的人们都会爆发出热烈的欢呼声和掌声，为爬花杆者加油，姑娘们的心更是提到了嗓子眼上。如果爬花杆者爬到杆顶，他就会解下一件系在杆顶上的奖品下杆；如果中途失败了，别的小伙子会接着爬。这样轮流进行，扣人心弦，场面十分热烈。花杆高达 30 余米，被涂上一层滑溜溜的猪油，大多数小伙都以失败而告终，只有极少数的小伙子可以爬上去，每当有人爬上去解下花杆上的白酒、猪头、芦笙等令人羡慕的奖品时，整个花山节现场掌声雷动，欢呼雀跃。优胜者假如是未婚，也会因此而获得姑娘们的芳心。

图 3　屏边花山节宣传图

花山节现场上的各种活动，为小伙子们和姑娘们的相识和恋爱提供了机会，吸引了众多的苗族青年男女。每天到现场时，姑娘们穿着鲜艳的服装，三五个聚在一起左顾右盼、窃窃私语。小伙子们三五成群，东游西串，到处寻寻觅觅。如果小伙子在现场上看上了某位姑娘，可以吹起芦笙向姑娘求爱，约姑娘一起去跳芦笙舞，也可以采一束山花送给姑娘，甚至可以趁姑娘不备，悄悄地在姑娘背后撑伞罩上，与之对歌。姑娘被伞罩上，会面容羞涩，故作要走，其实是在抬头看小伙子的长相。如果姑娘对小伙子有情意，才会与小伙子对歌，而且唱出的是互相爱慕的话语情调；否则，无论小伙子怎么唱，姑娘是不会对答的，即使是答了，也只是敷衍了事，两三首歌后各走各的。如果双方情投意合，他们会连唱几天，越唱感情越深，为日后喜结良缘奠定了基础。姑娘和小伙子如果在花山节中通过对歌产生感情，姑娘会把自己亲手绣的围腰、手帕、花裙等信物交给小伙子保存；小伙子则把自己心爱的芦笙、衣服等信物交给姑娘。经过一段时间的恋爱，双方感情越来越深，彼此都有更深层次的了解，就可以谈婚论嫁了。

大冲村的花山节现场设在全村最大的寨子——大马底，不过村民也会参加乡镇或者县城的花山节活动。1985年3月10日，屏边苗族自治县人大常委会正式确定把"花山节"作为屏边苗族的传统节日，并以正式文件的形式固定下来。文件规定每年的农历正月初三至初五举行花山节。

除了"踩花山"之外，当地苗族人还有一种在谈恋爱时很特殊的通信方式，叫作竹筒"电话"，现已非常少见。

竹筒"电话"（ngoux daos drangx）的出现缘于历史和社会的原因。从前，由于世俗的偏见，苗族男女青年日常生活中在一起面对面说说笑笑，就会被视为有不正当的男女关系，因此，男女青年不敢也不能面对面地倾吐自己的爱慕之情。于是，渴望恋爱自由、婚姻自主的苗族男女青年，利用自己的聪明和智慧，在劳作之余，到山上砍来竹子做成竹筒当作"电话"。每逢节庆日，男女青年山前一伙、山后一群，或遥对几百米外，凭着这小小的竹筒自由地倾吐心中的爱恋。虽然没有见面，但互相能听到对方的心声，靠两个竹筒、一条长线把两颗火热的心紧紧地联系在一起，竹筒传递着他们纯真的爱情。

除了传递恋情，竹筒"电话"还在远古时候作为苗族军事防御或者寨联的通信工具，联合抵抗外侵，或者共商族里大事。

制作竹筒"电话"时，先砍来直径6—8厘米的竹子，用锯子将竹子锯成长8—10厘米左右的两个竹筒，接着将杀猪时取出的"猪尿脬"清洗干净，给猪尿脬充气，一边充气一边揉压，使猪尿脬扩展到最大极限，然后将揉好的猪尿脬剪开，分别蒙在两个竹筒口的一端（蒙时，尽可能地将猪尿脬绷紧），用线箍紧晒干,最后用一根细长线从竹筒猪尿脬的中央连接到另一个竹筒的猪尿脬的中央即成。后来也有用塑料薄膜代替猪尿脬的,但其通话质量没有用猪尿脬制作的好。

竹筒"电话"起源于什么时候我们无法考证,苗族民间现在还能看得到它的身影。它是最原始、最古老的"电话",在没有真正电话的年代,苗族人民自创的竹筒"电话"在苗族人民的社会生活中发挥了重要的作用。

### (二)传统婚姻习俗

屏边苗族各支系的婚姻、婚礼仪式和家庭组建方式基本相似,主要有"走媒"式婚姻、"私奔"式婚姻和"入赘"式婚姻三种。大冲村苗族的婚姻都是建立在自由恋爱的基础上,"走媒"式婚姻的媒人也会在男女双方确定恋爱关系后才上门说媒,"私奔"式婚姻、"入赘"式婚姻则是自由恋爱婚姻的代表。

"私奔"式婚姻属于青年男女的自由正当婚姻,苗语称为"勒乌"(leud voud)。"勒"是跟随的意思,"乌"是丈夫、女婿的意思,直译为"跟随丈夫",意思是女跟男走,实际上是男的去领女的来成婚。具体程序是男女双方悄悄约定一个日子,到时小伙子约上一个伙伴到约会地点,把姑娘领到自家寨子边等候,由同去的伙伴先去向小伙子的父母通报情况,让父母选好时辰和准备好一对"叫魂鸡"(一公一母)。在预先算好的时辰里,叫小伙子把姑娘领进家门,让姑娘站在堂屋里,面向供桌,在供桌上插上三炷燃香,由男方父亲或母亲或家族长者提着"叫魂鸡"在姑娘身上画圆圈,一边画圈一边念:

通报老祖宗

告诉老祖神

恭喜我家添新人

通报老祖宗

告诉老祖父

恭喜我家娶来新媳妇

当晚,要叫本家族叔伯的一个姑娘来陪新娘睡。第二天,请两个人去给姑娘父母报信，之后按女方要求择日说礼银、办婚事。

"私奔"式婚姻的程序：

（1）通信

小伙子把姑娘领到家，要在第二天一早派出两位能说会道的通信人背着一壶酒和一包毛烟到女方家去报信。通信人到了姑娘家，要倒出半碗酒、抓一撮毛烟递给姑娘的父母亲，说："你家姑娘已经被我们某某家儿子领去了，请你们不要再找！"如果姑娘的父母亲同意这门亲事，就接下烟酒，给男方通信人定一个说礼银的时间；如果不接，就表示不同意这门亲事，当天会派人去把姑娘"打"回来。

（2）尾牛脚迹

来"打"姑娘的人，苗族人称作"尾牛脚迹人"，一般是姑娘的亲属，如父母、叔婶、哥弟、姐妹等。其实，尾牛脚迹人并不是真的来打姑娘，而是来了解男方家情况的，他们来是为了征求姑娘的意见。如果他们了解到姑娘是被强迫的，就会把姑娘领回去；如果姑娘说是自愿的，他们就不再有话说。尾牛脚迹人来了，不管婚事成功与否，小伙子家都要好酒好菜好好地招待，礼节到位。尾牛脚迹人返回时，小伙子家要送给他们每人16元钱作"尾牛脚迹费"。尾牛脚迹费还不能乱给，也得讲究礼节。在尾牛脚迹人提出要离开时，小伙子家才按照来人的数目把钱摆放在筛子里，递烟、递酒给"尾牛脚迹"的领头人，由领头人代收。如果小伙子家做了这样的礼节，被领头人拒绝，礼节就要等到结婚的仪式上再进行。

（3）说礼银

礼银一般是1600—3600元，只要姑娘的父母能办完事即可。

（4）平辈分

"私奔"式婚姻解决了青年男女婚配的很多问题，如女方父母不同意的、男方父母不同意的、辈分不等同的等。尤其是辈分问题（苗族同姓不通婚，同一个家族有直系亲属血缘关系的更不能婚配，这里指的是不同姓的外亲关系）。外亲关系辈分不等同的青年男女，他们相互产生了爱情，向父母恳求，父母会以辈分问题阻挠不予成全。因此，他们只有选择"私奔"，一旦"私奔"成功，说礼银时，不管大小几个辈分，就用一对鸡和一瓶酒扯平，双方父母同时也就平了辈分，无论平常怎么称呼，扯平后，均以"亲家"相称。

结婚酒。屏边苗族人"私奔"式婚姻的结婚酒一般是在说礼银的第三天举行，婚礼仪式与传统婚姻相同，但是不送亲，如果要送亲也只是"青年送"，不配对、不搞烦琐的仪式。

"入赘"式婚姻是屏边苗族青年男女自由恋爱时，如果女方提出要求男方"上门"，一旦他们两人已经把关系决定下来了，便由男方找媒人到女方家提亲和说礼银。实际上女方家不要礼银，一般只给 36 斤肉和 36 筒酒，定好日子后，由男方叔伯或兄弟在办喜事那天把新郎和酒肉送到女方家，请女方亲属吃一顿证明饭即可。婚礼仪式一切从简。

## 四、大冲村苗族新的恋爱方式与婚姻现象

### （一）打工恋

在大冲村苗族年青一代的男女中，"打工恋"逐渐成为一种主要的恋爱方式。在笔者调查的 46 例中，打工时确定恋爱关系的案例占中青年人的 29%，而老年人中没有打工时认识的。整个大冲村在外打工的人员也非常多，留在家里的以老人和小孩为主，很多中青年人的信息也都是由老人和孩子提供的。

"打工恋"产生的原因与时代的发展有着密切的关系。改革开放以后，非公有制经济的发展受到政策的支持，全国掀起了"打工潮"。大冲村虽然地处深山，但是随着城镇化、现代化的快速发展，以及交通越来越便利、信息传播速度越来越快，大冲村的生计方式发生了变迁，原有的自然经济逐渐瓦解，从事种植业的人越来越少，外出打工成为当地中青年人的首选谋生手段。此外，当地的教育并没有随着经济的发展而受到重视，越来越多的青少年辍学后也不愿在家中务农，大多数人都选择外出。

大冲村苗族人外出打工目的地的选择非常多元，有邻近的蒙自、开远等州内经济相对发达的地方；也有昆明、广州，甚至北京这样的大城市；还有一些经人介绍的地方。

大冲村苗族人的"打工恋"一般有两种形式，一种是男女双方本就认识，一

起相约去打工，在打工过程中逐渐确定恋爱关系，然后结婚；还有一种是在打工过程中认识心仪的对象，很大一部分族际通婚就是这样产生的。这种情况下，如果是女性一般就不会再回到大冲村来了，她们会选择和恋爱对象一起在打工的地方结婚或者嫁到恋爱对象的老家；而男性可能会和妻子一起回到大冲村生活，也有可能到女方家入赘上门，事业有成或者父母双亡的人则会在外面定居。

### （二）网恋

"网恋"是指以网络为媒介，借用聊天工具等互相聊天，人们之间互相了解，从而相恋。网恋是一种非常新兴的恋爱方式，与网络和信息产业的快速发展有着密切联系。在笔者调查的案例中，有 1 例就是通过网恋结识的。

我和我丈夫是在手机上认识的，用现在的话来说就是"网恋"嘛。我丈夫原来是在云南打工，2014 年的时候我在"贴吧"看见他发的帖子，是介绍他的家乡和民族的。因为云南风景很美，而且我们家那边都是汉族，平时没怎么见过少数民族，当时就觉得特别感兴趣，于是就在他的帖子下面留言，他看到以后也回复了我，然后我们觉得很有共同话题，就加了 QQ，在 QQ 上聊，聊着聊着就喜欢上了对方。

在 QQ 上聊了差不多快两年吧，我们都觉得该见面了，他就从云南来到了广东。见面之后我们又相处了一段时间，感觉对方就是自己要找的那个人，在 2016 年的时候我们就正式领证结婚了。因为他算是"上门女婿"，而且他的父母都不在身边，所以我们结婚的时候没有办婚礼。不过我也不觉得遗憾，只要我们两个人真心相爱就好。

我们结婚之后生了一儿一女，今年他说他想回家看看父母，我就陪他一起来了。我还是对他的家乡和民族很感兴趣，这也是我们当时认识的原因。来到这边以后我发现真的跟他描述的一样，风景优美，空气很好，而且这里的人都很热情、好相处，我感觉没有什么不适应的地方，很舒服。我还学会了这里的方言，但是苗语还没有完全学会，只能听懂一部分，他们没有因为我是外来的人或者外族人而排斥我，相反还给了我们家很多帮助，真的非常感谢他们！

现在他在周边地方打点零工，我在家里带孩子和照顾老人。他爸爸不在了，我们也想过把他妈妈接到广东去，但是老人老了，不愿意离开家乡，所以我们就一直在这边，想多陪陪他妈妈。反正我在这边都适应了，连我自己都不想回广东了。①

### （三）族际婚

大冲村内目前族际通婚的家庭非常少，但是从大冲村嫁出去或者入赘到其他民族的人并不少。据笔者了解，大冲村的老一辈人中没有和其他民族通婚的，到了中青年一代才开始有族际通婚的现象出现，但也是"嫁出去的多，娶回来的少"。

在调查过程中，笔者发现大冲村"嫁出去"和"娶回来"的族际通婚也有不同之处：娶回来的外族媳妇一般都是大冲村的苗族男性在外打工时结识的，但嫁出去或者入赘的除了有在外面通过打工、上学等途径结识的以外，与周边其他民族通婚的也不少。湾塘乡的世居民族有苗族、汉族、彝族和壮族，大冲村苗族会嫁到或者入赘另外三个民族的村寨的，但是另外三个民族的女性鲜有嫁到大冲村来的。

在笔者问到当地的族群关系与族际通婚的联系时，当地人表示在择偶观念上曾经还是存在民族限制的，直到现在也有一部分人还有这种不同民族不能通婚的观念，但是当地各民族之间的关系一直都不错。据当地人说，他们或多或少都会有一些外族的朋友，外族朋友里面又以汉族居多，汉族人办婚礼都会请他们去做客，他们也会回请，礼尚往来。在问到不同民族的特点时，苗族人对自己的定义普遍有热情、朴素、勤劳、自由等词汇，而对汉族人的印象则有友好、聪明、富裕。总体来说，当地人对族际通婚的态度还是肯定甚至是支持的。有人表示想和其他民族通婚；有人觉得族际通婚生出来的孩子比族内通婚的聪明，非常支持族际通婚；还有人觉得族际通婚是促进民族团结的最好方式之一，是响应党和国家政策的号召；甚至有人觉得找外族人结婚是一种"有本事"的表现。总的来说，

---

① HYX，女，32 岁，广东人，汉族，在家务农。

在大冲村不仅没有族际通婚的限制，这甚至还可能会成为一种趋势。

在大冲村的族际通婚案例中，最特殊的要数苗族与德昂族的通婚，这是一个比较有代表性的族际通婚案例。

我和我丈夫是在外面打工的时候认识的，他其实年纪比我大不少，所以一开始和他相处的时候只是把他当大哥。后来时间长了，慢慢地日久生情。因为他这个人真的很会照顾别人，很体贴，而且我感觉他对我也有意思吧，就大胆地和他挑明了，然后就在一起了。现在想想感觉我好直接哦，哈哈哈哈。

谈了一段时间恋爱我们就结婚了，是在外面结的婚，办的是新式的婚礼，不过我也挺好奇他们苗族的传统婚礼是什么样子的。我生完孩子以后他就带我到他的家乡来了，因为他母亲可以帮我一起带孩子。我刚来的时候，村里的人都感觉很新奇，因为他们从来没有听过我这个民族，所以会问我一些关于德昂族的事情，我也很乐意跟他们分享，所以还是很快和村里人搞好了关系。

刚来的时候确实是有点不适应，因为他们的方言讲快了我有些时候不太听得懂，而我又是讲普通话，有些老人听不懂普通话，不过后面还是慢慢适应了。现在我主要就是在家里带孩子，我老公在外面打工，可能等过两年孩子上学了我也要出去打工，多赚点钱。孩子是跟他父亲的民族，跟我的话总感觉有点不对劲，毕竟孩子生下来以后就在这边长大的，接受的是苗族的文化，他跟他奶奶、村子里的人说苗语，跟我就说普通话，也算是提前的"双语"教育吧，挺好的。我感觉不同民族通婚的好处就在于促进了各民族之间的交流，人们的观念不断改变，能接受更多不同的文化和人，我也算是促进民族文化交流的践行者吧。①

### （四）跨国婚

跨境婚姻在云南边境地区是一个常见的现象，屏边县不属于真正的边境县，与越南之间还隔着一个河口县，但是还是有不少从越南，甚至老挝嫁过来的女性。形成这种现象的原因有很多，而且比较复杂。

---

① DKL，女，24岁，临沧永德人，德昂族，目前在家务农。

在大冲村，外籍媳妇主要来源于越南，目前大冲村年纪最大的越南媳妇是 37 岁，因此可以推断大冲村开始出现跨国婚姻也就在近十几年。来自越南的外籍媳妇年龄在十几岁到三十几岁之间不等，而老挝的外籍媳妇则是最近一两年才出现的，嫁过来的时候都不满 20 岁。从这两个国家嫁过来的外籍媳妇既有相同之处，也有不同之处。

相同之处在于：

（1）基本上都是本人自愿、家人也同意其嫁到中国来的。

（2）绝大部分人都是事实婚姻，没有结婚证，也没有加入中国国籍，大部分还保留着本国国籍。①

（3）初婚年龄大部分在 10—20 岁之间，早婚现象比较严重。

（4）虽然是外国人，但都是苗族，与大冲村的苗族大致能用苗语沟通。

（5）受教育程度较低，大部分上过小学，部分从未上过学，极少有人能读到小学毕业甚至小学以上。

（6）大部分人目前都是在家务农。因为没有身份证，所以不能坐公共交通工具，但是可以到邻近地区打零工。

（7）大部分人娘家的经济条件都比夫家的经济条件差，所以才会嫁到中国来。

（8）最大的愿望都是希望政府能帮忙落户，解决户口问题。

不同之处在于：

（1）越南的外籍媳妇基本上都是通过打工或者经人介绍认识男方的，在结婚之前双方有一定的感情基础，大部分都举办了婚礼。老挝的外籍媳妇基本上都是男方去老挝"讨"过来的，没有手续，也没有婚礼。

（2）越南的外籍媳妇大部分都回娘家探过亲，有些甚至随时可以回去探亲，而且丈夫有时也会陪同；即使没有回娘家探亲的，娘家人也会来看她。老挝的外籍媳妇嫁过来以后就再也没有回娘家探过亲，娘家人也没有来过。

---

① 据村委会的工作人员说，现在可以办理结婚证了，但是程序比较麻烦，男方要先办签证和护照，到女方户口所在的国家去办理结婚证，办好以后，女方可以"暂时落户"中国，但不算中国国籍，不过还是能享受医疗保障等中国公民的一些优惠政策。由于程序烦琐、花销比较大，大部分人还是不愿意去办理，依然是事实婚姻。

（3）越南女性的跨国婚姻家庭比老挝女性的家庭稳定。据了解，目前大冲村从老挝嫁过来的女性仅剩两人了，其他的都"跑了"，有几个甚至刚嫁过来就"跑了"。当地人说是因为她们嫁的那几家太穷了，她们本来想着到中国来是过好日子的，没想到和娘家差不多，就偷偷跑了。

### （五）离婚与"逃婚"

离婚在苗族传统社会中也存在。在大冲村老一辈人里面极少有人离婚，但是在中青年人中有一些离婚的案例。"逃婚"则是一种新的现象，这里的"逃婚"是指结婚后女方在不经过男方和男方家人的同意下独自离开，男方家庭完全不知道女方的去向。

#### 1. 离婚

在苗族传统社会，离婚必须经过"寨老"及社会的认可。过去，苗族人结婚后如果无法维持夫妻关系，女方主动提出离婚的，则女方要给男方缝制两套衣服，为男方再婚之前备用；要是男方主动提出的，男方也要根据不同情况付给女方一定数额的生活费。他们认为这样做才符合本民族的传统，否则便是不道德。

举行离婚仪式时，当事人双方都必须参加。仪式由寨老主持，双方当着寨老和在场人发誓后，寨老便将手中的竹筒一破两半，分别递给当事人，拿到竹片后，两人背道而行，表示从此各奔前程，互不来往。中华人民共和国成立后，婚姻法在大冲村当地逐步得到贯彻，绝大多数青年男女结婚都要到当地政府部门办理结婚登记手续。如果夫妻感情破裂，婚姻不能维持下去，经过寨中头人的调解无效，便到当地政府部门办理离婚手续。

在笔者调查的案例中，离过婚的人除了有大冲村本地村民，还有离了婚从越南嫁过来的外籍媳妇，有一位甚至在越南离过两次婚。离婚的原因各不相同，大冲村大部分是因夫妻感情不和，感觉对方不适合自己。这种情况一般是早婚造成的，因为结婚时双方年龄太小，不够了解对方，所以思想成熟后会选择离婚，另外找对象。比如其中 1 例就是女方和男方离婚后，就离开家乡到北京打工，然后在北京认识了现在的对象，并长期在外生活了。

越南女性离婚的原因比较特别，而且她们比较被动。在调查的案例中，有一位娶了二婚越南女性的大冲大马底男性[1]，跟笔者叙述了他妻子嫁过来的原因和过程：

> 我媳妇是从越南嫁过来的，她之前在越南的时候嫁过一个男人，但是那个男的对她不好，还又找了一个女人带回家来。……但是我媳妇的哥哥受不了，就强制她跟那个男人离婚了。
>
> 我媳妇她哥，也就是我大舅子，本来就在中越边境那里打工，他听说中国这边好多男人还挺疼老婆的，就想把他妹子嫁到中国来。那时候我刚好也是在中越边境河口那里打点零工，就认识了他，然后他了解到我还没有结婚，就问我愿不愿意娶他妹妹。我想着先相处一下看看吧，反正我们都是苗族，语言也通，不存在太多文化上的差异。
>
> 相处下来我们双方都感觉彼此挺好的，而且年纪都不小了，我就把她带到家里来了。我父母也挺高兴的，没有嫌弃她是二婚，还给我们办了简单的婚礼。结婚以后我们有一个孩子，父母帮我们带孩子，我们还是在周边打工，因为我媳妇她没有身份证，不能去远处打工。她也经常去越南那边探亲，我还陪她去过几次。反正我们对现在的婚姻状况和生活状况都挺满意的，唯一的愿望就是希望她的户口能落实吧，这样能方便一点，也许还能去更远的地方打工，赚更多的钱。

### 2."逃婚"

笔者刚到大冲村的时候，就听见村委会的工作人员在打电话询问一家人的情况，这家男主人的媳妇离家出走了，他们家里人都不知道她去了哪里，村委会要确定她还会不会回来，才能决定要不要把她从大冲村在籍人员的统计名单上除名。

据了解，大冲村当地这种结了婚之后"跑掉"的女性还不少，中国的和外籍的都有，情况有所不同。

中国夫妻一般都办理过结婚手续，有结婚证，但是女方"逃跑"之前不会去办理离婚手续。虽然属于违法行为，但是一般不会按照法律程序处理，原因一是不知道女方跑到哪里去了，连她家里人都不知道；二是男方也不愿再去追究，就

---

[1] WCH，男，46岁，大冲本地人，苗族，在家务农、打工。

自认倒霉了。这种情况下男方无法再和其他人按照法定程序结婚，因为他和前任妻子并没有离婚，再结婚的话就犯了重婚罪。所以男方一般不会再找对象，即使要找，也只能是事实婚姻，不能再领结婚证。

相对来说，外籍媳妇"跑掉"之后大家都不会有太大的反应，一是因为她们本来就没有当地户籍，在或不在对户籍管理的影响都不会太大；二是当地的跨国婚姻绝大多数都是事实婚姻，即使媳妇"逃跑"了，男方还可以再找。当然，不论哪种情况，都属于违法行为，都是不可取的。

## 五、大冲村苗族婚恋观变迁的表现及原因

通过对大冲村不同年龄段的人的抽样调查和数据分析，以及参与观察和深度访谈，笔者总结出了大冲村苗族人婚恋观变迁的表现及原因，有以下几点：

### （一）择偶和通婚的地域范围在不断扩大

随着当地自然经济的逐渐解体，从事传统种植业的人越来越少，而外出打工、求学的人越来越多。此外，随着社会和经济现代化水平的提高和发展，交通条件也越来越好，大冲村已经不再是一个封闭的山村了。苗族人一向崇尚自由恋爱，当人们工作、社交的范围越来越广之后，择偶和通婚的地域范围也不再局限在大冲村内，而是随着大冲人走出的范围不断扩大。

### （二）早婚现象逐渐严重

大冲村老一辈人里面早婚的比较少，一般是成年之后才会结婚，但是随着时代的发展和现代文明的冲击，年轻一代早恋、早婚的现象逐渐增多。再加上当地的教育发展相对滞后，年轻人辍学情况较严重，外出打工的年轻人特别多，到外面之后更容易接触到新鲜事物，性观念和婚姻观念变得更加开放，因此早婚、早育，甚至未婚先育等现象都逐渐出现。

### （三）婚姻状况没有以前稳定

大冲村婚姻情况的不稳定主要表现在离婚人数的增多和"逃婚"现象的出现，

而这两个现象都与苗族女性思想观念的变化有关。受传统观念和传统的性别分工影响，以前苗族女性出嫁后不仅要承担农活，还要负责家里所有人的饮食和服饰制作，非常辛苦。虽然苗族社会男女地位较平等，女性也有主动提出离婚的权利，但是大部分女性一般不会选择离婚，尤其是在有了孩子之后。例如，笔者调查案例中唯一一例特别早婚的，就是女方家里非常贫困，被父母"嫁"到男方家，她没有提出反抗，也没有反抗的机会。

随着时代的发展，性别平等的观念逐渐深入苗族人心中，对婚姻不满、主动提出离婚的苗族女性越来越多，当然"逃婚"也是一种方式，但是那属于违法行为，不值得提倡。同样，男性对于婚姻的态度也有所转变。笔者调查的案例中，离婚后没有再婚的男性只有 1 位，50 多岁，是中年人，而年轻人离婚之后一般都会再找新的对象。

### （四）恋爱与婚姻形式逐渐增多

大冲村苗族人传统的婚恋对象主要是经人介绍的、社交活动时认识的对象，也有家族内的姻亲，基本上是自由恋爱、自由结合的，也有极少数包办结婚的。随着时代的变化发展，大冲村苗族人崇尚自由恋爱的心理没有变，但恋爱和婚姻的形式越来越丰富，"打工恋""网恋""族际婚""跨国婚"等新现象开始出现。虽然没有成为主流，但是对大冲村人的社会生活也产生了一定影响，也会对大冲村以后的社会发展产生一定的影响。

## 六、结语

婚恋观的变迁是一个族群文化变迁中的重要组成部分，因为婚恋观是一个人思想观念中最重要的一部分，这对一个人的生活方式甚至人生道路的选择都有影响。家庭是一个社会中最小的组成单位，所以婚姻家庭的变化在一个族群的社会文化变迁中起着非常重要的作用。

大冲村是一个传统的苗族聚居村落，沿袭了许多苗族的传统文化与习俗，但是在时代的变化发展过程中，在城镇化、信息化、现代化的冲击下，大冲村人的思想观念和社会文化都发生了一些变化，其中婚恋观的变迁就是一个重要的方面。

大冲村苗族人的婚恋观变迁对其社会发展有着很大的影响，这其中既有积极的方面也有消极的方面。积极的方面在于大冲村人通婚的地域范围逐渐扩大、恋爱和婚姻的形式逐渐多元化、对待婚姻的态度更加自主和自由。通婚的地域范围扩大之后，大冲村人的视野也越来越开阔，而族际婚姻、跨国婚姻的出现对民族团结、文化交流也起到了一定的促进作用；恋爱和婚姻的形式逐渐多元化说明大冲村人紧跟着时代潮流，开始用更多元的方式追求爱情，适应社会的发展；对待婚姻的态度的变化则是大冲村人思想观念现代化的最好体现，随着婚姻法的完善以及自由平等思想的传播，大冲村人在婚姻方面有了更多的自主权，不论男女都有选择自己理想的婚姻家庭的权利，都能从某些落后的传统思想中解放出来。

当然，婚恋观的变迁也给大冲村苗族社会文化带来一部分不良影响，主要体现在性观念、婚姻观念开放后，早婚早育现象的增多和婚姻方面非法行为的出现。大冲村苗族人本来就崇尚自由恋爱，再加上大冲村的教育水平比较落后，教育资源有限，当地年轻人辍学外出打工后受到现代文化的影响，性观念变得更加开放，早婚早育的现象也越来越多。早婚早育不仅不利于人口素质的提高，而且对经济发展也没有积极作用，对脱贫工作造成阻碍。婚姻方面的非法行为主要有非法跨境婚姻和婚姻关系的非法解除。非法跨境婚姻不仅会对人口、户籍的管理造成不良影响，而且非常不稳定，甚至会引发其他犯罪行为。非法的婚姻关系解除在大冲村最明显的表现就是已婚女性"逃婚"，这样不但会给政府的人口、户籍管理造成极大的不便，在道德、法律上都是不可取的，也会给家庭造成伤害。

所以在大冲村苗族人婚恋观变迁的过程中，政府、学校和社会都应起到积极的引导作用，鼓励和支持合法的行为，同时也要发展好大冲村的经济和教育事业，因地制宜制定政策，减少早婚早育的现象，促进优生优育；宣传法律知识，提高群众的法律意识，同时解决好跨境婚姻的问题，使民众受益，这样才能减少、杜绝非法行为的出现。

# 指导意见

丽水学院

吴稼稷

    这是我院民族学专业大三学生参加为期三周的综合性实习，进行田野调查，根据获得的资料撰写的一个主题的内容。

    此田野调查点是浙江龙泉市唯一的一个畲族乡——竹垟乡。这里生活着的女性，除了有勤劳、俭朴的品质之外，还有着敏锐的嗅觉和行动力，在商业气息渐浓的时代，突破原来固守的族群自循环的生计模式，投身于一种既能体现女性的价值，又能发扬光大畲族文化的旅游开发。她们一直被关注和讨论，也是我们实习小组聚焦的对象。

    我对这个田野调查主题的指导，主要侧重于两个方面：一是这种旅游文化结构中女性的基本活动形态；二是女性参与带给个人乃至家庭多大程度上的变化。实习小组通过深度访谈从事旅游方面工作的女性，了解当地女性介入旅游开发的过程和对社会生活的影响；如何通过发展旅游业给女性带来向社会展示自我的机会；随着对旅游业参与度的不断提升，女性自身的优势是怎样被不断发掘，自我意识是怎样不断被强化的。妇女成为乡村旅游业的从业者，从发现自身的价值开始，这意味着女性意识、自我观念在觉醒，在发生改变，形成了乡村妇女走向独立生活的时代形态。

实习小组总结了田野调查的这个主题：其一，乡村的每一生活形态的每一类型的存在方式都有其历史的积淀，需要深入挖掘其中的文化内涵，并从生活方式变迁中探测社会关系，尤其是亲友圈的交往意义；其二，乡村生活着的每一个群体，不论年龄和性别，都能在改革的大时代中找到小生活的新位置。生活韧性是滋养地方社会发展的重要成分。田野调查需要经过一个长时段的观察和访谈，才能理解乡村中人们生存的每一种需要和变革之间的关系，才能理解理论学习与研究方法相结合的实践意义，这是教育、学习的支点。

我们撰写的田野调查报告，体现的是一个专题的内容。乡村妇女是在田野调查点中最容易接近的一个可以观察的群体，因此，女性在乡村生活中的劳作方式、自我支配能力系统等结构方面的改变，是一个非常有价值也是非常有意思的研究主题。

# 对竹垟畲族乡盖竹村旅游开发中的女性参与的调查

丽水学院民族学院 2017 级本科生　封莉娜　韩佳佳　韦忠来

指导老师　吴稼稷

**摘要：**通过对浙江省龙泉市竹垟畲族乡盖竹村旅游开发中女性参与的调查研究，了解女性介入旅游开发的结构性模态。深度访谈从事旅游方面工作的女性，分析其所从事的工作对社会生活的影响。总体上，发展旅游业给了女性向社会展示自我的机会。女性对旅游业的参与度不断提升，自身的优势也不断被发掘，对于自我的认可度也不断强化，开始发现自身的价值，女性意识不断觉醒，观念发生改变，独立等意识不断增强。

**关键词：**竹垟畲族乡；盖竹村；旅游开发；女性参与

## 一、绪论

乡村文化旅游是乡村振兴的重要组成部分，在解决就业、增加收入、拉动内需等方面发挥着重要作用。女性在乡村旅游业的发展中，扮演了不可替代、不可或缺的角色，这也关涉女性角色变迁、性别差异、女性增权、女性就业等方面的问题。

本文通过对盖竹村畲族文化旅游开发中女性参与的调查，梳理和总结了乡村女性参与旅游业发展的主要方式、乡村女性参与旅游业发展的优势和劣势以及乡村旅游发展对女性的影响。

## 二、田野点概况

### （一）盖竹村人文与经济

盖竹村是浙南龙泉市竹垟畲族乡的一个行政村，距离龙泉市区西南 30 千米，是乡政府所在地。横溪穿村而过，环山遍地毛竹，且多奇形怪状的竹子，所以村庄原本叫"怪竹"，而方言中"盖"与"怪"谐音，故后来更名为"盖竹"。村内划分为四大区域，分别是中间弄、隔溪、前街、后街。1982 年，辖盖竹、隔溪、石壁头 3 个自然村，今辖 4 个自然村（12 个村民小组）。

#### 1. 经济

盖竹村的前身为盖竹大队。2012 年，村内有耕地 1170 亩，山林 6612 亩，居民 1123 人。村民收入以种植食用菌和木材、毛竹原料加工业为主，总收入 2421 万元，集体收入 14 万元。在畲汉两族村民的共同努力下，生活条件逐步改善。

#### 2. 文化

盖竹村名人辈出，著名的有元代的王刚叔（号"木讷先生"），他放弃做官的机会，回乡办学，培养人才，村内还现存"木讷先生墓志铭碑"；民国初期的罗黄氏，以一己之力出资建桥，现留有"坤德桥"作为历史文物。另外，村里还有丰富的古建筑，如王家祠堂、罗家祠堂等，其中 15 座老宅有 100 多年的历史，此外还有 3 座古墓。历史文化沉淀在每一处门坊、残墙不可复制的历史足迹中。这些古建筑现已申报国家古民居项目。

#### 3. 生态

横溪是村内最大的溪流，溪水清澈见底，溪鱼成群结队。村中房屋大都临溪而建，背靠大山，参差错落。家家户户种花养草，香气宜人。

### （二）盖竹村旅游发展现状

盖竹村借助天然优势，成为竹垟全力打造民族风情旅游产业，开发畲族乡村旅游的首选地。为突出民族特色，把发展旅游业和畲族文化两者结合起来，举办

"三月三"山哈文化旅游节、"畲寨音乐泼水节"等节庆活动，已有七万多名游客体验了畲乡的民俗风情。由龙泉畲韵旅游公司提供的婚嫁表演是其中最具民族特色的项目之一。

盖竹村一方面依托畲乡文化，建成了畲字坝、畲汉同心园、水上梯田、"火炉塘"、畲汉中心、"四姓窗"、"凤凰展翅"等民族文化景观，同时通过立面改造、路灯、彩旗、灯笼、大型 3D 彩绘等，全面营造民族文化氛围。另一方面，深挖本土历史文化，对一些祠堂、老宅等传统建筑进行修缮，在保留历史韵味的基础上，增加旅游观赏的价值。为了留住游客，加强生态文明建设，开展了以"垃圾不落地、出行讲秩序、文明除陋习"等为主题的美丽乡村建设的文明行动。村里老书记带动村中的妇女种花，美观了街道。

盖竹村旅游业的发展带动了农家乐、民宿的发展，吸引游客的同时也留住游客。现在村里有三家农家乐，两家民宿。为了鼓励村民积极开办民宿，政府给予村民办民宿一定的补贴。市政府给一个房间补贴 5000 元，乡政府补贴 2500 元。星级上升后还有补贴。同时乡里还派人对开办民宿的村民进行业务指导。

目前盖竹村的旅游业发展并不成熟。现阶段与周边的旅游景点捆绑，打造了一条旅游线路，盖竹村只作为这条路线中的一个旅游点。但这是一个良好的开端，为旅游发展打下了基础。通过微信公众号等互联网渠道宣传后，盖竹村进入旅游业发展的良性循环中。

## 三、盖竹村女性参与旅游开发的优势与劣势

### （一）盖竹村女性参与旅游发展的优势

旅游业的逐步发展，使盖竹村的工作从原先简单的务农打工，发展出更多行业，为村民提供了更多的就业机会。许多服务行业的分工开始细化，这些服务行业对于体力等没有那么大的需求，男性在这个行并不占据优势，而女性身份反而可以帮助女性赢得好感，更容易获得这些工作。当优势大于劣势的情况下，女性在很大程度上会参与到旅游发展中，也必然受到旅游发展的影响。

女性多数是细腻、温柔的，并且不具有力量优势。虽然这一点在传统生计中占劣势，但另一方面，女性的力量不足就不具备很大的威胁性。很多人前往乡村旅游，会对当地人有一定担忧和揣测，女性服务人员会减轻这些担忧，从而使游客更加放心。游客是来享受服务的，女性从业人员更具有亲和力，更加有耐心，在与游客沟通过程中，能够更好地倾听游客的需求，符合游客的期待。旅游业作为典型的服务行业，对从业人员的知识水平要求不高，部分男性会认为从事这样的服务业没有面子，促使这个行业对女性的需求增加。

在盖竹村的旅游业发展中，女性的参与度明显高于男性。首先，盖竹村与许多传统村庄相似，许多年轻劳动力以及中年男性都前往城市打工，村庄内只留下老年人和妇女在家带孩子，从事日常劳作。所以在旅游开发中，需要劳动力的时候，这些闲散在家的女性会被优先考虑。其次，盖竹村的特色是婚嫁表演，需要会唱歌跳舞的表演人员，这一点对于女性来说更容易胜任。男性在婚嫁表演中只承担抬轿和奏乐的工作。最后，女性是当今社会旅游购物的一大主力，游客中女性占大部分。前来盖竹村旅游的旅游团也是如此，女性占比大大高于男性。作为同一性别的女性从业人员，能够更好地把握女性游客的心理，在推销地方特产等方面更容易成功。

## （二）盖竹村女性参与旅游发展的劣势

由于女性没有力量优势，在获得从业机会的同时，很多人也会觉得女性身体弱小，更容易被欺负；而且女性情感丰富，遇事容易情绪化，在与人交往的过程中带有主观意识，会把工作和生活混在一起，无法及时管理情绪。另外，女性在受到外界刺激时，不够冷静，有时面对突发事件时会束手无策。

在社会环境没有那么开放的情况下，盖竹村发展旅游业，对村民的思想冲击很大，很多家庭没有做好思想准备。女性在投身旅游业之后，会接触到很多陌生人，言语交流是不可避免的，甚至有肢体的接触，有时还会转变身份，重新构建与陌生游客之间的关系。在表演婚嫁仪式时，表演人员需要拉着游客的手一起跳竹竿舞，同时还需要一个女性扮演新娘的角色，与游客扮演的新郎共同完成一系列的"结婚仪礼"，这时村中会出现议论，甚至怀疑女性的德行操守，有些表演人员便是由于家里的不支持而退出了表演队伍。

盖竹村参与旅游表演活动的女性多数文化教育程度不高，只能承担一些简单的工作，所以收入较少。在从事这些工作的时候，还需要兼顾家庭生活，有时会因为家里琐事繁忙，就不继续从事相关工作。这些女性缺乏更长远的打算，也没有思考过如何利用这个机会，在政府的扶持下获得更多的工作机会。

## 四、女性参与旅游开发的主要形式

### （一）农家乐经营

民以食为天，许多游客来到盖竹村旅游都希望体验一下盖竹村的特色饮食。为游客提供餐饮是比较容易赚取收入的方式。为了获得更多的收入，许多村民将自家的房子改造成农家乐。一般农家乐的规模比较小，不能提供很多的房间住宿，即便能够提供一些床位，环境还很一般，所以需求量不大。餐饮相对住宿而言所需要的空间较小，一张桌子就可以容纳十几个游客。

盖竹村餐馆的营业执照需要去龙泉市办理。在政府的大力支持下，办理执照很方便，只要提前打电话联系，带好相关材料，然后一次就可以办理好许可证和执照。农家乐的大部分工作都由老板和家人共同完成，女性在农家乐中承担了多种工作，包括接待客人、做饭、购买食材等。街上有一家名为"畲水人家"的农家乐，店内主要是老板娘主事，母亲帮忙打下手。老板娘的丈夫只是偶尔购买食材，或者在老板娘外出办其他的事时才下厨做菜。老板娘原先没有工作，来到盖竹村开农家乐后，家里多了一份收入，所以家里人也非常支持。

多数的农家乐不仅提供餐饮，还可以提供住宿。清洗床单被套，打扫卫生是由女性完成的。如果遇到重大的节日，如泼水节等，一旦忙不过来还会雇佣邻居家的女性来帮忙。女性担任了农家乐的大部分工作。

### （二）民宿经营

除了提供食宿的农家乐之外，还有专门提供住宿的民宿。村里为了发展旅游业，积极动员村民开办民宿。政府也给予一定的补贴。民宿的星级与补贴的数目是挂钩的，评上 2 星的奖励 5000 元，3 星奖励 10000 元。民宿的星级又与房间、床位数的多少有关。民宿的工作人员不多，多为女性，工作任务不是很多。游客很少会留下来，平常打扫房间等事务由经营民宿的老板自己动手就可以做完。盖竹村的两家民宿，生意比较好的是"富桂人家"。"富桂人家"的经营者是女性，也是乡里的驻村干部，有一定的知识技能，在有关部门的动员下开始经营民宿。民宿的装修花了 14 万，乡里补贴了 45000 元。民宿的大部分工作，包括打扫房间，更换清洗床单被套，招待游客等工作均是经营者自己完成。"富桂人家"是盖竹村装修最好的民宿，接待的客人都是老板的朋友介绍过来的，素质高且客源稳定，盈利较为可观。女性开始在这个行业中占据主导地位，拥有经营自主权，逐渐与游客和外界进行深入的交流。

### （三）婚嫁表演

婚嫁表演是盖竹村旅游项目中的特色，也是旅游开发的重点。目前大部分的游客来到盖竹村都是为了观看婚嫁表演。这一活动最早是在"三月三"等庆典活动上进行的。通过婚嫁表演，吸引了附近的慕名而来的居民和游客，同时也吸引了致力于旅游资源开发的公司。龙泉华严旅游公司（简称"华严"）是第一家与村里签合约的公司，由公司负责组织管理婚嫁表演活动。2019 年，村里的谢某从华严旅游公司辞职，自己开了一家龙泉畲韵旅游公司，召集了原先的表演人员，重新开始婚嫁表演。整个婚嫁表演的固定演员有 10 多位，有畲族人也有汉族人，其中大部分为女性。谢某是公司的主要管理人员，也是女性。

婚嫁表演的演员加上讲解员都穿着传统畲族女性服饰，一次可以接待一个 50—80 人的旅游团。婚嫁表演在畲汉广场，由扮演"新娘"的演员抛绣球选出"新郎"和两位"伴郎"，随后再从游客中指定一位"大舅妈"，作为"娘家人"。准备完这些，迎亲队伍从畲汉广场出发；到连心桥后，扮演畲族姑娘的演员分列两排，开始唱畲歌；然后要求伴郎脱下鞋子，跨过挥舞的树枝；接下来还要连过两关才可以掀开"新娘"的头盖。表演结束后，游客会与表演人员合影留念，也会购买一些当地特产。

畲韵公司的组织管理比较简单，谢某负责全部的行政工作，包括拉赞助，与旅行社对接，培训表演人员等。笔者对谢某进行过一次正式的访谈，了解到了一些相关信息。

问：表演的流程如何制定？

答：继承传统的一部分，在互动参与中创新。这是为了给游客参与感，切合当代旅游市场。

问：表演人员的大概年龄？

答：表演人员年龄大概 30 到 40 岁左右，其中最小的一个 20 岁不到，高中毕业。

问：表演人员的工资？

答：基础工资加提成，基础是 1500—2000 元；提成根据参与表演的次数以及卖特产等的数量，最低有约 1000 元，高的有 3000 元多。

问：工资支付方式？

答：有用"微信""支付宝"，也有用现金。有些人年纪太大了，不会用那些电子支付。

问：成员人数以及分工安排？

答：成员有 15 人，其中有 10 个女性。女性负责主持和唱歌跳舞，男性负责抬轿子和奏乐。

问：平时不表演时的生活安排？

答：除了表演，平时就在家干农活，收木耳和香菇。

问：原先在华严公司工作吗？

答：对，我是从桂林旅游学院旅游专业毕业，本来在华严公司工作，但是华严公司总是亏损，所以就撤走了，我就把这件事接盘下来了。

问：公司的运作？

答：我一个人负责全部的行政工作，包括拉赞助啊，与旅行社对接什么。

问：公司未来的规划是什么？

答：准备打造成现代婚庆还有传统婚礼的一条龙服务。

女性表演人员全部是本村人或是嫁到盖竹村的妇女。盖竹村旅游开发中的婚嫁表演是女性参与旅游业的重要方式。婚嫁表演为当地女性提供了更多就业机会，使女性获得了发展机遇，不仅可以照顾家庭，同时也提高了经济收入；而且可以传承和保护畲族的传统婚嫁习俗，让越来越多的人了解畲族文化。

### （四）特产的加工与销售

除了农家乐和民宿，当地村民还向游客销售手工制作的特产来增加收入。红薯粉是村里最常见的手工特产。将红薯切块、打碎，再过滤、沉淀，然后晒干，得到红薯粉，这些红薯粉通常被加工成粉丝自用或是销售给游客，从清洗红薯到销售，整个过程都由女性完成，男性只是偶尔帮忙。女性通过这些特产的销售来增加家庭收入，付出了很多的时间和精力，她们的勤劳有目共睹。

红薯干也是一种常见的特产，几乎家家户户都会做红薯干。许多家庭卖这些特产，村里小卖部的柜台上也有出售。村文化礼堂对面的小卖部经营者是女性，销售自制的红薯干。村里也有专门的红薯干加工厂，该厂由一对中年夫妇经营，老板娘也要参与生产劳动。

不管用什么样的方式，女性开始进入旅游的各个行业。即使收入不多，但是在尝试更多的可能性，用自己微薄的力量来创造更好的生活。随着乡村旅游业的进一步发展，女性会拥有更多的机会来参与发展。

## 五、旅游开发对女性的影响

### （一）经济收入

盖竹村旅游业的开发，对于女性的影响，最直接的就是经济收入的增加。原先盖竹村的女性大多在家务农和带孩子，除了务农带来的微薄收入，自身没有任何其他收入，家庭收入的主要来源是丈夫打工的工资和农产品销售收入。随着旅游业的发展，涌现了各种各样的工作机会，也给盖竹村女性提供了多种就业方式，改变了她们的劳动和生活方式，使得女性收入相较于之前大大增加。她们整个生产劳动从面向家庭成员转变成面向游客，从几乎没有经济收益转变成有经济收益。

村里参加婚嫁表演的女性，每个月大概能有 1500—3000 元的收入。如果是婚礼主持（司礼）或者"新娘"扮演者等特殊角色，工资会更高，差不多每月有 3000 元以上的收入。罗某是村里旅游婚俗活动的一名主持，原先在邮政工作，家里还开了一个小卖部，后来她抱着试试看的心态加入了畲族婚嫁表演。因为是主持，她每月的工资有 3000 元以上，收入是以保底的基本工资加上提成构成的。多了这一笔收入，生活比以前好多了，她网购的次数也随之增加，自述每月网购花费 2000 元左右。罗某是婚嫁表演队伍中为数不多的原先就有工作和收入的女性，因此这个影响在她身上不那么明显。而作为新娘扮演者之一的林某，原先没有任何工作和收入，只是在家里带小孩，偶尔农忙的时候帮家里收木耳，没有经济收入，靠丈夫外出销售木耳和打零工维持家庭生活。加入婚嫁表演队后，她的生活更加充实，外加一个月有 2000 元左右的收入，虽然这笔收入看起来不多，但可以分担家庭负担。婚嫁表演队伍中的许多人都是类似的情况。

女性在工作的同时兼顾家庭，要达到家庭和事业两不耽误是一种理想状态。盖竹村发展旅游业恰好是大部分女性的理想工作方式，女性在收入增加的同时还兼顾了家庭，因此获得了家人越来越多的支持。而且旅游业所带来的就业机会风险小，占用时间少，符合盖竹村女性的期望。

盖竹村的女性们获得经济支撑后，对于自身的生活也有了新的规划，变得更加独立和自信。盖竹村一些妇女积极参与了"山哈女"的舞蹈表演，并成了省城农业大学的特邀嘉宾，慢慢从乡村走向大城市。

### （二）思想观念

盖竹村旅游业发展造成的思想观念的改变主要体现在女性的就业观、教育观、社交观等方面。

#### 1. 就业观

在盖竹村传统的家庭分工中，一般都是男主外，女主内，男性负责赚钱养家，女性负责照顾家庭。在一定时期，这样的分工是比较合理的。但是旅游业的发展导致分工方式发生转变，不只是从事体力劳动才可以增加收入，部分女性的收入未必低于男性。盖竹村女性的就业观在发生改变，她们发现了自己身上的潜力和价值，不再想待在家里，而想走出家庭，在事业上有所成就。更多的女性也意识到，女性出去工作也可以获得一份体面且收入可观的工作，打破了传统的思想禁锢。

畲韵公司的总负责人谢某，既是畲族婚嫁表演成员，又是公司运行的核心人物，公司运营方面的主要事务均由她来负责。她的丈夫主要负责农产品的加工与销售。总体来看，谢某在公司运营占主导地位，她的丈夫只是一个辅助的角色，说明部分女性对于工作的期望从原来只想做一个简单的打工者到开始自己创业、成为经营者，从原先只是丈夫的助手转变为决策者。

### 2. 教育观

人们的经济水平与受教育程度有一定的联系。盖竹村女性接受教育的水平普遍低于男性，盖竹村40岁及以上的妇女基本上都是小学或初中学历，有的还没有上过学。在参与旅游开发后，在与游客接触的过程中，村民逐渐意识到教育的重要性，认为上学比不上学重要，学历越高越好。由此体现，村民们认识到了知识的重要性，并开始加大对子女教育的投入，认为知识可以改变命运。因为前往盖竹村旅游的人来自不同的地方，为了方便和游客沟通，普通话也慢慢在村里普及。

### 3. 社交观

社会交往是人们获取信息的方式之一，也是提高应对日常生活问题的基本工具。由于盖竹村旅游业的发展，参与旅游业的女性的社交范围不再局限在原先的小家庭之中，她们沟通的范围扩大了，沟通能力也提高了。在社交圈子扩大的过程中，一些观念逐渐被重构。

女性原先以家庭为单位进行活动社交，社交范围狭窄，没有过多的机会接触外界和他人。参与旅游发展之后，她们必须要接触外界和他人。与此同时，为了提高自己的业务水平，她们还需要接受一些职业培训。"如何有效地沟通"是职业培训的课程之一，有效沟通是解决问题的捷径，因此她们希望提高自身的语言表达能力，与游客更好地交流。

### （三）身份地位

在旅游业的不断发展中，盖竹村女性开阔了视野，丰富了自己的能力，或积极或被动地参与到社会公共生活的各个方面。在过去，盖竹村女性传统的社会角色是生育和协助丈夫管理家庭，这种分工模式导致女性活动范围被局限在家庭之中，很少有机会参与到其他生产生活中。现在有很多女性参与了公共活动，有些女性还成了政府工作人员，参与到了社区管理之中。女性的角色从妻子、母亲转变为经营者、管理者。

经济基础决定了生活的目标和追求，女性在参与旅游发展中或多或少有了额外的收入，而经济收入是衡量一个人价值最简单的方式。很多人忽略了女性对家庭贡献的价值，觉得在家里很轻松，转而有轻视的倾向。大部分村里人也认为男性外出打工更为辛苦，家里支出都依靠男性。现在村里女性的经济收入增加后，女性的价值也被放大了。有了收入之后，女性的家庭地位也逐渐上升了。在社会中，哪怕是一个小小的村庄，收入的高低也是能力的象征之一，收入增加说明有一定的能力，也可以获得别人的尊敬，社会地位也能得到提升。

## 六、结语

盖竹村女性参与乡村旅游业发展，对女性的影响主要体现在女性个人能力的提升以及由自身提升带来的附加值，旅游业的发展带给女性向社会展示自我的机会。随着女性在旅游业中的参与度不断提高，女性自身的优势不断被发掘，女性对于自我的认可度也不断提升，开始发现自身的价值。女性在充实和丰富生活的同时积极提高自己的社交能力，开拓自己的眼界，提高了工作能力也增加了收入，从以简单的劳动换取报酬到考虑如何利用更多有利条件，比如政府的一些扶持政策等来创造更大的收益。

由于自身意识的觉醒和提升，女性的收入增加，甚至达到了经济独立，这让女性掌握了更多话语权，这种话语权体现在家庭问题的决策上，包括孩子的教育方式、家庭财产的支配等，使女性在家庭中的地位与日俱增。另一方面话语权也体现在社会公共问题的决策上，女性逐步参与公共事务的管理，为家乡的建设和未来发展提供了建设性的意见。

总的来说，女性积极参与旅游开发是内在和外在条件造成的必然结果。同时旅游开发给女性带来的影响多数是正面的，更多女性发挥自己的力量，加入经济建设当中，是惠及社会的好事。

## 参考文献

殷群：《旅游发展对女性角色变迁的影响研究——以大理周城白族女性为例》，《昆明理工大学学报（社会科学版）》2015 年第 15 期，第 102—108 页。

周爱萍：《纳西族女性在丽江旅游业参与中的角色分析》，《思想战线》2010 年第 36 期，第 143—148 页。

邓辉、李朦：《民族村寨旅游扶贫中性别差异问题的调查与思考——以恩施州麻柳溪村为样本》，《兰州学刊》2019 年 11 月 22 日。

陈婕、刘韬：《女性从业者参与乡村旅游开发的 SWOT 分析》，《晋城职业技术学院学报》，2017 年第 10 期，第 33—36 页。

吕淑芳：《"增权"视阈下女性参与生态农业旅游动机的实证研究》，《云南农业大学学报（社会科学版）》2015 年第 9 期，第 28—32 页、第 41 页。

# 指导意见

凯里学院

谢景连

　　《变动的结构与留守的人——社会转型视野下的 M 村留守妇女和儿童调查研究》一文以广西三江梅林乡为田野点，经历了为期 15 天的田野调查研究，以梅林乡的留守妇女和留守儿童为研究对象，结合当下"打工潮"的社会背景，以人类学整体观的视角，探讨各自身份在面对社会变化时，如何发挥自身主观能动性来达到对这种改变的适应，让社会能够有序运转。

　　众所周知，田野调查是民族学人类学从业者获得第一手研究资料的主要方法，它要求调查者切身实地进入调查地区，与当地人同吃、同住、同劳作。对于民族学人类学专业的学生来说，田野调查是必修课，也是他们完成一篇优秀的调查报告所使用的基础方法。我们的教学理念就是让民族学专业的学生多进行田野调查，通过实地的调查研究让他们更加深入地了解所学的知识，印证所学、所思，将理论运用于实践之中。而在进行田野调查时，强调要坚持主位与客位相结合的研究范式与整体观的视角，要将所调查的对象置于调查社区的整个社会背景之中进行分析，而不是与所调查的社会"脱嵌"。就正如本篇调查报告中对于留守妇女和留守儿童的分析，在调查时我们就强调不仅仅关注留守妇女和留守儿童，同时还要关注到其背后所隐藏的社会文化背景，例如，"为什么妇女会留守在家中？是不是和当地一些社会观念和习俗有些关系？留守儿童越来越多，与当地的教育有没有关系？"等问题，将研究对象放在整体的社会文化背景中进行分析。

无论是完成一篇论文还是调查报告，首先要做到的就是明确文章要解决的问题，即具有问题意识。而要明晰问题意识，就得阅读大量的文献资料，以了解学术前沿。此外，还需结合田野调查所获取的资料。两相结合，问题意识自然就出来了。在撰写的过程中，围绕问题意识逐步进行分析，一篇像模像样的调查报告就完成了。否则所写的文章就会杂乱无章，出现如同一盘散沙的现象，让人看了之后不知所云。同时，严谨的措辞和合适的理论分析也是在写作田野调查报告时所必须有的素养。对于本科阶段的学生而言，理论创新确实有些困难，而将合适的理论运用到合适的材料中进行分析，先模仿，后创新，不妨也是一种锻炼的手段。

总之，完成一篇优秀的田野调查报告要坚持以田野调查为主要研究方法，坚持整体观的视角，同时对于理论知识的掌握与运用也要达到熟练的程度。当然了，田野调查报告更强调的是原始资料的完整性，而不是完全按照撰写学术论文的方式撷取部分材料。这是我们教导学生撰写田野调查报告时需要注意的事项。

# 变动的结构与留守的人

## ——社会转型视野下的 M 村留守妇女和儿童调查研究

凯里学院民族学专业 2016 级本科生　梁腾腾　蒲　容

指导老师　谢景连

**摘要：**中国传统的家庭结构以"男耕女织"的模式呈现在人们眼前，而随着改革开放程度的不断深入，乡村的青壮年劳动力大量流向城市，传统中国的"男耕女织"的家庭模式被现代的"男工女耕"模式取代，出现了"男外工，女留守"的新型家庭结构模式。留守妇女和留守儿童作为这一背景下的"独特产物"开始出现。这类独特群体的出现，不仅是在"打工潮"背景下家庭所采取的主观能动性的调适与家庭结构发生改变的一个显著标志，同时也体现着传统乡村社会结构的变化。

**关键词：**结构；变化；主观能动性；留守妇女；留守儿童

## 绪论

20 世纪 80 年代以来，随着中国改革开放不断深入，大量农村劳动力涌入城市，"留守妇女"和"留守儿童"群体随之产生，这是在我国经济和社会发展的大背景下产生的特殊群体。据 2006 年的《中国经济周刊》报道，我国农村的留守妇女人数已达到 4700 万①。据全国妇联 2008 年 2 月 27 日发布的《全国农村留守儿童状况研究报告》显示，全国农村留守儿童约 5800 万人。②同时这也说明一个问题：农村劳动力的大量外流，实则是对传统乡村社会结构的一种改变。因这种现象所产生的留守儿童和留守妇女群体是如何适应这种颠覆的？笔者试图以广西三江 M 村为研究地点展开调查研究，以留守妇女和留守儿童为研究对象，探讨在"打工潮"对传统乡村社会所造成的冲击下，人们是如何发挥主观能动性来适应这种改变的。

20 世纪 90 年代后期有关留守妇女研究的出现与中国农民"打工潮"的出现相吻合，学者们多从留守妇女的家庭地位、婚姻状况、劳动分工、心理状况等展开讨论。

研究角色变化和劳动分工的学者多认为留守妇女出现多元化，在劳动分工上"由女变男"。张宏宏主要从留守妇女的形成和从业行为发生变化展开分析。③王君钰以留守妇女的角色变化为主要研究对象，认为留守妇女的角色在一定程度上受到冲击，多重身份之间产生冲突，而如何调适这种冲突，需要国家、社会和个人共同的努力。郭玮钰和方治远对新农村建设中留守妇女的多元角色进行了分析，认为丈夫的外出打工"在一定程度上改变了过去'男主外、女主内'的分工模式，变为妇女'既主外、又主内'"④。

有关留守儿童的研究在 2005 年之前还较少，2010 年在全国开展"找回缺失的亲情"调查，让人们更多地认识到家庭中亲情的重要性。因此留守儿童的教育、心理健康受到社会的广泛关注，同时学界也加大了对留守儿童问题的研究。司海云在《农村留守儿童家庭归属感研究》一文中，重点分析了影响留守儿童家庭归属感建构的相关因素，以及其对留守儿童社会化过程产生的影响，关注的是孩子

---

① 见"百度百科"。

② 王玉花：《有童年期留守经历的大学生成人依恋、社会支持与主观幸福感关系的研究》，博士论文，华中科技大学发展与教育学院，2008。

③ 张宏宏：《留守女成因及其从业行为分析》，《贵州民族学院学报（哲学社会科学版）》2002 年第 6 期，第 59—61 页。

④ 郭玮钰、方治远：《新农村建设中农村留守妇女的多元角色分析》，《农家参谋》2018 年第 6 期，第 25—26 页、第 28 页。

的生理和心理需求。① 王秋香在《农村"留守儿童"社会化的困境与对策》中重点介绍了家庭、学校、同辈群体、大众传媒等因素在农村留守儿童社会化过程中的影响，多角度分析了留守儿童问题的主要解决途径，试图构建促进农村留守儿童正常社会化的良好机制。② 邹丽伟《不同阶层农村留守妇女子女教育问题的研究》，通过以济宁地区不同阶层的农村留守妇女作为研究对象，研究青壮年男劳动力的外出引发的留守儿童的家庭教育问题。

综上所述，人们过去将留守儿童和留守妇女当作是一个社会问题来研究，都致力于去寻找留守原因及其解决方案。本文将以人类学本位的视角，以留守儿童和留守妇女为对象，探讨各自身份在面对社会变化时，是如何发挥自身主观能动性来达到对这种改变的适应，让社会能够有序运转。

## 一、"何以留守？"：基于"打工潮"背景下的原因分析

### （一）村落概况

M 村位于广西三江侗族自治县的西部，从地图上来看，M 村虽然属于广西，大部分却嵌入贵州之中，其西、南、北三面与贵州省从江县的丙妹镇、西山镇、高增乡毗邻，东面与本县富禄乡接壤，土地面积 89 平方千米。梅林村是 M 村的乡政府所在地，距三江县城 99 千米。全村辖雅蓬、开发区、梅林、泗洞、平力、岑朗 6 个自然村。全村共有 1024 户人家，人口 4572 人，其中男性 2291 人，女性 2279 人，劳动力人口 2388 人，外出务工人数为总人口的 22%，在家务农人数为总人口的 65%。全村居住着侗、苗、汉、壮四个民族，以罗、吴两大姓氏为主。

### （二）留守儿童留守的原因

近些年来，M 村的大量青壮年劳动力选择外出打工，留守在家中的多是老人、儿童以及在家带孩子的妇女。而当地最早出现外出打工的情况大概是在 1990 年，当时就有人去广东打工。最开始的时候是男人先出去，后面几年女人也开始出去

---

① 司海云：《农村留守儿童家庭归属感研究》，博士论文，安徽大学，2011。
② 王秋香：《农村"留守儿童"社会化的困境与对策》，西南交通大学出版社，2008。

打工。笔者在村中向当地人询问外打工的原因时，大多人都说主要是经济原因。由于村里的土地很少，人均不到一亩地，有时候还不够维持家用，有些土地的位置交通不太方便，人们也不愿意耕种。有些年轻人会因为朋友的鼓动，认为外面的世界很好，选择不再上学而出去打工。村里的村民告诉我们，现在粮食很便宜，但是种子、农药、化肥却很贵，导致他们不愿意在家种地，而选择外出打工。

据访谈得知，村里打工的人多是在广东中山一带，在贵州打工的较少，他们认为贵州的工厂很少，经济条件不太好，而广东的待遇比较好。村里不少外出打工的人从事建筑行业，基本上居无定所，因此大部分人选择让孩子留守在家。

### （三）"上有老，下有小"：留守妇女留守的原因

20 世纪 80 年代以来，随着中国改革开放不断深入，大量农村劳动力涌向城市，随之而来的是农村中家庭结构的改变。丈夫外出打工，留守在的家中的多是妇女、儿童和老人。那么留守妇女何以成为留守妇女？据笔者在 M 村调查得知，当地妇女留守的原因多是由于"孩子太小"或"老人太老"。年龄段在 20 岁到 32 岁的留守妇女多是由于家中的"孩子太小"，根本走不开。而年龄段在 40 岁到 50 岁的留守妇女多是由于家中的"老人太老"，而选择在家照顾老人。

笔者在到达田野调查点的第一天，从街上路过的时候，便看到了很多在街上打牌、推着小孩的妇女。在随后几天的调查中，一位留守在家的 27 岁的妈妈告诉我们：

> 我是因为现在孩子比较小，在家带孩子。经济方面的话，还是主要是靠老公在外面打工赚的钱。我想以后等孩子大一点了，还是让家婆（奶奶）在家带他们。①

年轻一点的妇女留守多是因为孩子太小需要照顾，而年纪稍长一些的妇女留守多是应为家中的老人年纪大，生活无法自理，同样需要照顾。在面对家庭的集体性利益时，比较丈夫和自己的经济能力，这些留守在家中的妇女显然更加相信

---

① 访谈时间：2019 年 6 月 4 日；访谈地点：岑伍寨；访谈对象：村民吴某。

丈夫的经济能力，选择自己留守在家中，承担起照顾老人和孩子的重任。正如学者周福林所说："从表面上来看，这种'丈夫在外打工，妻子留守在家中'的夫妻分居模式是农村人口的自愿选择，但它实际上是在经济因素作用下的被动选择。"①考虑到家庭的整体经济利益，妇女多会选择留守在家中，让丈夫外出打工。

## 二、被安排的妇女：留守妇女角色的变化与社会的再适应

"作为家庭骨干成员的成年男性的长期或短期的缺无，使留守家庭成为结构不完整、功能弱化的家庭。"②一定程度上来讲，留守妇女这一群体的出现，一方面是对一个家庭的结构的改变，主要凸显于丈夫在家庭中角色的缺失，妇女在角色上的改变。妇女在家庭中所要承担的不再单单是原本自己"贤妻良母"的角色，原本丈夫所要承担的一些责任，因丈夫的外出打工而转交到妇女的身上。同时，留守在家中的妇女与丈夫依靠手机来联络，处于一种空间的阻隔状态，这对于夫妻之间的感情维系也有一定的影响。另一方面，"在社会构成的复杂系统中，家庭处在微观的个体与宏观的社会之间的中观层面上。一方面，家庭是社会的构成要素，它受到社会运行的影响与制约；另一方面，家庭本身也是一个由不同角色及其相互关系等要素构成的次级亚系统，这个亚系统能够将外部的结构性与个体的自主性相连接，通过内部成员的分工与协作来达成社会系统的发展需求"③。因此，家庭结构的改变对于乡村社会的发展也有一定的影响。这主要表现在青壮年劳动力外出，村里一些公共事务的开展与实施会受到一定的影响上。因为妇女留守在家，对于村里的一些政策与事务的安排并不是特别的了解与热衷。留守妇女家庭因经济条件改善，出现"轻农""弃农"现象，耕地利用率低，甚至荒耕，农村农业发展萎缩。虽然出现了这样一种对于以往社会"男耕女织""夫妻生活在一起"的家庭结构的改变，乡村社会生活仍旧能够正常运转，在这一过程中，

---

① 周福林：《我国家庭结构变迁研究》，经济管理出版社，2016，第 53 页。
② 周福林：《我国家庭结构变迁研究》，经济管理出版社，2016，第 53 页。
③ 杨静慧：《家庭结构调适：进城务工农民的家庭策略实践》，《学术界》2017 年第 9 期，第 167—175 页、第 328 页。

人的主观能动性的调适发挥了主要作用。

据笔者在 M 村调查得知，村中的留守妇女大多曾在结婚之前或者是没有孩子之前外出打工，结婚之后尤其是有了孩子之后，从家庭的整体利益考虑便选择留守在家中。很多的留守妇女都告诉我们，等孩子大一些后她们会再次外出打工。但当家中的老人生活不能自理的时候，她们还是会选择留守在家中照顾老人和孩子。

### （一）由小及大：留守妇女的出现与乡村社会的调适

#### 1. 社会角色的缺失对乡村建设的影响

随着越来越多的人外出打工，村里的土地有些被荒废掉，还有一些会转给别人来耕种。农忙的时候基本上是靠老人。耕地很少，老人几天就忙完了。在外打工的青壮年很少会回来，因为他们认为土地很少，回来一趟很不划算。

据 M 村村民说，以前每个寨子有一个文艺队，由村民自由组队，队内有一正一副两个队长负责管理。以前文艺队在村子里很受欢迎，由于这几年年轻人都外出打工了，文艺队就慢慢地解散了。而村中有关选举和公共事务开展的问题也随着青壮年外出而逐渐显现。

留守妇女对于村中有关的公共活动并没有太多的关注与参与。如果村中有事，是否会让自己的丈夫回来参与，要根据丈夫打工地区的远近来决定。如果丈夫打工的地区太远，会由留守在家中的妇女去参加村里安排的事务。但大多留守妇女对于村里的事务与政策不太了解也并不关心，因此在一定程度上会对乡村建设和公共活动造成一定的影响。

我老公在外地打工，做点小生意。儿子和媳妇也有在外地打工的，我在家帮忙带带孙子，照顾老人，也没有太多的事情。有老人去世的时候，村里会安排人去帮忙。那个时候，女人和男人都会过来帮忙，女的干女的的事情，男的干男的的事情。如果是村里面有什么事情的话会打电话给我老公，如果太远回不来的话，我就去参加。如果近一点的话，他会回来参加的。[1]

---

[1] 访谈时间：2019 年 6 月 9 日；访谈地点：街道上村口；访谈对象：村民罗某。

丈夫打工地点的距离远近决定了他是否能够回来参与村中一些集体性事务，同时也决定了留守在家中的妻子在社会角色这一"扮演"过程中是否能够真正实施决策权，因此，留守妇女的"社会角色"是被特定的环境和条件所安排的。

**2. 互帮互助：村庄治理中的调适**

为应对外出打工而引起的一些乡村建设问题，村里的一些治理策略发挥了主要的作用，来进行调适。

村委会党政部门要和民众经常对接，通知各小组组长，有问题的时候要及时反馈。村里的医院也要做好应对老人和小孩出现病症的准备。当一些家庭中的男性外出打工而不能回来参加村里的集体活动时，就由家里的老人出面或者是村民小组和他们沟通出点费用等，来弥补自己作为村里一分子的责任的缺失。

同时，M 村几乎每个寨子都有一个村民自发组织的"互助会"，这个互助会主要是帮助村里处理"白事"。互助会由八到十户人家组成，当会中成员家中有老人去世时，互助会会安排人来处理。所以当村里有老人去世的时候，即便家族中的青壮年劳动力不在家，也不会影响办理丧事。互助会中的成员会互相帮助，解决问题。这在一定程度上是对于青壮年劳动力外流所造成的改变的适应。对于这种改变的适应表现在用钱或者是人情关系进行调适。互助会规定，如果有外出打工者不能回来，可以花钱请互助会里的人帮忙。同时，如果请互助会里关系较好的人帮忙，可以不给钱，但下次他们家里有事就一定要帮忙。当地村委会的工作人员告诉我们，只要互助会不违反村规民约与法律，村委会都不会插手他们的事情。而据当地的老校长说，互助会中的成员多是当地一些年轻的有钱人，现在人数慢慢减少了。

这个互助会成立时间不长，是在 2003 年的 8 月份成立的。他们都是一些年轻人，比较有钱。谁要参加就可以参加。当时他们这个"互助会"的会长还是村支书。①

此外，M 村还有"街道会"。街道会有明确的会规，其中第二条"关于丧事

_____
① 访谈对象：罗校长。

的办理"就提道："凡遇到'白喜事'要出工，执行勤务的会员里，有青壮年在家的，不得安排家中老人代替。需要代替的，由当勤会员自行请人（但不得请会内之人）。"在会规的展示牌上，最开始没有对外出打工会员的明确规定，后来添加了关于外出打工而缺席出勤会员的明确规定："外出打工不能按时出勤的会员，每年应交 600 元。"①

"打工潮"的出现导致 M 村出现了大量青壮年劳动力外流的现象，这对村里一些公共事务的开展以及村民家中事务的处理有一定的影响，从一定程度上来说，这对传统社会造成了改变。

M 村互助组织的成立，一定程度上是对于留守妇女这一群体的出现所带来的乡村建设问题的调适。

### （二）妇女能当家吗：留守妇女与家庭结构的变化

正如罗贤贵在其硕士论文中所说："我们可以看出，家庭成员之间不仅要拥有和分享很多事物，而且更重要的是要共同生活在一起，夫妻间要有情感交流与互动，对家庭和子女有共同的责任与义务。在家庭成员中丈夫长期缺失这种情况下，留守妇女家庭虽存有名，但无实质上的家庭功能，是一种不完整的家庭。"②

丈夫外出打工使传统家庭的结构发生改变，原本是丈夫和妻子所共同承担的一些责任现在全部转交到妻子的身上，从而使得留守在家的妻子的角色更加多元化。同时这种家庭结构的改变在一定程度上对于家中经济的改善是有积极作用的。但据笔者在 M 村当地了解得知，近年来外出打工的人越来越多，对于这个地区的婚姻家庭状况也是有一定影响的。

#### 1. "双面胶"角色的缺失：婆媳关系的变化

自古以来婆媳关系就是家庭中的一大难题，在婆婆与媳妇之间扮演"双面胶"角色的丈夫外出打工之后，这一难题就转交给留守在家的妻子和婆婆。留守在家中的妇女和婆婆"相依为命、朝夕相处"，一些婆婆和媳妇会因此发现彼此的优点与辛苦之处，所以彼此的关系会更加亲密。而同样，长时间的相处，也会导致

---

① M 乡互助会规约。

② 罗贤贵：《民族地区乡村留守妇女现状与社会经济发展困境研究》，博士论文，贵州民族大学，2012。

一些婆媳之间的关系更加紧张。

婆婆甲说：我们家的儿媳妇好啊，几个儿媳妇都好，比人家那些媳妇要好多咯。她平时在家也不要她做饭，都是我们做好了叫她吃饭，她天天能带孙女就好了。从来不像人家那些媳妇，出门的时候把门锁了，不让婆婆进去吃饭。我们家的媳妇就比较大方，从来不管这些。儿子有时候说我，儿媳妇还说儿子呢。现在儿子儿媳都挺好的。

婆婆乙说：孩子他爸爸出去打工了。以前家里太苦了，什么钱也没有。我跟她妈妈在家，孩子太小了，妈妈在家能教教孩子。我也不太懂文化，教不好孩子，妈妈在家能教她写写字。她妈妈在街上的移动公司给人家帮忙，晚上就回家了。我这个媳妇什么也不会干，在家什么都没干过，连挑水都不会。

儿媳甲说：我27岁才结婚，娘家就是附近的，我妈不让我嫁远了。平时相处的话，感觉婆婆对我挺好的，我在家里面呆两三年了，没有出去打工赚钱，在家也没有收入，我也从来不做饭，都是婆婆做好了叫我吃。我也不会种地、挑水这些，但是婆婆从来没说过我。在家的话，就是主要带女儿，现在我准备再去学医，老人们还是很支持我。①

儿媳乙说：平时在家婆婆关系不是很好，但是因为和丈夫感情好，我只能说是相互理解吧。②

据笔者调查得知，丈夫外出打工使关系本来就好的婆媳之间的关系变得更好。而婆媳关系不好的家庭，虽会出现的摩擦，也会因为丈夫的缘故或者是为了家庭整体的和谐，双方都有所忍耐。

**2. 被安排的妇女：留守妇女家庭角色的扮演条件**

从表面来看，留守妇女似乎掌握着家中大小事务的决策权，但就其本质而言，留守妇女在家庭中权力的实施是被特定的环境和条件所"安排"的。留守妇女在家中承担起了联络人情关系和决定家中事务的角色。

① 访谈对象：村民罗某甲。
② 访谈对象：村民罗某乙。

村里留守在家中的妇女大多是由于要照顾家中孩子和老人。如果家中的老人身体健康，在儿女两到三岁的时候，留守在家中的妇女便会选择和丈夫一起外出打工。据村里人说，妇女们外出打工主要是因为经济压力过大。留守在家中的妇女认为，家中的经济支柱是丈夫，自己只是在家带带孩子，并没有经济来源，因此在经济上只能依附于丈夫，这在一定程度上使妇女家庭劳动的经济价值贬值。如果婆婆身体很好的话，家中的人际关系维系与交往的主权是掌握在婆婆的手中的。但当婆婆的身体不太好，或者是婆婆无暇顾及的时候，家中的主要事务则落在留守在家的媳妇身上，这个时候的媳妇掌握着家中大多事情的主权。

我是贵州人，是从贵州西山那里嫁过来的，大概有三四年左右。我是自己在家带孩子的，我老公在外面做点小生意，家里没有老人能帮我带小孩啊，要不我也想着出去打工。家里面的事情大多都是我在管，我老公在外面做生意，他一个人的工资要养我们三个人，压力也是挺大的。家里面的人情关系走动，他在家的话就是他来，他不在家的话就是我来。①

留守妇女对于家中事务的决策权在一定程度上取决于家中婆婆的放权程度。如果婆婆的身体状况良好，并且不愿意将家中的权力交付给媳妇，留守在家中的媳妇的家庭决策权是较小的。因此，留守妇女在适应因丈夫外出而导致的家庭结构变化时，主要是依靠家中的婆婆，其权力的实施是被安排的。

### 3. 空间上的阻隔：婚姻关系的维系与变化

"打工潮"的出现对于一个家庭的影响也是巨大的，这不仅表现在留守儿童的问题之上，对于留守妇女来说，婚姻关系的变化与维系也是她们所面临的问题。据村里人说，"打工潮"出现以后，村子里的离婚率开始上升，但有些家庭却仍能保持良好的婚姻关系。

以前我们这一片很少有人离婚，自从打工的多了以后，现在有很多人离婚。有些小孩对于妈妈都是没有概念的。这里也有很多人是没有办结婚证的，所以到

---

① 访谈时间：2019 年 6 月 7 日；访谈地点：岑伍寨；访谈对象：村民吴某。

外面打工后说跑就跑了。

这边有好多父母离异了的，我知道的都有好几个：父母都是没领结婚证的，然后怀孕了，就订婚了，后来结婚没几年就离婚了，有的结婚证都还没有拿就离了，然后这个孩子就只能跟着爷爷奶奶了。我家旁边有个高高大大的男孩子，就是因为父母离异了，爷爷奶奶去世了，爸爸出去打工了就没人管。这边离婚其实主要还是女的提出来的比较多，因为男的大部分出去做的都是建筑嘛，年轻的妻子就在家，照顾孩子，丈夫打钱回来。等到女的30岁或者40岁了就想着出去打工，建筑工地太苦，女的受不了，就只能进厂，进厂认识的人就多了嘛，见识了更多的人，就想离婚了嘛。①

留守在家中妇女，会长时间和自己的丈夫见不到面，但是随着现代通信设备的不断发展，夫妻之间感情的维系与日常的联系多是通过手机。虽然手机使联络更加便利，但是时间、空间上的长期隔断，也会使夫妻的感情出现裂痕。

### 4. 日渐发达的交通对于留守妇女养老压力的缓解

家中儿女出去打工，在一定程度上对于家中的老人是有影响的。留守妇女留守在家中，承担着养老的主要责任，也是妇女角色多元化的表现，但这在一定程度上加重了妇女所承担的责任。而近些年来，随着交通设施的日渐便利与发达，人们从外地赶回家乡的时间缩短。当家中有事时，外出的人能够快速回到家中。在 M 村，也有越来越多的外出打工的人选择抽出时间常常回家看望家人，这也缓解了留守妇女养老的压力。

### 5. 展望未来：留守妇女的自身感受的分析

留守妇女大多会感到无聊与无奈，她们多数会聚在家里，一起打油茶喝或者是打打牌。据她们说，如果有机会，一定会选择出去打工。而随着留守妇女留守在家时间的增长，留守妇女内心的一些变化与对于未来的展望也应当是我们所关注的。

现在孩子太小了，交给爷爷奶奶带也不太行，再说我家婆也在从江那边做工，

---

① 访谈时间：2019 年 6 月 9 日；访谈地点：街道上村口；访谈对象：村民赖某。

我打算等孩子再大一些，就让我家婆回来带孩子，我出去打工。因为平时孩子去上学了，也就我自己和这个小的孩子待在家里面，也是挺无聊的。①

当地留守妇女对于未来的期望是能够和丈夫一起外出打工，而不是一直留守在家中。她们认为留守在家中的主要原因是孩子太小，不太适合出去，等孩子长大之后，她们便能够和丈夫一样在外打工挣钱。而随着社会的发展，对于女子结婚后出去工作，婆家中的人也是支持的，这在一定程度上说明妇女在家中的地位是有所提高的。

留守妇女这一群体的出现，对于乡村社会的建设与家庭结构的变化是有一定的影响的。为应对乡村社会生活和家庭结构的变化，人的主观能动性的调适发挥了主要作用，而在这一变化与适应的过程之中，妇女的角色与地位也在发生改变。据笔者在 M 村的调查得知，留守在家中的妇女的角色和地位的变化是被特定的环境和条件所"安排"的。究其本质而言，其角色和地位的改变是适应家庭结构变化所做出的暂时性的改变，并没有本质上的改变。

## 三、成长结构的偏差：留守儿童存在的问题

M 村的留守儿童的日常行为与正常儿童有着偏差，这是当地人与外来者对这些孩子的普遍看法。

### （一）"见惯"的行为：当地人对留守儿童的看法

M 村村民外出打工的情况非常普遍，因此留守儿童在不同情况下都面临着一定的困难。笔者除了对留守儿童家庭、学校进行访谈之外，还访问了一些村里人，包括村委会工作人员、小卖部老板等。

当地村民们认为留守儿童都是比较"早熟"的孩子，不管是家长还是老师，对他们的管教已经起不了太大的作用，更别说爷爷奶奶，他们对于管教孩子更是力不从心。据当地村民说，留守儿童常有逃学、进网吧、染发、打游戏、早恋等

---

① 访谈对象：村民罗某。

行为，但当地人似乎对此已是见惯而不怪了。

这些孩子很多是逃课出来的，你打电话给家长，家长都在外面打工也没有办法管。他们老师都说想教也没法教，有那么多留守的学生也照顾不及。成绩好的也有几个，但学习不好的有一大堆，都是不学的。[①]

据街边的小卖部老板说，这些孩子经常会逃课，家长不在家，学校也管不住。有些家长给的钱多，孩子就经常出来买零食吃；没钱的小孩就赊账，等家长回来给他们还账。

这些孩子父母不在家中，只有爷爷奶奶在家带他们，爷爷奶奶宠孩子，是管不住他们的，他们经常逃课。经常有几个六年级逃课的学生会躲在一家小卖部老板家里，饿了就跟老板借钱，赊账。有几个女孩子一起来借厕所，然后就进去看那几个男孩子。还有女孩子帮赊账的男孩子还钱。有些父母不在身边就会给孩子很多的钱或是给孩子买手机。那些孩子都有微信。[②]

综合来看，当地人较为全面地反映了留守儿童存在的问题。在生活方面，留守儿童的生活自理能力较父母在家的孩子要更强一些，但是学习成绩不理想，学习动机明显不足；在情感方面，由于亲情的缺失，出现自卑、早恋的倾向。儿童对社会的认识在很大程度上受到成人的影响，在 M 村，村民认为外出务工是再正常不过事情了，"读完初中再打工"也代表了当地村民对外出务工的看法。因此，留守儿童表现出的问题，在当地人看来也并不奇怪。

## （二）观察者的眼光：对于留守儿童的观察

在 M 村，笔者路遇一群放学回家的学生。这群年龄在 6 岁到 10 岁之间的孩子背着大而重的书包，和自己的伙伴结伴回家。孩子身上的衣服穿了好几天，30

---

① 访谈时间：2019 年 6 月 4 日；访谈地点：岑伍寨；访谈对象：村民吴某。
② 访谈时间：2019 年 6 月 7 日；访谈地点：岑伍寨；访谈对象：村民吴某。

多度的天气，他们一回到家全身汗淋淋的，一缕缕的湿头发搭在额头上。回到家，不管是男孩还是女孩，有的在接近两三米高的围墙上随意攀爬。除此之外，在上小学的学生几乎人手一部智能机，喜欢用手机来玩一些网络游戏或者是看一些快手视频，有一些孩子会使用手机查找老师布置的作业的答案。

笔者在学校调查的时候，正值小学做课间操，引起了小学生们的好奇。笔者看到这些学生校服穿着不整齐，动作不规范，更多的学生都是直接不做操。老师也说这些孩子对外界比较好奇，有人来他们都很好奇。学校的围墙都修得很高，上面还插了一些碎玻璃渣，但是大一些的孩子还是能翻出去。老师们也不能天天去守着，时间长了也就习以为常了。

儿童生活的一个显著特点就是对家庭的依赖。家庭生活是儿童生活的中心，在这一时期，家庭结构的任何变动都会对儿童的生活和心理造成一定程度的影响。在日常生活中，主要体现在生活上没有父母照料，自己不得不承担更多的家务劳动，有时还要照顾年幼的弟弟妹妹。在情感上，留守儿童因为在童年时期缺少母爱的关怀，更倾向于寻找"另一半"作为自己情感的依靠。留守女孩还有生理健康的问题，她们都欠缺应对青春期生理现象的知识，不能很好地处理由于年龄的增长所带来的一些特殊状况。在学习上，大多孩子有自己的理想，但是因为家人或者学校教育方式的不得当，同时自己也缺乏足够的信心，认为学习的最终目标就是外出打工。

### （三）学习全靠自己：隔代教育问题的凸现

#### 1. 家庭教育角色的断层：父母角色的缺失

夏为菊认为，教育的本质是种社会性的遗传，这种不同于生物学意义的"遗传"能使人成为人。[①] 人的一生是不断社会化的过程，也是不断学习的过程，儿童最先接触的就是自己父母，父母的教育对于孩子的终生发展起着非常重要的作用，是任何其他身份都取代不了的。在 M 村，通过访谈我们发现，对于留守儿童的父母来说，孩子跟着爷爷奶奶在家中是比较放心的，首先吃饭、穿衣等生活问题是不用担心的，老人都比较疼孩子。这些家长更担心孩子的学习。首先老人本

---

① 夏为菊：《农村"留守儿童"的"隔代教育"功能研究》，博士论文，安徽大学，2007。

身的知识水平有限，对孩子在学习上的帮助非常小，孩子的学习只能是靠他们自己。叶敬忠、潘璐认为，一方面"养家糊口""为了孩子上学""在家没钱"等成为外出务工人员的经济理性选择；另一方面，由于父母角色的缺位造成了家庭结构和抚养方式的改变，使得家庭对于留守儿童的教育功能缺失，从而可能造成留守儿童的社会化程度不够或者偏离正常的方向。[1]

因此，家长即便明白外出打工会对孩子的教育产生一些不良的影响，但面对经济的压力，他们还是会选择外出打工。家长对学校教育的期待很高，在一定程度上，他们认为学校教育填补了孩子家庭教育的缺失部分。同时，当地的村民认为 M 村小学的教育环境已经不太适合孩子的教育，因此在近些年来，有些在外打工的人会选择把孩子送到三江县城去上学，他们认为县城学校里的教育会比 M 村的教育环境好很多。

孩子的教育本应是"三位一体"的教育，即家庭、学校、社会共同完成对孩子成长的教育。但是家长外出打工，导致家庭教育角色的缺位，孩子的教育变成了社会与学校的教育，这不仅给社会和学校加重了负担，对孩子的心理健康也造成了一定程度上的影响。

### 2. 留守的孩子早当家：隔代教育中的角色扮演

"磨刀不误砍柴工，读完初中再打工"的宣传标语写在 M 村当地的一些建筑物上，这体现了当地所面临的真实现状。作为父母，深知孩子爷爷奶奶的文化水平不高，但是父母出于无奈，只能让孩子留守在家中，这是当地村民普遍的一种选择。

把孩子放在家里不放心也没办法啊，不出去打工就没有经济来源，带出去也不太方便。爷爷奶奶在文化方面确实很少，交给爷爷奶奶带，他们也不懂得怎么教。现在好一点了，也有幼儿园了，交给老师带，要好一点了，幼儿园就是晚上爷爷奶奶去接一下。

父母常年在外打工，造成了家庭教育的缺失。同时，由于爷爷奶奶管教不周，

---

[1] 叶敬忠、潘璐：《别样童年：中国农村留守儿童》，社会科学文献出版社，2008。

导致留守儿童无法有效地处理一些在青春期面临的困惑。由于长期缺乏父母的陪伴关爱，父母也自然不会对孩子的行为严加管束，反而是尽可能地多满足孩子的愿望，想通过物质来弥补对于孩子关爱的缺失。父母无奈的选择导致与当前的教育现状脱轨，孩子的行为、思想等都容易受到各种影响。

对于爷爷奶奶而言，他们所能做的就是给孩子做饭，洗衣服。照顾好孩子的日常生活已属不易了，至于学习方面，爷爷奶奶表示无能为力。孩子的学习只能是靠他们自己了。

笔者调查得知，老人照顾孩子主要是保证孩子的安全，就算孩子表现出一些"叛逆"的行为，在老人看来也是可以理解的。但对孩子的教育并不是一件容易的事，其内容不仅关乎孩子是否健康成长，更重要的是如何培养孩子品行、习惯等。由于老人更多是依据自己的经验来教育孙辈，一般只要是对自己好的、有利的就可以，这也使得留守儿童常常表现出一些自私的行为。

### （四）读完初中再打工：社会环境对于留守儿童教育的期望

进入村子的第一天，笔者就被一句标语吸引了：在一面墙上用红色的油漆写着"磨刀不误砍柴工，读完初中再打工"的宣传标语。当地人告诉笔者，村里很多年都没有出现大学生了，基本上孩子们上完初中就出去打工了，有些小学上完就出去了。村委会肖主任告诉笔者，这里的教育水平比较落后，作为当地规模最大的一所小学，M村小学虽然基础设施和条件比较完备，但师资力量并不是很好。这里的很多老师并不是从专业学校毕业或者是经过专业培训的，很多以前从未接触过教育行业。M小学老校长告诉我们：

> 说实话，这边教育要比贵州那边的晚了五到十年。其实真正考上大学的没几个人，现在出去打工的比较多。①

M村的教育水平比较落后，村里有钱的、有想法的人一般会选择送孩子去外面读书，从而摆脱"读完初中就打工"的命运。

_____

① 访谈对象：村民罗校长。

人才是衡量一个地方发展水平的一个重要指标。M 村几年才会出现一个大学生,这样的教育水平是值得我们去探讨的。教育水平的提升不能只靠学校来完成,社会在很大程度上也起着重要的作用。据村民说,有些孩子不比谁的考试成绩好,而是比谁的考试成绩差。

当留守儿童出现一些不良的行为和言论时,社会的伦理道德规范可能要比家庭的教育更为有效。沙利文 ① 的人际关系理论认为:"在不利处境中,社会支持更易发挥潜在的心理治疗功能。"在家庭内部秩序受到破坏的背景下,来自教师、朋友等家庭外部环境的社会支持可能更有助于儿童的健康成长。

### (五)不一样的孩子:学校对于留守儿童教育的政策性帮助

在我们住进 M 中心小学的第一天,校长就告诉我们,这个小学总共有 650 个孩子,其中有 600 个孩子都是留守儿童,学校中还有 300 个寄宿学生。就是因为留守的孩子太多了,学校虽然制定了一些政策,但是却得不到家庭、社会的支持,因此政策在施行方面还是挺困难的。

因为这里的学生大多都是留守儿童,这些孩子因为父母长时间不在身边,很多都是和爷爷奶奶、外公外婆或者是其他亲戚住在一起的。父母也很难管教他们。虽然学校建了家长微信群,但是家长不在家也很难处理一些事情。学校里的作业也会通过手机发到家长手机上,家长没办法辅导,光靠老师也是不行的,所以这里孩子的成绩不是很理想。学生的身上带着牌子,从大门口进来或者出去的时候都会有信息发给家中,因为这个牌子绑定的是家长的号码,但是家长不在家,这些都没有什么作用。还有些家长对于孩子的爱是不正确的。他们长时间在外面打工,回家之后看到别的一些孩子有手机,就认为别人家孩子有的,自己的孩子也要有,不能比别人缺点什么。但是他们没有意识到,手机对于孩子的危害有多大。我们老师也只能在学校的时候管,出去的完全没有办法呀。在学校的时候还有些父母不太愿学校过分管教。②

---

① [美] 哈里·斯塔克·沙利文:《精神病学的人际理论》,韦子木、张荣皋译,浙江教育出版社,1999。

② 访谈对象:M 小学老师。

学校在帮助留守儿童方面也做出了很多的努力，这其中包括成立"留守儿童关爱小组"，建立"教师与留守儿童家长联系制度"，"留守儿童帮扶制度"，"营养餐"，并且对于与留守儿童相关的各项工作都进行登记。但是校长表示，由于孩子太多，还有很多家长期在外面忙于工作，在真正的落实上是做得不够的，这些努力都需要家长来配合。

由于父母的外出和监护人员对留守儿童学业的不重视，很多家长便寄期望于学校。孩子的教育本应由社会、家庭、学校三个主体共同努力，但是父母外出务工造成了家庭教育的缺失。学校成为留守儿童成长过程中最为重要的场所。在家庭职能弱化的情况下，学校教师不仅承担了原有的教育职能，还承担了一部分照顾留守儿童的责任，这也对教师的专业化水平提出了更高的要求。在留守儿童的教育过程中，父母角色是隐形的状态，家庭和学校之间的对接处于一种断层的状态。

### （六）意外的收获：少数民族语言的传承

M村居住着侗、苗、汉、壮四个民族，以侗、苗两个少数民族为主，因此日常生活中的语言也主要以侗语为主。M村的孩子大多与爷爷奶奶生活在一起，日常的生活用语也是侗语，有些年龄小、还没有上学的孩子甚至听不懂汉语，只能听得懂侗语。

对于少数民族而言，最为明显的特征之一就是使用民族语言了。因为侗语是没有文字的，要学习并且使用是存在一定的困难的，但这些留守的孩子大多都会说侗语和汉语，这与其他少数民族地区的少数民族语言的使用者逐渐减少有所不同，这也是留守儿童教育中的一个意外的收获。

## 四、有序运转：适应之后

### （一）村庄现状

"打工潮"使青年劳动力外流，这对村庄的发展建设有着非常大的影响。M村留守老人和儿童较多，这些使政策的落实存在一定的困难。当村里有老人去世，而外出打工的人不能及时赶回来时，安顿逝者、办理丧事都必须要有村委会的人在场。

这几年村委会开始组织一些民间的互助组织。通过这些互助组织把剩余的人聚集在一起，能保证村里一家有困难时，邻居都能来帮忙。这些互助组织都采取自愿的形式，由村委会来牵头。这些互助组织主要是办理丧事，在有老人去世的时候，这些组织会在第一时间进入死者家中，帮助主人家顺利举行丧礼。村中的这些治理方法对村庄社会生活的变化起到一定的调适作用，从而使得村庄的社会生活能够正常的运转下去，村庄仍旧处于和谐发展的状态。

### （二）留守妇女的角色现状

留守妇女为了照顾老人和孩子，以及家庭的整体利益选择留守在家中，一定程度上弥补了丈夫外出打工而造成的家庭结构的改变与社会角色的缺失，这是一种人的主观能动性的调适。从表面来看，这是女性角色多元化的体现，但究其本质而言，体现的是妇女权力实施的"被安排化"。

虽然有些留守妇女主动参与到村庄的建设中，但是多数女性是因为丈夫不在家而被迫参与的，其实她们对于村庄里的政策与管理并不是很了解。绝大多数的留守妇女在村里有事务活动的时候，会与丈夫联系并听从安排。因此，从本质上来说，留守妇女角色的多元化表现与某些决策权的掌控，实则是对丈夫角色缺失的一种适应性调适。虽然在某些方面体现了妇女家庭地位的提高，但这并不是本质上地位的提高。在经济方面，女性从事家庭事务的经济价值具有下降的趋势，当地的留守妇女更加认同丈夫外出打工的经济价值，认为自己的经济地位是依附于丈夫的。

综上所述，"打工潮"的出现使乡村社会生活和家庭生活发生了改变，妇女为了家庭整体利益选择留守在家。从表面上来看，这是主动的选择，实则是经济利益和社会文化大背景下的"被迫"选择，在某种程度上反映了当地人对于女性形象的界定。

### （三）携手共进：各界对留守儿童的帮助

对孩子的教育，应该是家庭、学校、社会"三位一体"的教育。M 村的留守儿童不是特殊的个案，而反映了一种普遍存在的现状：家庭教育的普遍缺失，导致学校和社会教育的负担增加。

留守儿童教育在 M 村是一个大问题，M 中心小学是整个三江县规模最大的，硬件设施是最好的，但是教育水平却是最低的。村里的大学生一般上完大学就在外面工作了，不会回到这里来工作。这里一般有点资历的老师都已经走了，老师到这里也就是一个过渡。教师不是正规的教师专业，有的都还没有拿到资格证。还有就是村委会与学校脱节，上面一般有什么关于教育的政策都是直接和学校对接，不经过我们这里，所以我们很难知道关于学校的一些具体情况。比如像我们村委会想让学校上一些关于卫生的课，多宣传，该学生不要随地扔垃圾，但是效果不是很理想。这些孩子出来还是扔，这个我们也是没得办法。有些家里的大人自己也是乱扔，他也不去管孩子扔不扔了。①

对于留守儿童的成长来说，家庭、社会、学校应是共同努力的，但"打工潮"导致儿童的家庭教育与学校和社会教育之间的联系出现断层的状态。这就使得留守儿童的教育出现问题，其成长的模式也随之出现一些问题。这也导致了外出打工人数增多，留守儿童继续增多的恶性循环。

## 五、结论与建议

### （一）结论

"打工潮"喷井式的发展，在一定程度上改变了传统乡村的社会生活，这种改变首先显现在家庭结构之上。家庭结构从中国传统的"男耕女织"模式变成了"男外工、女留守"的模式，留守妇女和留守儿童这类特殊群体开始出现，从而造成了传统家庭结构的变化。而家庭是一个社会的最小组成单位，家庭结构的变化必然引起整个乡村社会的结构变化。而对于乡村社会来说，虽然传统的社会结

---

① 访问时间：2019 年 6 月 10 日；访谈地点：M 村村委会；访谈对象：村委会肖主任。

构发生了改变，但乡村社会生活仍旧保持着正常的运转秩序，人的主观能动性发挥着主要的作用。本文以留守妇女和儿童为主要研究对象，通过对留守妇女和儿童研究，不仅体现了传统乡村社会结构的变化，同时还探究了人的主观能动性在适应改变的过程中所发挥的主要作用。除此之外，通过对于 M 村留守妇女与儿童的调查研究，可以看出当地社会中留守妇女以及留守儿童所存在的一些问题，针对这些问题，笔者提出了以下几点建议。

## （二）建议

留守儿童应该得到社会各方面的关注。首先，国家应该加大对留守儿童的政策支持，增加对农村中小学学校的基础设施建设，优化教学条件。同时，提高乡村教师的工资水平，鼓励优秀的教师走进乡村。另外还要增加对留守地区教师的专业化水平培训，不仅要提高留守地区的教育水平，还要关注到留守儿童的生活、心理健康、情感。学校应加强与留守儿童家长的联系制度，让在外的家长随时了解自己孩子在学校中的近况。其次，加快发展贫困地区的经济，加大资金投入，留住当地的劳动人口，给留守儿童提供更加健康的生活成长环境。最后，要重视孩子的家庭文化教育，培养孩子树立正确的人生观、价值观。家长应常回家看看，与孩子建立亲密的情感，尽量做到兼顾务工与孩子的教育。当前的留守儿童问题，应该从家庭、学校、社会三方面进行协调解决，让留守儿童得以健康地成长。

对于留守妇女，应在政策上鼓励留守妇女再就业，提供资金、技术的支持，以及多样化的职业选择。增加对留守妇女的人力资本积累，政府主导创造良好的社会就业环境，引导社会对女性就业的正确观念。增加对留守妇女再教育的机会，让妇女重新走进"学校"，接受当前的社会教育，提升妇女的文化素质。增加对农村技能型培训的指导，注重实用性方面的培训，让更多的留守妇女能够在家乡实现自我就业。政府部门还要加强对农村留守妇女的心理健康和咨询的指导，提高妇女的心理素质。而留守妇女自身，应积极参与村落事务，积极投身于当地经济的发展和建设之中。

# 指导意见

山东大学

王　昕

　　从日常生活出发，"以小见大"，无论从选题、讨论还是笔触运用都对研究者提出了较高的要求。作为一名本科生，在选题方面，作者从自己对彩色染发的意愿和犹豫中产生出了研究兴趣，在日常对时尚社交平台中彩色染发内容的了解中得到启发，找到了一个新奇又贴近青年流行文化的话题。 在核心内容上，本文的创新之处在于通过大学生彩色染发这一现象去讨论个体在身体规训与个人意志之间的行动模式，打破了"规训—反叛"这种二元对立的解释框架，并从中看到了更贴近主体实践逻辑、更灵活的形态。从理论视角来看，本文是通过一个小的现象去探讨作为社会学核心议题之一的"制度性力量与个体能动性"的关系在个人行动中的呈现形态，但其不足之处也在于没能对这种"体验式的行动模式"进行更深层次的界定与理论探讨。想必在未来的学习和思考中，作者能有更进一步的精进。

　　本文理论性的论述比较多，而对田野材料的展示偏少，论述偏少。每段访谈材料只给出了用于印证文章逻辑的核心句段，甚至有些过于精简，对受访者的其他详细信息缺乏介绍，但总体上做到了理论与材料的结合。

这也是本科生写作中需要重点注意的问题，既不能"掉书袋"，在理论的海洋里失去对田野材料的呈现，也不能只进行田野材料的呈现和基本分类。在这一点上，可以看出作者进行了努力和尝试，较为可贵。

另外，在研究对象的确定上，虽然本文的研究对象是大学生，选择的三位受访者也都是大学生，但并未在文章的论述中充分地体现出大学生群体在彩色染发这一行动中的独特性，看起来似乎更像是一种普遍的青年身体文化，而非独属于大学生的身体文化。与此同时，三位受访者都是女性，且彩色染发在普通大众中的主要受众也是女性，然而文中并没有对性别因素进行特别的解释说明，但实际上性别因素可能对行动者如何赋予彩色染发的行动意义存在着比较大的影响。除此之外，教育程度、社会阶层等其他比较重要的人口特征也可以是纳入分析的考量因素。虽然受文章篇幅和调查过程的限制在本文中能够展现的内容有限，但相信如果在分析中能够纳入更多的社会要素，研究一定会更加严谨、深入。

总之，瑕不掩瑜，作为一名本科生的论文，从选题、调查、写作等诸方面，作者都展现了一定的学术潜力，也很好地诠释了生活中的观察和体验能够为我们思考社会和文化带来无穷的问题之源。

# 大学生彩色染发中的体验式行动与自我认同

山东大学社会学系 2017 级本科生　张可玟

指导老师　王　昕

**摘要：**彩色染发在近年来成为一种流行于青年尤其是大学生群体中的时尚风潮，同时也因挑战了主流身体文化制度而面临较大的舆论压力。现有舆论与研究往往从表演或反叛的角度来理解这一现象，而本文通过身体社会学的理论视角，结合三名有过彩色染发经历的大学生的访谈资料，认为彩色染发是一种内向性的体验式身体实践。一方面，彩色染发是染发者在身体规训与个体可能性之间的策略性妥协；另一方面，彩色染发依赖自身的意义，赋予与身体体验等相关的自我反思，实现自我认同。

**关键词：**彩色染发；身体社会学；体验式实践；自我认同

## 一、问题提出

彩色染发源于 20 世纪 70 年代末期的朋克风潮，一批视觉系歌手将自己的头发染成绚丽的彩色，完成了一次美发史上对主流审美的挑战。在随后的三十多年里，彩色染发的风潮从极少数的朋克歌手蔓延到了流行艺人、好莱坞影星、时尚模特等表演性公众人物群体，同时也慢慢被普通大众接受、模仿。当前，彩色染发已经成为大众美发的一个重要议题，几乎所有能提供普通烫染服务的发廊如今都可以提供彩色染发的服务。在各个网络社交平台的美发话题中，长久以来广为染发爱好者喜爱的棕色系、金色系等接近原初黑发的发色，如今已经难以受到关注，代之占据了流行发色地位的是各式各样的彩色，如红色、蓝色、绿色、紫色、橙色等。

彩色染发作为一种个体主动发出的身体塑造行动，与其他类似的身体塑造行动相比有其独特性。与健身、整容相比，彩色染发遵循的往往不是主流的身体审美，因而常被视为一种小众的、另类的身体塑造；与同属"另类身体文化"的文身相比，彩色染发在视觉上的变更效果更加显著，更容易吸引视觉注意力；与接近黑色的棕色、金色相比，彩色头发不属于人体的自然状态，具有更鲜明的"反自然"特征。

当前关于彩色染发的主要舆论可以划分为时尚舆论与非时尚舆论两大话语圈。一方面，彩色染发作为一种时尚风潮受到时尚媒体和时尚爱好者的追捧，被视为一种彰显个性的身体文化，在青年群体中拥有比较高的认可度。另一方面，非时尚舆论将彩色染发看作一种另类的身体行动，彩色的头发被视为离经叛道的体现而受到社会身体规范的排斥。这两种舆论指向的对立使得彩色染发成了少数人的孤独狂欢，缺乏与主流身体观念的沟通。

对于染发的研究主要从医学知识普及与青少年教育的层面展开。吴瑶瑶等人通过对大学生群体的定量调查分析，从医学知识普及角度关注大学生对于染发健康知识的了解情况（吴瑶瑶等，2019）。唐红玲从青少年教育的角度出发，认为染发行为是一种由叛逆心理与求异心理驱动的行为，同时也是盲目而幼稚的，极其容易受到同辈群体和明星效应的影响，是一种需要受到学校和社会正确引导的行为（唐宏玲，2016）。这些研究没能跳出非时尚舆论对彩色染发的理解范畴，没能看到染发者自身的主体行动逻辑。因此本文将结合对三位拥有彩色染发经历的大学生的访谈结果，从身体社会学的视角探究青年彩色染发的内在行动模式与自我认同的路径。

## 二、文献综述

### （一）社会学中的身体概念

身体社会学是当代西方社会学理论的一个新的理论分支，相比于以往的身体现象学、身体美学等较为抽象的研究范式，身体社会学对于现代社会的身体现象的具有更强的解释力。身体社会学致力于讨论身体的社会性、身体的社会生产、身体的社会表征和话语、身体的社会史以及身体、文化和社会的复杂互动。身体社会学更加关注身体除了其物理属性之外的社会属性，正如克里斯·希林所指出的，"身体"应被理解为未完成的生物现象与社会现象，这个现象已经被转化为进入社会、参与社会的结果（Chris Shilling，1993）。

身体是连接主体与世界的媒介和桥梁。身体通过在日常互动情境中对自我的体验，成为个体进行自我认同的重要且根本的维度，同时也是承载意义的载体，在社会互动中起着自我表达的作用。同时，身体也扮演着主体与客体的双重角色，身体既是体验这个时间点的敏感主体，同样也是被感知的客体，即"我"既"是一个身体（being a body）"，同时"也拥有一个身体（having a body）"。面对彼此身体之间、身体与社会之间的交错关系，身体体验是沟通上述二元性的桥梁。主体间也存在着"可逆性"，使身体主体既是在感知社会的，又是被社会感知的。

### （二）身体的建构与反建构

在身体的社会性是如何形成的这一问题上，有两种相互关联的理论视角。一种是以特纳为代表的结构化的身体建构论。另一种是个体化的强调身体能动性的视角，关注行动主体对身体文化建构的反叛。

受到福柯等人的影响，特纳认为以往的身体现象学只看到了"单数"的身体，没有看到"复数"的身体，而众多的身体在空间维度上总是处于特定空间与制度的规训之下。在外部社会的互动中，身体也要遵守社会规范，符合特定的形象、姿势要求。这种建构论的观点强调不同层面的社会权力对身体的规训，以及个体对身体规训的内化，或至少面临着身体规训与主体意识的二重困境。林江、李梦晗探讨了青少年整形中身体受到的社会权力控制与自我意识表达的双重困境（林江、李梦晗，2019）；陈相云从女青年盲目减肥切入，探讨了身体塑造承载的性别规训（陈相云，2019）。这类研究的观点认为，个人对自我身体的塑造是遵循着外在环境对身体的期待、按照既定的符合身体规范的脚本进行的。

身体规训总是伴随着身体反抗的出现。另一类研究则采用个体化的视角，强调个体化社会中主体对身体规训与公共话语的反抗，并强调这种反抗对规训的革命性意义。刘新宇、林晓珊认为文身行为体现着青年对理性话语的抵抗姿态（刘新宇、林晓珊，2016）；王斌从女性主义的视角探讨了女大学生对身体性别刻板印象的反叛实践（王斌，2012）。

以上两类研究视角相互补充，阐述了身体的建构性与能动性的双重特点，但这两种视角都过度强调了身体面临的结构化规训与能动意识之间紧张的对立关系，将身体定义成一个撕裂的战场，没有看到二者在具体身体行动当中的同一性。

### （三）身体自我认同的路径指向性

如吉登斯所言，身体不仅仅是我们拥有的物理实体，它也是一个行动系统，一种实践模式，并且在日常生活的互动中，身体的实际嵌入是维持连贯的自我认同感的基本途径。但在身体实现自我认同的路径指向性问题上，即身体是通过外向的身体表演实现自我认同，还是通过内向的自我叙述实现自我认同，不同的身体理论有不同的看法。

在以鲍德里亚、费瑟斯通为代表的消费主义理论家看来，从身体到自我认同的过程具有鲜明的外在指向性。个体对自我身体的关注和主动塑造被视为一种"社会表演"，自我认同的来源是"观众"的凝视与认可。此种观点认为，诸如染发、文身、健身、整形等身体塑造行为，其根本动机在于追求他人的关注与认可。这种观点同时存在于上述的结构化观点和个体化观点之中：认为健身、整形是通过迎合主流审美来获得他人对自己身体的认可，得到自信与满足；而染发、文身是通过反叛身体规训来追求一种"另类的美"，以彰显自己的与众不同，塑造"有个性、叛逆"的自我图式，获得他人的关注。不论是"迎合"还是"叛逆"，这种社会表演性质的身体塑造也被视为"自恋型个性"的外显，即重视自我外表、展示和增强印象的技巧。但以上的说法过度强调了"观众"的在场，将公共话语的凝视与评价直接作为身体自我认同的前提和基础，夸大了印象管理功能对于身体塑造的驱动作用，因此是有待质疑和进一步商榷的。

而吉登斯则认为，通过身体实现的自我认同是一种内向性的自我认同。他指出，现代性条件下的自我认同，是在反思性选择和反思性自恋机制作用下的一种建构过程。现代性条件下自我认同的方向首先是向内的，然后才是向外的；而传统社会里自我认同的方向首先是向外的，然后才是向内的。对于"身体过程"中的自我认同而言，主体通过自我的反思性来达到身体的主动建构，最终实现自我认同。在吉登斯的身体理论中，身体成为行动系统的一部分，而不是被动的客体，通过对"身体过程"的观察，即持续的反思注意，个体召唤着这种反思性来关注自我。在现代性社会中，身体的外在"给予"，即在现代性对内在参照系统之外发挥的作用变得越来越少，而是更多地借助反思来加以自我动员。一系列对于自我身体的关注和控制，表达的就是一种对身体加以"建构"和控制的主动关怀的表达。因此，由这种自我反思性引导身体的过程同样是指向主体内部的，然后再向外呈现、与外部世界互动。

## 三、介于规训与反叛之间的体验式身体实践

### （一）彩色染发面临的规训压力

我国本土的身体文化表现为一种以自然主义主导的朴素身体美学，身体的规范与约束广泛存在于社会参与与互动过程中。而彩色染发因其较强的视觉冲击力，及其朋克表演的文化渊源，被排除在身体制度的认可范围之外，在本土身体文化与身体制度中的接纳程度较低，且存在着一定程度上"污名化"的现象。

彩色染发首先与中国本土的自然主义身体美学形成了鲜明的冲突。本土的身体美学崇尚身体外形的原初状态，追求健康朴素的身体形态。"身体发肤，受之父母，不敢毁伤，孝之始也。"未经改造的身体形态被赋予了神圣性，而不属于身体自然变化的身体标记则被视为反自然的、病态的。将染发视为一种反自然行

为进行批判的观点也同样存在于一些学者之间。汪民安认为染发的实质是种族想象、西方想象、全球化想象的表达（汪民安等，2011）。且不论这一阐释是否对以往流行的"近发色"染发（如棕色、金色）行为有解释力，但这一说法显然无法解释不存在于任何一个人类种族的彩色发色。由此可见，自然主义身体观对于染发行为的排斥情绪也渗透到了一部分学者之中。

现代社会对身体的约束主要来源于家庭、学校教育、集体文化与科层性较强的行业组织、正式色彩较强的互动场合（如面试）等，因而这些社会情境对彩色头发的排斥也最鲜明。这种排斥有时直接以公共礼仪或明文规定的形式表现出来，如中小学生行为规范守则明令禁止学生染发，面试礼仪要求被面试者的发色以自然深色为主等。彩色染发行为也会直接受到升学、求职、入伍等重要社会身体获得过程的约束，彩色的头发往往与"不正经""态度不尊重"等道德化印象联系起来。身体道德制度化成了具体社会身份获取的门槛。这种身体道德威吓着青年人，迫使其远离违背传统美学且具有一定污名意义的彩色染发实践（刘新宇、林晓珊，2016）。

身体互动的观点可以为理解这种排斥提供一种视角。拥有一头彩色头发的形象在这里被人为地排除在了戈夫曼所说的"正常外表"（normal appearance）之外，被排除在互动的日常场域之外，成了身体互动过程中一个难以解码的怪异符号。因此从互动的日常场域来看，在彩色染发未大众化的时期，彩色的头发只有出现在某种表演性、娱乐性较强的情景之中，如舞台表演、娱乐场所等，才是合乎情理的、可解释的。因此，当染发成为一种大众化的时尚风潮时，人们仍然倾向于用既有的互动情境来理解当下的现象，用"有色眼镜"看待"有色头发"也就不奇怪了。

### （二）彩色染发作为体验式的身体实践

从上文不难得出，彩色染发在当前主流的身体文化、身体制度之下面临着很大的舆论压力与现实压力。虽然染发者在染发之前往往就已经对这些潜在的压力有清晰的认知，但在访谈中并未强烈地表达对这种压力的不满与反叛情绪，相反，受访者甚至在不同程度上认可、接纳主流的身体文化与身体制度。

以后不会再染（彩色头发）了，因为看起来很没有质感，还是黑色看起来最自然、最高级。[①]

彩色的头发就是太亮眼了，有一种"枪打出头鸟"的感觉。[②]

对这一现象，结构化的身体建构观点或个体化的身体反抗观点都无法解释。本文认为，产生这种现象的原因在于彩色染发介于被规训与反抗之间，属于一种体验式的身体实践。"体验式"指的是行动者在充分认识社会约束力量、接纳主流社会规范的基础上，对一些不符合主流规范的行为做出暂时性的尝试。这种尝试并不以反抗既有的行为规范为目的，但同时也不否认自我存在的其他潜在可能性。因此，体验式的行动可以看作是行动主体在结构化制约与个体可能性之间做出的一种策略性妥协。

"体验"在这里拥有三层含义。首先是尝试（try）。长时间处于各自身体规范约束之下，人们对新奇的身体活动抱有好奇心，当处于约束力较弱的时空条件下时容易采取尝试行动以满足好奇心。其次是体会（feel）。体会指向的是身体的感知层面。身体体会的匮乏助推了主动身体实践的发生。现代人往往置身于丰沛的情感环境之中，但具身性的感受却日益干瘪，使得人们去主动追求各式各样的身体实践，通过有计划地塑造、改变自己的身体来完成身体体会的满足（刘新宇、林晓珊，2016）。最后是经历（experience）。这种体验行动一开始就被行动者自身预设了有限的时间，类似于一种将来完成时态的想象，只是作为行动者生命历程中占据一段时间的一次历史事件，而并不作为一种长期状态，具有暂时性（有时甚至是终身一次性）的特征。这种"体验性"特征鲜明地存在于彩色染发者对自身染发行动的解释叙述中。

我就是想给自己一个机会，并不是说我要一直保持五颜六色（的头发）……我爸说让我试一试、玩一玩是可以的，但之后必须要回归本原，我跟他说我同意

① 访谈时间：2019 年 6 月 16 日；访谈对象：小林。
② 访谈时间：2019 年 6 月 16 日；访谈对象：小葛。

你的看法。①

年轻的时候不做，老了再做就没意义了。②

以前在高中不让染发，以后工作了也没机会了，只能趁着现在去做。③

染发者将彩色染发视为一项有挑战性的活动，关注的是实践过程中自我的自主程度，而非活动结果的外在呈现，同时也把自己对于"自主性空间"与"自主性时间"的理解融入了对彩色染发的想象。染发者强烈表达了染发实践的时空条件的高度有限性，这种有限的时空条件本质上是社会身体规范较为薄弱之处，它进一步促成了染发者将尝试性的想法转化成实际的体验行动，为那些长时间受到规训的身体去短暂体验多元的可能性提供了一些机会。

## 四、彩色染发与内向性自我认同

拥有彩色头发的青年们并非仅是单纯接受社会价值判断的个体，他们还是主动投身于现实生活的"生命态身体"（livedbody）。彩色染发作为一种身体塑造，其过程中实现的自我认同带有鲜明的内在指向性。这种内向性体现在从染发前的准备、决策阶段到染发后个人体验阶段的全过程，无论是做出染发的决定、选择染发的色彩，还是拥有彩色头发之后的身体体验，都具有鲜明的自我反思性——染发者更重视自身独有的意义赋予过程和自我欣赏与满足，而并非如外向性观点所言的那种强调"观众"在场的身体表演。

在染发之前决定染发的颜色时，染发青年们并非简单地服从时下"流行发色"的推荐，而是会注入自我的意义理解，将色彩的选择作为自我心态、特质、愿望的表达。

---

① 访谈时间：2019 年 6 月 16 日；访谈对象：小葛。
② 访谈时间：2019 年 6 月 16 日；访谈对象：小林。
③ 访谈时间：2019 年 6 月 16 日；访谈对象：小熊。

我觉得我是一个给自己自由度很高的人。我就想要染一个很纯正的颜色，第一反应就是红色，不是那种有一点偏红，而是正红，感觉很有热量……最后染了蓝色，我和我男朋友都很喜欢蓝色，给人的感觉就是很冷静，有一种能代表自己心态的感觉。①

通过对色彩的理解与选择，染发者将色彩所象征的符号意义放入了自我表达的意义链条之中，使用的是一个相对独立的编码语言，而其他旁观者虽然会依照自己各自的生活经验进行尝试性的解读，但无法直接对染发者自身的意义链条解码。因此，染发者在选择染发色彩的时候并不总是借助色彩的公共符号意义来向他人展示自我，而是以自身为诉说对象，重视的是内向性的自我表达，而非外向性的身体展示。

在染发之后，由于彩色头发的视觉冲击力很强，染发者很容易受到同一环境中他人的注意，但这种迅速增长的关注度往往并不属于染发者自身期望的一部分。同时，由于彩色头发往往成为他人视觉注意力的集中点，彩色的头发逐渐从染发者的完整身体图式中"脱嵌"，代替完整的身体图式与人格特质，成为他人理解"我"的第一符号。

最明显的就是走在路上的回头率会非常高，大家对你的第一印象也是你的蓝头发。比如说我之前被别人拍了发在表白墙上说"这个小姐姐头发好酷"，有人评论说"我在图书馆见过这个蓝头发的小姐姐"。蓝头发一下子就变成我的一个标签，很明显……关注我没有问题，我也比较接受别人关注我，但是只关注我的头发就有点尴尬。②

我有一个好朋友染过一个很鲜艳的橘色，但染完之后她就受不了别人看她的目光，只维持了三天就马上染回去了。我染发前她告诫我一定要做好准备，到时

---

① 访谈时间：2019年6月16日；访谈对象：小葛。
② 访谈时间：2019年6月16日；访谈对象：小葛。

候别人都会看我。但我觉得既然决定要做这件事，就没必要害怕这个结果。[①]

与外向性观点做出的判断相反，染发者不仅不会主动期待获得"观众"的注意，而仅仅是将他人的关注作为一种无法避免的必然结果接纳下来，甚至在某些情况下还会对过多的关注产生不适、逃避的情绪。尽管这种外在关注可能是赞赏性的，但染发者仍然会不安于他人对于彩色头发的过分关注使得自我人格被扁平化理解。彩色头发标签性意义的膨胀使染发者产生了主体危机感，头发趋于脱离主体的掌控而不再作为整个身体的一部分，成为一个相对独立的符号直接影响了他人对自我的感知，这意味着他人将会直接通过对彩色头发的符号意义的解读来认知"我"，使染发者自身对于主体认同的话语权被挤压、侵蚀。因此，这种"自我剥夺感"使得观众的在场不能为身体提供自我认同的路径。

因此，彩色染发作为一种个体主动的身体塑造行动，其实现自我认同的路径是内向性的，染发者在对色彩的意义赋予、造型的自我体验等过程中进行自我反思，从而实现自我意志的表达。这种自我表达并不重视同一情境中其他潜在观众的在场，而是以自身为观赏者、解读者的呈现。染发青年在这一过程中体验自主的"自我"，是一种不依靠群体内位置的自我建构，象征个体从自身存在的确认与意义叙述中获得指向自我的主体认同。

## 五、总结与反思

本文认为，彩色染发作为一种流行于青年群体中的另类身体时尚文化，其本质是一种内向性的体验式身体实践。从行动模式来看，彩色染发是青年在社会身体规范与个人可能性之间做出的一种策略性妥协，是在认同主流身体文化及身体制度基础上的体验式行动。从行动指向来看，青年借助染发来实现自我认同的路径是内在指向性的，依赖的是染发青年自身拥有的意义编码和身体体验，而不是同一情境中他人对其身体的关注。

本文意在借助身体社会学的理论视角，并尝试性地融合关于身体行动研究的

---

① 访谈时间：2019 年 6 月 17 日；访谈对象：小林。

"结构—个人"二元理论模式，希望为当前关于彩色染发自说自话的舆论对立现状提供一种相对价值中立的理解视角，减少非时尚舆论对于彩色染发的扁平化理解与污名，更希望的是我们的社会能更包容多元的身体文化与身体制度，更加尊重个体塑造自我、表达自我的权利。

但由于文章篇幅与笔者关系网络的限制，本文的访谈对象选择未能兼顾青年群体的内部差异，如性别、文化等。如果对这些内部差异进行考察，也许会更进一步理解青年彩色染发的现象。

## 参考文献

［英］克里斯·希林：《身体与社会理论》，北京大学出版社，2010。

［美］理查德·舒斯特曼：《身体意识与身体美学》，商务印书馆，2011。

［法］莫里斯·梅洛 - 庞蒂：《知觉现象学》，商务印书馆，2001。

［英］安东尼·吉登斯：《现代性与自我认同》，生活·读书·新知三联书店，1998。

汪民安、陈永国：《后身体：文化、权力和生命政治学》，吉林人民出版社，2011。

张尧均：《隐喻的身体》，中国美术学院出版社，2006。

侯钧生：《西方社会学理论教程》，南开大学出版社，2001。

吴瑶瑶、杨晓静、张梦媛等：《大学生染发相关知识、态度、行为现况调查》，《齐齐哈尔医学院学报》2019 年第 40 期。

唐宏玲：《引发高校大学生染发行为的原因及诱导策略研究》，《中国市场》2016 年第 25 期。

王斌：《身体的反叛与风险：当代我国女大学生的身体实践》，博士论文，华中师范大学，2012。

刘新宇、林晓珊：《城市青年的文身体验、情感叙事与身体抵抗》，《中国青年研究》2016 年第 5 期，第 80—85 页。

文军：《身体意识的觉醒：西方身体社会学理论的发展及其反思》，《华东师范大学学报（哲学社会科学版）》2008 年第 40 期。

杨佳佳、黄莹、赵永艳：《女性青年身体的社会形塑与自我保护》，《中国青年研究》2018 年第 8 期。

陈相云：《被"扭曲"的身体形塑：青年女性盲从减肥的现象研究与归因分析》，《中国青年研究》2019 年第 1 期。

林江、李梦晗：《"身体控制的迷茫"：当代青少年整形消费低龄化现象透视》，《中国青年研究》2019 年第 4 期。

《你不知道的彩色染发发展史》，《VOGUE》2019 年 6 月 16 日。

# 指导意见

山东大学
李宣和

　　本文是贾怡真同学在我为人类学本科生开设的"应用人类学"这门课程中完成的一篇期末论文。课程聚焦"全球气候变化"这一议题，主要研讨了如何从人类学的角度阐释气候变化的问题，人类学学界有哪些相关研究，人类学对气候变化问题做出了哪些贡献等。气候问题需要从自然科学和社会科学相互结合的交叉学科视角进行研究，人类学如何与其他学科领域相互合作解决这一问题，在气候变化相关的政策、措施、实践方面，人类学发挥了哪些作用，都是需要学生们在阅读、调查和写作的过程中不断思考和探索的。通过阅读相关文献和课堂展示，同学们了解了人类学在气候变化研究中采用的一些理论框架。其中，学生们接触最多的就是"适应性""脆弱性"和"弹性"这几个概念，他们也在课程论文中尝试进一步梳理这些关键概念和相关理论。此外，这一领域的研究也格外关注应对气候变化的地方与全球实践，学生们在课堂和期末作业中相应地研究和探讨了非政府组织、地方社区、跨国企业等不同主体在应对气候变化中的作用。学生们所做的这些工作，对于他们进一步理解人类学气候变化研究的核心议题和发展方向是有很大帮助的。

在该课程期末论文选题阶段，贾怡真同学提出了想要探讨人类活动及气候变化对黄河上游冰情的影响。我认为她的初步想法与课程所探讨的主要议题关系紧密，可以很好地深化和延伸部分课程内容。我建议她确定具体的田野点和调查对象，进一步明确研究问题。在调查过程中，由于时间限制，她主要对一户人家的祖孙三代进行了访谈。虽然访谈对象少，但是要注意访谈的深度，争取在关键的几个问题上收集到相对丰富、饱满的田野资料。另外，我也希望她能够参考其他学科的研究成果，从跨学科的角度去思考和回答她所提出的研究问题。在撰写过程中，基于所收集到的资料，她对研究问题稍做调整，最终将之确定为"气候变化背景下地方社区对黄河生态环境变迁的感知与解释"。她发现地方社区的人们对环境变化的感知与解释在很多方面和自然科学研究的结果相互拓展和补充，人类活动和气候变化之间的关系在具体的社会情境中更加复杂。我建议她将这些资料整合在一起，从不同维度、有条理地展开描述和论证。

总体而言，尽管在行文结构和理论论述方面，这篇文章还有提高空间，但这位同学还是较好地把握了当代人类学气候变化研究的主要概念，结合实地田野材料呈现了她对相关问题的思考。

# 气候变化背景下地方社区对黄河生态环境变迁的感知与解释：来自黄河上游一个临河村落的田野证据

山东大学 人类学 2016 级本科生　贾怡真

指导老师　李宣和

**摘要：** 黄河是一个复杂的水资源系统，东湾村坐落在其上游东岸。本研究采用田野调查的方式，结合自然科学证据，勾勒出这一地区黄河生态环境的变迁：冬季气温有所上升、降水总体上呈减少趋势、冬季不再封冻、河水含沙量减少、径流量减少且更加平稳。地方社区结合地方知识与外部知识，发现了气候变化与人类活动对生态环境的双重影响，形成了一套丰富且有效的解释体系。此外，气候民族志对于加强人们对气候变化的理解、完善"人类世（Anthropocene）"等概念以及帮助人类学研究发现新的全球关系等具有重要作用。

**关键词：** 黄河；全球气候变化；生态环境；气候民族志

## 一、引言

河流流域生态环境的变迁是气候变化和人类活动双重作用的结果。2013 年联合国政府间气候变化专门委员会（Intergovernmental Panel on Climate Change, IPCC）第一工作组（WGI）第五次评估报告（AR5）指出，全球气候系统变暖的事实是毋庸置疑的。自 1950 年以来，气候系统观测到的气候变化是过去几十年甚至近千年以来史无前例的，全球几乎所有地区都经历了升温过程，变暖体现在地球表面气温和海洋温度的上升、海平面的上升、冰盖消融和冰川退缩、极端气候事件频发等方面，1880—2012 年全球平均温度已升高 0.85℃（沈永平、王国亚，2013）。基于水文过程对于气候变化的敏感性和即时反应特性，水文循环系统与气候系统存在着强烈的相依关系，气候变化特别是年际间的气候变异对流域水文循环过程造成极大影响，气象因子的改变势必对流域水资源量以及流域径流、泥沙的时空分布特征产生影响（Karamouz et al., 2010；吕振豫，2017）。另外，以土地利用/植被覆盖变化（LUCC）和大规模水利工程建设为主要特征的人类活动同样对河川径流构成前所未有的威胁（吕振豫，2017）。

黄河是中国北方唯一横贯东西的巨川大河，其天然径流量排在长江、珠江、松花江、淮河之后，居中国第五位，仅为长江的 6%，却以占全国河川径流量 2% 的有限水资源，灌溉了全国 13% 粮食产量的地区，保障了全国 14% 的 GDP 产值，养育了占中国 12% 人口的 60 多个大中城市、340 个县（林嵬等，2017）。黄河流域地处中国中北部，以大陆性季风气候为主，径流年际变化大，年内分配集中，连续枯水时段长；流域内自然条件复杂多变，水沙异源、水沙关系不协调是黄河流域水资源的突出特点。

黄河流域的基本特点决定了其水资源系统对气候变化的敏感性和脆弱性（刘吉峰等，2011）。此外，水利设施、农业灌溉、工业生产等人为因素也直接影响着黄河的水文特征与流域内的生态环境。在气候变化和人类活动的双重作用下，黄河流域内由水、土壤、生物、气候构成的生态环境系统发生了一些或显著、或温和的变化。居住在河流两岸的人们在长期的生产生活中对生态环境的各种变迁必然有所感知，并不断建构着个人、家庭和社区独特的历史记忆。他们还将地方知识与学校教育、大众传媒等传递的知识结合起来，结合个人经验，从社会、自然等不同的视角去理解和解释生态环境的变迁。

复杂的全球气候变化问题提出了挑战与机遇，这些很大程度上依赖于社会科学和自然科学、人文学科和其他知识系统的整合（Brondizio, 2016），人类学为气候和全球变化问题更广泛地带来了民族志的深刻见解、历史的视角和整体的方法

(Barnes et al., 2013)。因此，本研究采用人类学的田野调查法，结合自然科学研究成果，对东湾村这一濒临黄河的村落进行个案分析，发掘当地人对于黄河沿岸的生态环境变迁的感知与解释，一方面展现环境、气候变化的地方知识与科学知识之间的互动关系，另一方面在气候环境变迁的具体情境中，从人们的日常生活经验中探索更为宏大的社会结构性关系，并在这些分析的基础上，进一步思考气候变化与人类社会文化之间的关系。

## 二、田野概况

东湾村位于甘肃省靖远县东北部，因黄河由西而来，至此转北流去，呈弯形，又在靖远县城之东，而得名东湾。它濒临黄河，坐落于黄河上游的河谷之中，土地肥沃，有丰富充裕的灌溉资源，传统的家庭农业生产在当地居于主导地位。当地人的日常生活与黄河有着千丝万缕的联系，因此他们对于黄河沿岸地区生态环境的变化格外敏感。村里岳氏长房的祖孙三代（祖父、父亲、孩子），见证了半个多世纪以来沿河地区的环境变迁。其中，祖父一生都在这片土地上务农，在他的记忆中，曾经的冬天非常寒冷，黄河也会封冻，河道、水沙情况也和当下很不同，并且他还可以联系上游及当地的水利工程对于其中的很多现象给出自己的解释。这些理解和很多科学研究成果可以相互印证，在具体的社会情境中揭示出了生态环境变化背后的一系列隐蔽且复杂的社会文化动力。

## 三、冬季气温以及黄河冰情的变化

在我小的时候，天气冷，黄河冬天会结冰。封冻以后，冰面上可以来回走大架子车。（祖父，77 岁，2019.1.7）

祖孙三代中，只有祖父这一代人亲身经历过黄河封冻的情境，但是这种记忆却一代代流传了下来，子孙辈在谈及黄河时，也会不自觉地追溯到那一时期。等到父亲（53 岁，2019.1.6）记事时起，黄河就不会大面积的封冻了。在儿子（29

岁，2019.1.5）的印象中，以前黄河近岸的冰可以达到一米左右，可是这几年在冬天再也没有见过冰了。但是，无论哪一代人，他们在自己的生命跨度内都明显感觉到冬天越来越暖和了。20 世纪五六十年代，冬季气温常年在零下二十多度，可这些年来很少这么冷过，"黄河不再结冰"是他们对于冬季变暖问题给出的共同证据。不过人们对于"寒冷"的感受与体验，似乎被印上了深刻的时代印记。祖父生活的那个年代，由于贫穷，人们烧不起火炉，只能在炕上窝着取暖；父亲小时候，衣物的保暖功能不如现在，冬天穿着厚厚的棉衣棉鞋，手脚等却依然会被冻肿；孩子却没有经历过那种极度寒冷的冬季，能够在热烘烘的炉子旁烤火，晚上还可以在有电热毯的床上睡觉。另外，他们对于黄河不结冰这一现象，也各有见解。祖爷（77 岁，2019.1.7）作为直接经历过这一变化的人，指出上游地区的水利设施对黄河冰情的影响："刘家峡水电站建成后，水到下游变热了，冰就化了。"儿子（29 岁，2019.1.5）也表示："听以前老师说，刘家峡水电站建成后，近几十年河水温度上升了。"但是父亲（53 岁，2019.1.6）没有提及这一点，他认为"天气暖和了"是黄河不结冰的主要原因。

黄河流域是北半球升温比较显著的区域，其中冬季气温升高最为显著，近几十年，尤其是 20 世纪 80 年代以来黄河流域升温速率加快。东湾村所在的黄河兰托区间（甘肃兰州—内蒙古托克托县）增温非常显著，为 0.449 ℃ /10a，20 世纪 80 年代以来升温异常迅速，增幅在 0.7 ℃ /10a 以上。此外，北半球与黄河流域气温变化趋势和周期表现出一定程度上的一致性，说明全球气候变暖是黄河流域气候变化的背景，而黄河流域的升温是全球变暖的重要组成部分（刘吉峰等，2011）。

影响冰情的因素主要有热力因素、动力因素及河床边界条件（滕翔等，2010），但是冬季气温升高对于这一河段不封冻的现象并没有决定性影响，上游梯级水电站的运行调度才是导致这一流域冬季不再结冰的主要原因。在刘家峡水电站 1974 年建成之前，盐锅峡水电站第一台机组在 1961 年时就开始承担发电任务了。这两座水电站和黄河上游其他水电站一起，承担着保证中国西北电网安全、稳定运行的任务，也承担着下游防洪、供水、灌溉、防凌等综合用水任务（马颖，2007）。其中，水电站防凌功能的设计与执行影响着流域内的冰情。凌汛，俗称冰排，是冰凌对水流产生阻力而引起的江河水位明显上涨的水文现象。冰凌有时可以聚集成冰塞或冰坝，使水位大幅度抬高，造成漫滩或决堤。黄河凌汛洪水在发生频次和规模上远较北方其他地区高，往往造成较大灾害（滕翔等，2010）。水电站通过下泄水量，调节不同时期的河道流量，影响黄河冰情，包括流凌、封河和开河的时间和情况。例如，在封河前适当加大河道水量，可以推迟封河时间，避免小流量封河，从而增加冰下过流的能力（马颖，2007）。1961年盐锅峡水电站的大坝竣工，从此拦截了自青藏高原峡谷漂流而来的巨大漂凌，而这些漂凌是黄河封冻的必要条件——它们与河流两岸的冰块冻结在一起，黄河随之逐渐严密封冻。而黄河结冰与否，还会进一步影响气温：由于水面对太阳辐射的反射率远小于冰面，而太阳辐射是气温的根本热源，反射率减小，气温必然升高，且河水蒸发吸收的热量少于冰面升华，这进一步导致了气温的升高。此外，城市工业废水、生活污水向黄河排放，带来了一定热量的同时，也改变了黄河水体的物理性质，即使气温下降到-10℃左右，黄河两岸也无结冰现象，这也在一定程度上引起了暖冬现象（李世忠，1996）。

几十年间，黄河这一流段的冰情的变化和社会因素相结合，影响着人们日常生活的交通、娱乐等方面。从前，冬季黄河封冻，冰层很厚，马车可以来回走，这是一种非常重要的交通方式。不结冰的日子里，早年间的渡船和羊皮筏子是沟通两岸的重要工具。曾经，黄河上的羊皮筏子很多，筏客从上游借着水流漂向斜对岸运货和送人。渡船在两岸之间往来，和筏客一同分担客运和货运任务。可是随着时间的推移，这些场景从人们的生活中逐渐消失了，取而代之的是一座座驾于黄河之上的桥梁。冰封的黄河、羊皮筏子、渡船成为人们回忆时内心泛起的一抹乡愁。

总之，在当地长期生活的人们对于气温、黄河冰情等生态环境的种种变化保持了一种高度的敏感性，而且普通人的分析和解释在一定程度上揭示了包括气候、水资源在内的生态环境变化的复杂性。现代教育、传媒等不断塑造着地方的知识体系，影响着人们对外界的理解，但这些地方知识依然带有不灭的时代印记。

## 四、黄河径流量以及泥沙含量的变化

以前水大的时候非常大，水小的时候非常小。现在因为有水电站控制，旱、涝时间都变少了，水量变化比较小。夏天发大水的时候泥沙大，冬天的泥沙量和现在差不多，以前比现在多一点儿。（祖父，77 岁，2019.1.7）

现在黄河水清了，以前只有十二月到一、二月的时候水比较清。我小时候黄河水比现在满，现在冬天就只剩一点儿水了。以前黄河水量大，现在水量小。因为上游雨量变少了，大坝多了。（父亲，53 岁，2019.1.6）

黄河水十月份开始慢慢变清，三、四月慢慢变黄。冬天上游的土就冻住了，雨水少，泥沙也就少了。这几年我们这里的雨水比较好。（儿子，29 岁，2019.1.5）

这一家三代人的记忆，拼凑出黄河六七十年来径流量以及泥沙含量的变化。总体来看，黄河径流量减少了，且年内变化幅度减小；含沙量有所减少，黄河水在该流段内变清的时间增加了。而这些变化，可以归因为上游地区降水减少和水水电站的调节作用。

黄河上游兰州以上地区集水面积 22.255 万立方米，占整个流域的 28%，兰州站 1959—2002 年平均天然年水量 332 亿立方米，约占全河总水量的 60%，为黄河流域主要的产流区和水源涵养区（王金花等，2005），且径流主要来源于大气降水（韩添丁等，2004）。黄河上游兰州站等多年平均径流均呈显著的减少趋势，1990 年以后径流递减趋势更加显著（胡彩虹等，2013）。降水和径流变化的过程基本一致，相关性良好，但整体而言，径流量变化幅度较降水变化大。造成这种不一致的原因一部分是研究区气温上升，主要原因还是人类活动（吕振豫，2017）。由于气温升高，冻土退化，蒸发加剧，导致黄河上游来水减少（王根绪等，2001）；在巨大的工农业和日常生活用水压力下，黄河水资源面临着严重的

供需矛盾。黄河的泥沙主要来自循化站以下，其中，支流祖厉河和清水河来沙量
较大（王秀杰等，2008）。祖厉河处于东湾村的上游，且十分近，因此东湾河段的
泥沙主要来自祖厉河。径流和输沙量变化虽满足大水大沙、少水少沙的规律，但
整体变化趋势还是存在较大差异，特别是 1986 到 2000 年，部分年份径流量较大，
输沙量却相对较小（吕振豫，2017）。黄河上游水沙序列年内发生根本转变的主要
决定因素是龙羊峡、刘家峡两座水电站的联合运用：将大量的汛期水量调节至非
汛期，从而使汛期洪水流量大幅度减小，其挟沙能力降低，造成汛期泥沙淤积在
库区和河床中；非汛期水量虽然明显增加，但挟沙水流并没有增大，从而使汛期
淤积的泥沙没有得到冲刷（王秀杰等，2008）。水沙变化不一致的主要原因还有一
部分是水土保持措施等造成下垫面组成变化（吕振豫，2017）。东湾村以上地区，
位于西北干旱、半干旱区，很多地方"靠天吃饭"，需要不断开荒维持农业生产，
但是国家现在禁止开荒，退耕还林，并采取了相应的补贴政策，植被覆盖情况有
所改善。

地方社区除了对径流量、泥沙含量和降水等有大体上的感受之外，也对其他
与之相关的生态环境变化非常敏感。首先，东湾村距离黄河非常近，最易暴露在
洪涝灾害之中，上游水电站的调蓄作用可以降低洪水对当地的影响，但是村落和
耕地难免还是会遭受这一自然灾害的侵袭。祖父回忆起 20 世纪 60 年代的一次洪
灾，冲毁了生产队一百多亩地。父亲提到以前黄河的汛情一年和一年相比有所不
同，他经历过的最大的一次洪水发生在 1986 年，是五十年一遇的特大洪水，当
时河水溢出河道，漫到耕地和村庄中；2013 年的时候，黄河发大水，自家河边的
七分地被冲走了。汛期水量的增加对于两岸的土地有侵蚀作用，引起了河道的改
变。由于黄河径流量年际间变化大，东湾村又处在黄河转向处，河道处于摇摆之
中，有几年黄河会持续冲刷、侵蚀东湾村所在一侧的河滩和耕地，另外几年这种
情况就不是十分显著。但是，祖父从小到大的经历表明，几十年来，黄河已经往
东改道了将近 500 米，东岸，即他们家所在一侧，损失了大量的耕地。而且，这
不仅仅是气候和水文因素导致的，还与不同社区的集体策略有关。

对岸的三滩村早些年水利工程修得好，那边山上石头多，方便运下来建造河

堤，所以那边的耕地就没怎么流失。不像咱们这边儿，以前没有人管。（祖父，77 岁，2019.1.7）

但是，近年来，地方政府和国家组织修筑了滨河路，整理并加固了黄河两岸的堤防设施，并且加强了对相关地区的管理。由此可见，地方社区对于气候等生态环境变化的适应力存在差异性，这与社区内的基层组织以及自然条件等密切相关。国家角色在长期缺位后，通过投入资金、加强管理介入地方组织、生态环境的治理过程，可以缓解这种在适应性方面表现出的不平等状况。

其次，黄河泥沙含量、河道形态等方面的变化也深刻影响着黄河系统内的生物环境，进而改变着人们的生活经历。

小时候黄河水浑浊，鱼很多。发大水时水中多一半泥沙，水变成了红色。由于缺氧，水下的鱼便昏昏沉沉地浮到水面上，侧身游着，密密麻麻漂了一层。人们带着渔网去捞鱼，一些游泳高手直接下水去抓大鱼。有的时候人可能还会被鱼拽跑。我见过一个筏客（使用羊皮筏子的人）的羊皮筏子上运了一条两米多长、身子有水盆那么粗的大鲤鱼。我六七岁的时候，父亲捞了一条比我还大的鲶鱼让我背回家，鱼的头在我肩上，尾巴在地上拖着。（父亲，53 岁，2019.1.6）

这种情况被当地人称作是"淌鱼"，随着不定期爆发的大水出现。但是，随着上游不断进行水利开发，"淌鱼"的特殊条件——水大沙多，已经不容易形成了。从前黄河里的鱼多，人们还可以在河的岔道中摸到鱼。

小时候每到春天沙枣花开的时候，鱼好像会从下游洄游到上游，在黄河边的岔道里产卵，可以看到一些大肚子鲤鱼。但初中以后就没什么大鱼了，鱼也变少了，这和水污染还有人们的过度捕捞有关。（父亲，53 岁，2019.1.6）

以前黄河河道宽，分叉多，鱼也多。修建河堤使得河道变窄，人们将近岸开垦为耕地，河岔也随之变少了；采砂活动破坏了浅滩、河底的土壤情况，野生鱼类产卵和栖居的环境被破坏。水利设施的建造，进一步阻碍了鱼类的远距离洄游。加之国家对于工业废水排放的管理曾经不力，黄河水质恶化，河中的野生鱼类逐渐减少。到孩子这一代时，他们只能在黄河边的小渠里摸到一些小鲫鱼了。

　　总之，黄河的径流量与泥沙含量的改变与全球范围内的气候变化密切相关，但是大型水电站、水土保持工作以及流域内的取水等人类活动影响力之大，不容忽视。在气候变化和人类活动的共同作用下，耕地、河道以及生物活动和从前有所不同，与之密切联系的人们的日常生活和地方记忆因此发生了很大的变化。同时，国家和地方的力量牵涉其中，其作用举足轻重。在当地长期生活的人们敏感地洞察了这些联系与变化，结合个人的感知与体验，具体且全面地以常人逻辑解释了他们所经历的生态环境变化。

## 五、黄河采砂活动与当地生态环境

　　采砂的现象很多，附近河两岸各有一家。没有好好管理……河道都改变了。……白鹭都不怎么来了。（父亲，53 岁，2019.1.6）

　　随着经济社会的发展，建筑市场对沙料的需求逐渐增大，黄河泥沙的开发利用潜力巨大：卵石可制作混凝土构件，中细沙可作为建筑辅助用沙和房基土，泥沙可以为路桥工程建设提供土料、制作抢险用的大块石，为采砂场带来一定的经济效益，合理采砂也有助于缓解泥沙淤积（行红磊等，2015）。在这一背景下，附近河段近十年来建起了很多家采砂场，岸边和河滩上常常能见到运行的采砂船。但是由于相关部门管理的缺位，这一带的采砂活动严重破坏了黄河及其周边的生态环境，引起了堵塞甚至改道，附近的一些耕地被河水冲刷、侵蚀，河床下沉，使得与黄河相连的灌渠中上水不足，影响了耕地灌溉。而且，河滩和河洲的生态平衡被打破，很少能再见到白鹭了，大雁也很少出没其间。

　　人类活动对于生态环境的破坏力之大，不容小觑。地方社区和生态环境在这种情况下表现出一定的脆弱性，缺少社会生态系统的弹性发挥作用的空间，表现出一种消极的适应倾向。处于这种情境之中的地方社区，对于这些微妙的变化有所觉察，解释时也能够切中问题要害，但是地方文化体系没有赋予他们改变的力量与途径，这使得地方社区暴露在风险之中。

## 六、总结与反思

黄河横贯中国北方地区，是一个复杂的水文系统，深受全球气候变化和人类活动的影响，流域内生态环境几十年以来发生了很大变化。东湾村是黄河上游地区一个临河的村落，几十年来，当地冬季气温有所上升，降水总体上呈减少趋势，黄河的平均径流量随之减少。在这一背景下，黄河上游的多座大型水电站深刻影响着该河段的冰情、水沙关系以及径流量的年际变化——冬季不再封冻、河水含沙量减少、来水量较为平稳。此外，这些因素与采砂活动以及水污染问题，共同影响着当地的水土流失，野生鱼类的繁殖，河洲、河滩的形态以及生态。在当地黄河生态环境变化的过程中，国家和地方社区在适应性发挥作用的过程中扮演着重要角色。

当地人的日常生活与黄河密切交织在一起，他们对黄河流经段的水文特征变化以及与之密切相关的生态环境变迁非常敏感，一代代人的生活经验和共同记忆勾勒出当地黄河生态环境或细微或宏大的变化，这些感知主体将地方知识与媒体、学校所传递的知识结合起来，对一系列复杂现象形成了一套具体、全面的解释，既注意到了漫长历史时期中气候的诸多变化，也强调一系列复杂人类活动的作用和影响。并且，这套解释体系植根于地方社会情境，生动且有效地反映出问题的根源所在——意识到自然过程因素的同时，也觉察到了社会结构和社会关系的微妙力量。这套常人逻辑似乎将自然科学知识与社会历史文化情境巧妙地联结在一起，包含着丰富的解释语料，保留了感知和解释主体的异质性，尽管在某些时候，这些解释从分析逻辑上看是杂乱的。

气候民族志的功能之一就是可以将这些地方社区的感受和解释，翻译成可以和自然科学知识相互沟通的学术语言，促进跨学科、跨主体的交流，以更好理解当今的气候变化，发现人类活动的作用，完善和丰富"人类世（Anthropocene）"的概念和内涵。此外，它对于人类学的一些概念也具有启发性，气候等生态联系是一种新的全球关系，将相距遥远的社区卷入共同的气候变化之中，为多利益相关者提供了博弈的场域。在田野工作和民族志书写过程中，人类学家需要将视野拓展到气候变化这一综合了社会文化和自然环境的关系层面，加深对人类文化过程的理解，更好地解释一些社会文化现象。

受限于时间、距离以及访谈深度，本研究没有更进一步呈现出地方社区对黄河生态环境变迁的感知与解释的丰富性，缺乏对于更加复杂的社会网络关系以及社会生态系统脆弱性、适应性以及弹性的讨论，并且对于气候变化的说明更加接近一种背景性的介绍，而不是分析它与地方社会过程的联系。此外，笔者仅仅引用了一些自然科学研究证据，时效性不佳，没能利用最新的数据，紧密围绕研究主题进行细致的分析与研究。

## 参考文献

Jessica Barnes, et al., "Contribution of Anthropology to the Study of Climate Change." *Nature Climate Change* 3 (2013):541-544.

E. S. Brondizio, Entangled Futures: Anthropology's Engagement with Global Change Research.

IPCC, Climate 2013: The Physical Science Basis(Bern: IPCC Working Group, 2013).

M.Karamouz, S.Nazif and M.Fallahi, "Rainfall Downscaling Using Statistical Downscaling Model and Canonical Correlation Analysis: A Case Study",World Environmental & Water Resources Congress 2010.

Lin Zhulu , M. J. Anar and H. Zheng, "Hydrologic and Water-Quality Impacts of Agricultural Land Use Changes Incurred From Bioenergy Policies", *Journal of Hydrology* 525(2105): 429-440.

韩添丁、叶柏生、丁永建：《近 40a 来黄河上游径流变化特征研究》，《干旱区地理》2004 年第 27 期。

胡彩虹等：《气候变化对黄河流域径流变化及其可能影响研究进展》，《气象与环境科学》2013 年第 36 期。

李世忠：《黄河兰州段不再结冰现象浅析》，《中学地理教学参考》1996 年第 10 期。

林嵬、丁铭、张军：《大河"清流"——黄河变清调查》，《瞭望》2017 年第 39 期。

刘吉峰等：《全球气候变化背景下中国黄河流域的响应》，《干旱区研究》2011 年第 28 期。

马颖：《长江生态系统对大型水利工程的水文水力学响应研究》，博士论文，河海大学，2007。

沈永平、王国亚：《IPCC 第一工作组第五次评估报告对全球气候变化认知的最新科学要点》，《冰川冻土》2013 年第 35 期。

滕翔、何秉顺：《黄河凌汛及防凌措施》，《中国防汛抗旱》2010 年第 20 期。

王根绪等：《40a 来江河源区的气候变化特征及其生态环境效应》，《冰川冻土》2001 年第 23 期。

王金花等：《气候变化对黄河上游天然径流量影响分析》，《干旱区地理》2005 年第 28 期。

王秀杰、练继建：《近 43 年黄河上游来水来沙变化特点》，《干旱区研究》2008 年第 25 期。

行红磊等：《浅谈黄河泥沙的开采和有效利用》，《中国水土保持》2015 年第 6 期。

# 指导意见

兰州大学
周传斌

    去年 7 月，由兰州大学西北少数民族研究中心牵头，带领 2016、2017 级民族学本科生分别前往青海同仁县和甘肃天祝县进行田野实习。2017 级学生所在的田野点是天祝县的天堂镇。天堂镇位于天祝自治县城西南部，海拔 2200—3200 米，在甘青两省交界的大通河北岸，与青海省互助县加定镇隔河相望，交通便利。镇中心赫然矗立着鼎鼎有名的天堂寺。

    2017 级学生初入田野，再加之学科意识还并不明确，因而进度参差不齐。好在老师及时跟进指导，整体尚可。杜誉同学属于"后知后觉"那类，刚开始进行田野实习时，忽视了我们强调的对于主题的关注，一头扎进田野中，貌似对捕捉到的一切的未知都饶有兴趣，实则是迷茫。他和我交流过后，我发现他实际上更侧重对于社会结构、制度方面的考量，这也是人类学/民族学经常关注的领域。于是我建议他去观察周围的村落里是否有相关的内容。没想到刚一说完，第二天他就带着宏大的研究框架来找我讨论。由于时间、知识储备有限，更重要的是，作为一名人类学/民族学研究者，田野是研究的核心，正所谓"无田野不立文"，我就据此和他讨论。

经过两三天的具体分析，最终把研究主题定在了那威村的河长制——那威村处于大通河首渠，当地十分注重环保。照理说这种环保制度现今比比皆是，但是在这个村子里，他却观察到了不一样的情况：村民并不知道有这个制度，而吊诡的是，这个制度却在很好地贯彻。于是我建议他先尽可能地收集所有关于这个制度的材料，包括地方的材料，同时依据自己设计的提纲尽可能地多做访谈，收集村里不同身份的人的地方性观点。随着时间的推移，调研的深入，问题也越来越清晰——河长制的运行是中央、地方政府、基层民众三方互动的过程。而项目资金的欠缺以及如何调动基层民众的积极性往往是地方政府推行河长制有效运行的两大挑战，然而该情况在这里却得到了较好的解决：村委会通过"隐性过滤"的手段达成了这一目标。

　　总的来说，杜誉同学尽管在前期经历过迷茫，但是能够及时和师长沟通，找出自己的问题加以改正，这样的积极态度是值得肯定的。这也提醒我们作为田野工作者，更应该注重实践而非空想。他的文章作为以某一项具体制度为主题的田野调查，能够找出现象后面的深层意涵，将制度的架构、组织的规则及其在村落生活中的运行等层面渐次勾勒出来，并以较为规范的学术语言尽可能地呈现。因此，作为一篇基于本科田野实习基础所精心撰写的学术论文，是合格的。希望在不远的未来，无论是在专业知识储备与应用，还是在具体的学术研究中，他都能够取得更大的进步。

# 制度执行视角下那威村河长制探究

兰州大学历史文化学院民族学班 2017 级本科生　杜　誉

指导老师　周传斌

**摘要：**河长制是我国进入 21 世纪以来推行的一项重要环保制度，其运行是中央、地方政府、基层民众三方互动的过程。在以往的研究中，项目资金的欠缺以及如何调动基层民众的积极性往往是地方政府推行河长制有效运行的两大挑战，然而该情况在那威村却得到了较好的解决：村委会通过"隐性过滤"的手段解决了这两大问题。本文采用制度执行视角，由表及里地分析了该行为（多元行动主体的不同行动逻辑），并提出应对河长制困境的"项目制"解决方案。

**关键词：**河长制；困境；互动

## 一、引言

所谓"河长制"，是一项衍生于水污染防治首长负责制、生态问责制的水环境治理新模式，"即由中国各级党政主要负责人担任'河长'，负责组织领导相应河湖的管理和保护工作的制度"①。它旨在通过整合各级党委、政府的执行力及严格的考核问责机制，提高水环境治理的效率与水平，改变无人愿管、被肆意污染

---

① 吴长勇：《河长制：制度创新破解治污困局——访江苏省环境保护厅副厅长于红霞》，《环境保护与循环经济》2009 年第 29 期，第 10—12 页。

的河流的现状，从而达到"河长治"的目的。①

2003 年，浙江省长兴县在全国率先实行河长制。随着时间的推移，"河长制"的概念也在不断延伸。2016 年 12 月，中共中央办公厅、国务院办公厅印发了《关于全面推行河长制的意见》并发出通知，要求各地区、各部门结合实际，认真贯彻落实任务，具体包括资源保护、岸线管理、污染防治、环境治理等。这是第一次以中央文件的形式详细列举了河长制的内容，充实了河长制的内涵。2018 年 7 月 17 日，水利部举行全面建立河长制新闻发布会，宣布截至 2018 年 6 月底，全国 31 个省区市已全面建立河长制。这比 2016 年中央文件提出的要求整整提前了半年。

虽然在环境治理等方面，河长制取得了一定的成绩，但是也有着不同方面的困境，具体以地区和类型为主。关于前者的论述，有王燕所写关于抚河河长制的困境及对策分析②，以及余懿臻有关杭州河长制的探析③、李汉卿有关上海市河长制的困境论述④ 等。而关于后者的论述则较为系统，主要是在流域治理方面，有胡光胜就流域总体来探析的有关河长制的困境⑤，吕亚奇从流域治理空间压缩趋势方面的研究⑥ 等；此外，还有裘亮等从政府跨部门协同方面的论述⑦、董洁以生态文明视角切入的论述⑧、王露霏在河长制延续性方面的考量⑨、史有萍在实践困境方面

① 卞欢：《国家治理现代化视野下的"河长制"探析》，博士论文，南京工业大学，2016。

② 王燕：《河长制实施困境及完善对策——以抚河为例》，《老区建设》2018 年第 8 期，第 28—30 页。

③ 余懿臻：《河长制实施困境及完善对策——杭州河长制实践的成效与问题解析》，《岭南师范学院学报》2018 年第 39 期，第 62—66 页。

④ 李汉卿：《行政发包制下河长制的解构及组织困境：以上海市为例》，《中国行政管理》2018 年第 11 期，第 114—12 页。

⑤ 胡光胜：《河长制：我国流域治理现实困境与创新趋势》，《大连干部学刊》2019 年第 35 期，第 59—64 页。

⑥ 吕亚奇：《流域治理空间压缩趋势研究——以河长制为思考对象》，《福建行政学院报》2018 年第 6 期，第 49—57 页、第 65 页。

⑦ 裘亮、陈润怡：《政府跨部门协同：困境与未来路径选择——以"河长制"在 M 市的实施为例》，《山东行政学院学报》2018 年第 4 期，第 31—36 页。

⑧ 董洁：《生态文明视域下安庆市全面推行河长制工作的若干思考》，《现代经济信息》2018 年第 15 期，第 479—480 页。

⑨ 王露霏：《河长制的延续性困境及其破解之道》，《农村实用技术》2019 年第 7 期，第 127—128 页。

的讨论 ① 等。

　　尽管以上有关河长制在实践层面困境的探析在研究视角等方面存在着不同，但是在主要困境的讨论中，有两点共同之处：缺乏资金以及政策贯彻不到位。然而，观之笔者调查研究的主体——T 镇那威村的河长制，村委会正是巧妙地将联保制和当地推行的卫生责任制结合起来，从而在一定程度上缓解了困难。那威村是一个少数民族杂居的村子（以藏族、土族为主，还有少许汉族），因而在该制度落实时，所选工作人员（管理人员）包含各个民族，这在一定程度上体现了当地的民族交融。从那威村所辖河段来看，它是"引大入秦"首渠，但在"河长制"推行之前，当地未有任何形式的对该河段的生态保护活动。从那威村河长制来看，当地推行时并非单纯的"复制"，而是与当地推行的卫生责任制以及扶贫政策，还有联保制有机结合在一起。当地将整村划为十一个保，在推行河长制时，将这十一保分为两组，分别负责村上社和下社的河段，同时，每组除了履行河长制职责以外，兼负卫生清扫的任务。由于卫生清扫需要固定的人员，那威村利用扶贫基金，招募村里的困难人群。这样一来，一方面满足了清扫人员的需求，另一方面又兼顾了扶贫工作，可谓一举两得。然而基层的民众并没有体会到河长制的环保意义。

## 二、田野地点概况

### （一）T 镇那威村基本概况

　　处于青藏高原东北麓地区、祁连山脉东端、甘肃青海交界的 W 市 T 镇是藏族、土族以及汉族等多民族聚居之地。那威村位于 T 镇南方，其中大通河穿村而入，地势东高西低，距镇政府驻地 5 千米。全村依据地势高低分为上下两社（上社位于高处，下社位于低处），南邻岗青公路，该村主要产业为农业（种植药材）。近年来，随着 T 镇旅游业的发展，镇上的经济水平有了一定的提高，但那威村仍是镇上的重点贫困村。

---

　　① 史有萍：《"河长制"实践的困境及对策研究》，博士论文，南京大学，2018。

那威村年平均气温 3.7 摄氏度，年降水量 640 毫米，全村耕地面积 970.64 亩，辖上社和下社 2 个村民小组，108 户 425 人，藏族占绝大多数，土族次之，汉族最少。土族主要居住在上社，藏族、汉族主要居住在下社。其中，贫困户 71 户 261 人，贫困面达 61.41%。全村人均纯收入 4215 元，贫困人口的人均纯收入为 2158 元。

表 1　贫困人口统计表

| 位置 | 总户数（人） | 贫困户数（人） | 贫困面积 |
|------|------------|--------------|---------|
| 上社 | 50 户 191 人 | 贫困户 32 户 113 人 | 59.16% |
| 下社 | 58 户 234 人 | 贫困户 39 户 148 人 | 42.74%. |

### （二）T 镇那威村河长制基本概况

2017 年 9 月那威村村委会依据上级指示，逐步建立起村河长制组织体系，并根据实际情况在全村启动河长制管理办法。具体内容如下。

1. 实施范围及具体责任区域划分：因那威村共有两个村民小组，共有十一个"联户长"，在进行河长制管理时，每个联户长分别带领十户农户，分片区、分时段进行河道管理。

2. 组织体系：是一种典型的管理体系——村总河长由村党支部书记担任，上社段河长由村文书担任，下社河长由村村委会主任担任，管理领导成员由联户长担任。

3. 主要任务：统筹河库保护管理规划、落实最严格的水资源管理制度、开展水源头和饮用水源地保护、加强水体污染综合防治、强化跨界断面和重点水域检测、推动河库生态环境保护与修复、加强水源岸线及采砂管理、加强行政监管与执法、落实河库保护管理制度及法规等。

## 三、那威村河长制分析

### （一）主观架构与文化误导：重叠的表象

在笔者初入田野时，得到的信息呈明显的不同：与"官方"（镇政府、村委会）的交流，显示河长制的管理实施方案、成效等运行正常（实际上也如此）；而在田野访谈（对象主要是当地村民）中，那威村大部分村民对本村的河长制了解泛泛，甚至有许多常年在村里生活的人表示从未听说过村里存在这样一种制度。

> 河长制？没听说过。我在这个村子从小（长）到大，没见过也没听过有这样的东西（制度）。村口是有一块牌子，我不识字，平时也不会去看……①

随着田野的深入，笔者发现这种对立重叠的表象的呈现其实存在着两种内因：主观架构与文化误导。

在田野调查的初期，笔者的重心主要在对当地政府以及对当地文化背景的考察：

首先通过对镇政府乃至村委会的走访，了解到当地政府对河长制的解读。笔者在潜意识里进行了主观的架构：据此推断它在那威村的知名度应该甚高。那威村临河的入村大道上，赫然树立着一块"河长公示牌"，上面标着河道起止点、各级各段河长与管理人员等信息，这又是对笔者上述推断的有力论证。

---

① 访谈时间：2019年7月16日；访谈对象：LWM，64岁，那威村居民。

图 1　村口的河长公示牌

其次则是从不同访谈对象中收集当地的一些有关治水及水资源保护的文化线索。其一，通过对 T 镇历史的了解得知，这个地名在当地是与治水有关的：很久以前这里水灾泛滥，传闻有恶龙在大通河作祟，后有一得道高僧路过此地降服了恶龙，并建造了 108 座佛塔来治水。其二，那威村所辖河段是"引大入秦"工程首渠，而该工程开始于 20 世纪 90 年代左右，距现在已有近 30 年的历史。作为调水工程首渠流经的地段，这里对水资源理应有相当程度的重视。

然而在初入那威村进行访谈时，笔者却得到了与上述情况相反的解释。原因之一是上述"情况"来自笔者的主观架构，而这是对"权威性"的趋从——笔者认为"官方"（镇政府及村委会）代表着权威，因而他们提供的信息更具有信度。另一个原因则是笔者受到了文化误导。

镇子上有没有那种治水的文化我不知道。这个村子（那威村）原来不是 T（镇）的，是当年解放战争的时候，青海西宁那边的人为了逃避军阀马步芳迁移来（组成）的。①

据此笔者了解到：那威村本不是 T 镇的原属村，是在解放战争时期大量从青海西宁迁居于此的人组成的移民村，因而关于治水传说的文化因素并不应应用于那威村。尽管那威村位于"引大入秦"的首渠，但是多年来关于治水的意识，只停留在修堤。

当这二者交织在一起，便形成了笔者在田野调查初期的困惑或者说观察到的表象：当地政府与民众在解读河长制时的不同。

### （二）因地制宜与基层智慧：表象的构成逻辑

要解决上文有关表象的问题，必须对那威村河长制有更深入的了解。河长制是由各级政府主要负责人担任河长，以及进行相应的管理和落实工作的制度。在2016 年中央全面推行河长制后，各地因地制宜实施具体政策，因而落实到 T 镇，甚至到那威村时，在执行之中也有"因地制宜"这一内在要求。然而这种制度面临缺乏资金的困境。就 T 镇而言，河长制是义务性的，管理和工作人员并没有薪资或者补贴。这一情况使得那威村村委会在推行中面临如何调动人员积极性的问题：一方面这是义务性的，另一方面村中留下来的多是文化水平较低的人和老人。

考虑到这些因素，那威村村委会结合本村情况，发挥了基层组织的领导智慧：在领导人员的设置中，尽可能地选择党员以及在村里事务中经常表现积极的人；而在执行时，结合当地的卫生清扫制度，即将河道也划分在卫生清扫范围内，实质上把河长制与原本的卫生清扫制度合二为一，形成了一个新的卫生清扫制度。这里值得一提的是，当地的卫生清扫制度实际上是一种"以工代账"式的脱贫攻坚制度，绝大部分的工作人员（卫生清扫员）都是当地的贫困户，享有国家扶贫专项资金。

---

① 访谈时间：2019 年 7 月 24 日；访谈对象：ZHP，那威村支书，村级河长。

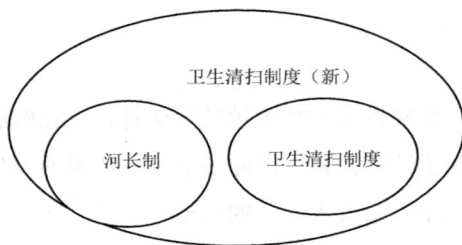

图 2　河长制示意图

当地政府将参与卫生清扫纳入了扶贫专项资金的申请当中，因而在河长制的推行中有关资金缺乏进而影响积极性的问题也得到了较为妥善的解决。那威村共有两个村民小组，共有十一个联户长，在进行河长制管理时，每个联户长分别带领十户农户，分片区、分时段进行河道管理有效组织了管理人员。至此，原有的制度基本都在河长制的运作中被联结起来，相互补充，相互制约。

暂且不论其他的制度，就河长制而言，在这样的推行中，在一定程度上提高了效率。

（三）"隐性过滤"

那威村河长制是一种约定俗成的制度实施过程，然而，从互动的维度来看，这是一种由中央政府、地方政府①以及基层民众三者组成的垂直互动形式。其构成可简单抽象为"中央—地方—民众"的互动链，传递方向是由中央开始至基层民众，尔后开始循环的。

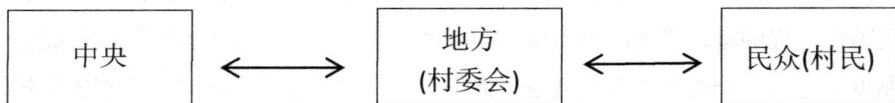

图 3　互动链示意图

借助这个链条我们可以发现，"地方"是一个关键的衔接点，它包含了两个任务，其一，中央下发全面推动实施河长制的文件，地方接收后领会精神，然后

① 下文除特别说明外，均用"地方"这一说法。

结合实际情况进行落实。按笔者的理解，在落实部分，地方一方面需要将中央（国家层面）的生态环保意识传达给民众；另一方面，也需要借此调动民众的积极性，从而更好地完成中央下达的任务。其二，地方需要将民众在整个过程中的反应传递给中央。根据前文所述的表象，笔者认为其内在逻辑是地方采取了"隐形过滤"的策略。尽管那威村河长制较好地完成了任务，但基层民众并没有体会到河长制的环保意义。

## 四、中央、地方与民众：两种并行逻辑

### （一）中央、地方的逻辑

#### 1. 中央政府的逻辑

我国的环境污染与生态破坏等问题日益严峻。在水资源方面[①]，现代化社会生产生活中各类污水不合理排放，管理部门监管不足，导致水资源污染较为严重，水资源利用更加紧张。水是生命之源、生产之要、生态之基，水资源作为河湖水系的重要载体，对于支撑区域发展、保护生态环境具有十分重要的作用，因此科学合理地管理河湖不仅事关人民群众福祉，更关系到中华民族的长远发展。在先前试点经验的基础上，2016 年 12 月，中共中央办公厅、国务院办公厅印发了《关于全面推行河长制的意见》（以下简称《意见》），并发出通知，要求各地区各部门结合实际认真贯彻落实的任务具体包括资源保护、岸线管理、污染防治、环境治理等。

《意见》还要求建立河湖管理保护信息发布平台，通过主要媒体向社会公告河长名单，在河湖岸边显著位置竖立河长公示牌，主动接受社会监督。这是国家在拓展公众参与渠道，营造全社会共同关心和保护河湖的良好氛围。

---

① 以下关于我国在水资源保护方面的信息引自姚玲：《水资源开发利用与生态环境保护相关问题探究》，《湖北农机化》2019 年第 14 期，第 23 页。

### 2. 地方政府的逻辑

> ……我们也想把这个文件推广下去……我们这地方太穷了，这么长时间一直是贫困村，村里没有钱，镇上也没有钱，我们要调动（村民）积极性……①

> 河长制是义务的。我们这里是贫困县，财政紧张，县上、镇上也没有专门的资金支持，最多也就是给联络员补贴点儿通信费，就是电话费，差不多一个月五十元这样。②

这两则访谈，前者是那威村村级河长，也就是主管河长的表述；而后者则是负责那威村河长制的当地的一位镇级河长（副镇长）的表述。据此，笔者发现，财政拮据是河长制在运行中所面临的一个棘手的问题。地方，即镇政府和村委会要推行政策，并且要在能力范围内较好地完成。然而，面对财政拮据和调动村民参与热情的实际情况，他们采取了前文所提及的"基层智慧"。

### （二）权威、自我利益与公共生活——村民的逻辑

### 1. 对权威与自我利益的遵从

> 这个制度就是用来保护环境的嘛。平时我们工作量说大不大，说小也不小……但是干起来还是挺辛苦的，捡河边的垃圾，河里有的话也要捞出来……这个河道是二三十年前挖的，挖完之后也就挖完了，也没见有人管理，不过也没发生过啥水灾啥的灾害。③

> 我在村子里生活了几十年了，我生下来就在这个村子，从来也没有听说过（河长制）……村里这几年有卫生清扫，挺好的，有补贴，就是事挺多的。村里这个河是很早前，具体时间我记不清了。二十多年吧，那时候修建的……以前也

---

① 访谈时间：2019 年 7 月 24 日；访谈对象：ZHP，那威村支书，村级河长。
② 访谈时间：2019 年 7 月 24 日；访谈对象：ZD，T 镇副镇长，那威村镇级河长。
③ 访谈时间：2019 年 7 月 20 日；访谈对象：ZXDL，那威村上社联户长。

就是修修堤而已。①

通过以上了解河长制的村民与不了解河长制的村民的对比我们可以发现，作为河长制的直接参与者，村民们对这个制度了解泛泛，他们之所以会配合村委会实施，完全是出于两方面的考虑：一是对政府权威的遵从，二则是利益（经济方面）所趋。从这两则访谈中也可以看出，村民还没有形成对水资源、对环境保护的经验和意识。

### 2. 公共生活的参与

自从村里有了卫生清扫，人们见面的次数就多了起来。现在村里的年轻人大部分都出去打工了，也就我们这些老人留下来了。平时也就在家带带孩子，偶尔到地里（干活）……大家就边干活边聊嘛，这家长那家短……比在家看电视快活多了，在家里多寞。②

我们干活的时候也不怎么累，大家都是熟人，边唠嗑边干活。有一次（干活时）大家都高兴，还一块儿唱歌呢。③

除了上述两条访谈，笔者初次到那威村，就看到有五六个大姐大妈在清扫大街，一边干活一边有说有笑，氛围甚是活跃。村里的年轻人大多都外出打工了，留在村里的多是老人孩子等劳动能力相对不高的人群，除去劳作、上学等必要活动，村民们更多的是待在家中打发空闲时间。这样的生活并不是他们想要的，他们也希望多些社交。在那威村这样一个公共生活因人口结构变化而渐趋萎靡的情况下，河长制为村民提供了一个沟通交流的平台。

### （三）制度实施的刚与柔

出于财政拮据与调动参与积极性的缘故，地方政府发挥了因地制宜政策的内

---

① 访谈时间：2019 年 7 月 18 日；访谈对象：WC，那威村村民。
② 访谈时间：2019 年 7 月 19 日；访谈对象：LK，那威村村民。
③ 访谈时间：2019 年 7 月 8 日；访谈对象：WCX，那威村村民。

在要求与基层管理的智慧，客观上进行了"隐形过滤"。而村民们，由于有政府的推行、自我利益的满足以及参与公共生活的内在原因，对于制度的实施也就依照政府指示做了。这样的结果就是，河长制在当地实施效果良好——多次受到过市县级河长办公室的嘉奖。

从河长制本身来讲，它是国家的一种环保制度，代表了国家在社会治理中的刚性因素。而地方政府则采取了因地制宜的柔性措施来具体实施。

## 五、项目制：一种解决途径

笔者发现那威村河长制还存在基层民众未能体会到河长制的环保精神的问题，因此提出"项目制"的方案。

首先，从概念上来说，项目制不单指某种项目的运行过程，同样也不单指项目管理的各类制度，它是一种能够将国家从中央到地方的各层级关系以及社会各领域统合起来的治理模式。项目制不仅是一种体制，更是一种思维模式，影响决定着国家、社会集团乃至具体的个人如何构建决策和行动的战略和策略。[①] 在这种架构下，它满足了河长制约束条件——资金以及明确预期目标——环境治理以及其意义的传播与深化。

其次，从实践的角度讨论。项目制的执行过程简而言之即为三步："发包""打包""抓包"，运用于河长制，优势主要在于动员的机制。先让我们探析资金的解决。由地方政府与社会合作"发包"，可以依据实际情况调节地方政府与社会的出资比例；同时，可以获得社会在不同方面的支持，如在技术、人才方面，可以让社会拥有相关经验、技术的人员参与进来；同时，与地方政府合作的另一方能够在社会上对此进行宣传，项目的影响范围也将扩大。而在实践中，由于项目制在资源分配模式和动员程序（以项目为导向、人员对项目负责）方面的优势，提高了执行的效率。这样的情况下，资金问题得到解决后，既能调动民众的积极性，又能让民众看到参与这个项目的环保意义。

---

① 渠敬东：《项目制：一种新的国家治理体制》，《中国社会科学》2012 年第 5 期，第 113—130 页、第 207 页。

　　最后，则是对于河长制进行项目制实施的说明。第一，用项目制打破常规的、稳定的制度化运作模式，是否有利于长久的治理，尚值得商榷；第二，项目制的实施可能导致资源分配不均，势必会阻碍公共服务在基层公平及公正的提供。

# 指导意见

兰州大学

谢冰雪

在 2019 年 7 月，我们兵分两路带队兰州大学 2017、2016 级民族学班分别进入青海同仁、甘肃天祝进行田野实习，每个学生都为自己的研究议题的确定而绞尽脑汁。2017 级学生所在的田野地点——青海同仁不仅因为热贡唐卡而驰名中外，而且每年在湟水流域各村庄举行的"六月会"也吸引了众多中外人类学家、民俗学家以及游客等前来研究与观赏。很多学生便将研究议题聚焦于唐卡制作、技艺传承，"六月会"的仪式过程等方面，而雷杰同学敏锐地观察到"六月会"活动是由当地藏族社区较为独特和传统的民间组织——"沙尼"来组织和管理的，但学术界对此的讨论尚属空白，于是和我商议将选题聚焦于沙尼研究的可行性。

听到这个选题，让我眼前一亮。十多年前还是学生的我在甘南洮河沿岸的藏族村寨调查"沙尼"时的经历历历在目。沙尼组织作为藏族传统部落的最基层组织形式，在半农半牧地区由于生计方式的差异而产生了差异化的发展形态，而对沙尼的研究是我们深入认知当地藏族农村社会及其运行逻辑的很好的切入点。不过当今对它的研究仍处于起步阶段。如果能够对青海同仁的沙尼展开调查，一方面能够和以往研究进行比较分析，从而扩充沙尼的知识地图，对河湟流域藏族的传统组织形态有更深入的认识；另一方面，从传统民间组织和当代基层自治组织——村委会的关系互动进行考察，能够为当前民族地区农村社区治理的路径提供借鉴方案。所以，这一选题是非常有学术价值和现实意义的。

作为以民间组织为主题的田野调查，雷杰同学能够抓住组织调查的核心，对组织的结构、组织的规则以及组织在日常生活中的运行等层面进行细微地观察，并能够通过规范的学术语言将其全面呈现。更重要的是她抓住了"六月会"这样一个事件，采用"事件—过程"法将这个过程中沙尼如何和村委会进行互动的细节进行呈现与讨论，在显现沙尼的真实形态的同时，也为我们呈现出在社区运行和管理中地方社会多种力量如何和谐发展的西北做法。

所以，作为一个基于本科田野实习基础上所精心撰写的学术论文，该论文在论文选题、资料获取以及论文撰写等各个环节全部合乎民族学专业的学术规范和专业要求，是一篇较为优秀的本科论文。当然，在论文的讨论深度以及理论对话的能力方面还有很大的提升空间，这也是作者接下来继续深造的学术动力。雷杰同学拥有敏锐的学术感知能力和优秀的写作能力，相信这篇小论文只是开始，在今后的学术生涯中，只要孜孜不倦的努力，她的学术道路会非常宽阔和久远。作为青年教师的我们也为能够培养出更多优秀的学术新人而感到骄傲。

# "平行"与"互嵌":吾屯上庄村沙尼组织与村委会的共治关系研究

兰州大学历史文化学院 2016 级本科生　雷　杰

指导老师　谢冰雪

**摘要:** 在吾屯上庄以父系血缘关系形成的沙尼组织,在村民日常的"社会化"与"文化化"生活中发挥着重要作用,而村委会则在受到国家管理的公共领域内发挥作用。两者在不同的领域中相互"平行",同时在某些事务的处理中,两者也在人员、规范、事务等方面形成了"互嵌"关系,但在这种"互嵌"关系中仍然存在"空隙"。在当前农村的治理中,需要注意尊重传统民间组织的力量。

**关键词:** 村庄治理;沙尼;传统组织;互嵌

## 一、绪论

### (一)选题缘起

第一次来到吾屯,从处于路边的吾屯上寺进入吾屯上庄,稍走几步便可以看见位于寺院后方、正处于村庄中央的村委会。碰巧在村委会旁边遇到一位六十六岁的老爷爷，他戴着一项礼帽，肤色黝黑，正坐着抽烟并和小卖铺的大哥聊天，从他的人生经历到他对土族身份的看法，到村子里现今的教育和发展情况，最后谈到"六月会"，爷爷的表述引起了我的兴趣。

（六月会）有专门负责的人，我们庄子里面有4家，今年你管，明年我管。这一家里有40家，其他人坐着看就行了，大家轮着来。过年的时候也有人管。如果庄子里有人吵架，那就由全庄子出面。庄子里面规矩多。庄子给年轻人下命令，就要照做。调皮的人也有。管事的人叫去哪个家里帮忙，规定是全庄子都过去。今年的事情成不成他们家要管。几百年以前就这样了，他们管，其他人要听话。①

从这段描述中可以隐约发现本村有一种独特的管理和运行方式，这种方式使得村民依据规定开展传统节日活动、调解纠纷矛盾、互帮互助和维持村庄内的秩序。后经调查得知，这种组织被称为"沙尼"（拉丁转译：Sha Nye）。

这引发了我更多的思考。村委会作为我国农村行政村一级的由村民选举产生的群众性自治组织，在我国农村的运行和管理中发挥着重要的作用，而沙尼又是什么？在前期的调研中发现沙尼组织的一些功能似乎与村民委员会的功能十分相似并有所重合，那么它和村委会是怎样的关系，在日常生活中又怎样发挥作用？这成为我研究的主要议题。

## （二）相关研究综述

### 1. 传统民间组织与村委会关系研究

在我国农村存在着各种传统的民间组织，它们曾经在社会发展的各个方面都发挥着作用。随着我国在地方进行基层自治的建设，村委会与各地传统民间组织的关系成为一个十分重要的问题。在有关传统民间组织与村委会关系的研究中，学者主要有以下的观点或结论。

一种观点是传统组织与村委会没有紧密联系，但是为了更好的基层治理应该想办法利用传统组织的力量。如甘南夏河县"拉德四部翼部落委员会"是在部落

---

① 访谈时间：2019 年 7 月 16 日；访谈对象：DK，66 岁，曾做雕塑。

基础上形成的组织，熊征对其进行考察后认为这一委员会具有纠纷解决功能、伦理教化功能、社会整合功能，而在地方政府认可的基础上，民众的"权威认同"使得其能够发挥作用。这是作者所认为的能够实现共治的基础，但目前两种组织在实现"共治"基础上的"善治"存在问题。① 宗族是南方汉族村庄中普遍存在的传统组织，郑永军以广东和江西的两个宗族村庄为例，认为宗族组织内生性强但是公共性弱，村委会应当引导宗族力量扩大公共性来发挥其治理作用，从而成为国家和乡村的联结，化解乡村治理的"原子化村落"困境。② 寨老制是桂北苗族地区历史上长期存在的一种民间管理体制，寨子的大小事务由群众公认和信赖的寨老执行，对村庄事务的调解、教化有着重要的作用，蒋霞认为需要在村两委的作用下使寨老制度发挥辅助管理的作用。③ 这类研究从国家对基层治理的角度出发，将村委会放置于基层治理的中心地位，认为如不进行良好的引导则可能会导致两者的对立。

另一类研究认为传统组织与村委会在基层是具有密切联系的。如赵志浩对祁连县的传统部落组织与现代权力组织进行研究后认为部落组织在国家权力组织建设之后发生了断裂，但是也与国家权力组织在人员、运行规范上面发生了"耦合、嵌入"。④ 陈文琼则从精英治理的角度考察了在村庄中作为传统民族精英的寨老和作为制度精英的村主任、村支书，在民族文化和身份认同中发挥出了契合性村庄治理效应。⑤ 朱炳祥从周城白族火把节这一仪式的微观视角，认为村治权力体现了国家权力的基本形态，但村治权力中国家与民间社会并不是对立的，因为民间社会传统的限制，其在民间社会的作用存在阈限，但村治权力往往在国家与民间

---

① 熊征：《乡村多元共治视野下的传统社会组织复兴》，《藏学研究》2018 年第 4 期，第 160—162 页。

② 郑永军：《农村传统组织的公共性生长与村庄治理》，《南京农业大学学报》2017 年第 2 期，第 50—57 页。

③ 蒋霞：《少数民族传统社会组织与村政组织在社会主义新农村建设中的和谐模式探讨》，《广西民族研究》2011 年第 3 期，第 81—82 页。

④ 赵志浩：《从传统部落组织到现代权力组织的变迁》，博士学位论文，兰州大学历史文化学院，2019 年，第 231—234 页。

⑤ 陈文琼：《传统民族精英与制度精英在村治中的契合性作用》，《贵州民族研究》2014 年第 8 期，第 50 页。

之间进行协调并实现有机融合。① 还有一些学者则以地缘或血缘为基础的农民认同与行动的单位来与村庄治理相联系，不同的认同与行动单位会与村委会的治理有着不同的互动和影响。② 这类研究关注到传统组织与村委会并不是完全分离和对立的，在人员构成、组织过程、传统规范上两者是一致的，并且在某些方面会相互调整，实现"有机融合"，但并未指出在两者并行发展中存在的问题。

### 2. 传统民间组织沙尼的研究

对藏族部落的研究较多，但多是从历史和部落结构的角度去研究，也很少涉及沙尼这一层级，有关沙尼的研究较少。桑才让对海东藏族村落的沙尼进行研究，认为其是一种由血缘关系结成的民间互助性组织，有减轻生活压力、维护稳定、情感交流、调剂劳动资料的作用。③ 谢冰雪对甘南卓尼的沙尼从历史发展、结构类型、现实情境中的实践及其在近年来的发展进行了研究，认为沙尼是"扩大的家族"，并且也突破血缘的限制在整个社区中作为一种社会组织发挥着社区整合的作用。④ 关于国家力量与沙尼组织的具体运行，该作者分析了中华人民共和国成立至今基层政权建设下沙尼组织的变化，提到了村委会和沙尼各有所管理的范围，但讨论的重点集中在沙尼组织本身。⑤

从上述可以看到，两种不同研究传统组织与村委会关系的视角得出了两种不一样的观点，中立的视角更有利于看到传统组织和村委会之间的深层关系。在这些研究中，传统组织的历史与文化背景都受到了关注，组织的结构功能是研究传统组织必不可少的一部分。在沙尼组织研究方面，对吾屯还没有相关研究。因此本研究将对吾屯沙尼组织的研究做一定补充，并以中立的视角观察传统组织与村委会的关系，对在这样的藏文化浓郁的土族社区进行治理提供经验。

综上所述，本研究首先将对吾屯上庄的沙尼组织的结构及其日常运行与代表

① 朱炳祥：《村治权力与仪式变迁》，载《人类学与当代中国社会：人类学高级论坛 2002 卷》，第 221—233 页。

② 贺雪峰编《村治模式》，山东人民出版社，2009，第 30—34 页。

③ 桑才让：《青海海东藏族村落中的"夏尼"初探》，《青海社会科学》2004 年第 4 期，第 132 页。

④ 谢冰雪：《扩大的家族——洮河流域藏族传统民间组织的沙尼调查》，博士学位论文，兰州大学历史文化学院，2010 年，第 179—183 页。

⑤ 谢冰雪：《扩大的家族——洮河流域藏族传统民间组织的沙尼调查》，博士学位论文，兰州大学历史文化学院，第 69—79 页。

国家力量的村委会在村内的活动进行分析，然后分析两者发生作用时的关联和关系，最后将对我国在基层如何处理传统民间组织与村委会间的关系问题以吾屯上庄的案例为基础来回应。

### （三）田野点简介

吾屯上庄村是青海省同仁县隆务镇下辖行政村，位于隆务河东岸，同仁县城以北，与吾屯下庄村、加仓玛村为邻。全村总人口 1224 人，大部分为土族，有少数外地嫁入或入赘的汉族、藏族或其他民族人口。其中中共党员 34 人，劳动力人数 756 人，村干部 21 人，分为 6 个大队。耕地面积 840 亩，农作物有小麦、马铃薯，经济作物有油菜等。产业主要以租赁为主，没有村办集体企业，有个体工商户 110 余户，村级集体经济是土地租赁、光伏扶贫电站。2018 年农民人均纯收入为 9218 元，以唐卡绘画、务农收入为主。① 几乎没有外出务工人员，村庄人口流动性低。男性多在初中毕业或未毕业就学习唐卡绘画，大都从 15 岁开始，到 40—50 岁左右视力下降难以绘画后不再画唐卡。女性负责家务和大部分农活，也有部分女性画唐卡。女性在年老之后则不再管理家务，多到村里玛尼康中念经参加宗教活动。藏传佛教和山神信仰是村民的主要宗教信仰。2019 年 7 月 14 日至 7 月 27 日，笔者在本村中进行了为期 14 天的田野调查，主要调查方法为参与观察和访谈。

## 二、村庄传统组织：沙尼

沙尼是一种在藏区广泛存在的社会组织形式，各地的沙尼在形态上稍有不同，但总的来说多数沙尼的发展过程与血缘有着密切关系。谢冰雪在其关于洮河流域沙尼的研究中就发现当地存在"亲房沙尼""田地沙尼"和"新型互助沙尼"三种类型的沙尼。② 桑才让在海东藏族村落发现的沙尼在当地也是"亲戚""家伍"

---

① 部分资料于由隆务镇政府于 2019 年 7 月提供。
② 谢冰雪：《扩大的家族——洮河流域藏族传统民间组织的沙尼调查》，博士学位论文，兰州大学历史文化学院，第 28—30 页。

的意思。[①] 在吾屯上庄,"沙尼"也叫"措哇",并与汉语"部落"相对应,也有
村民认为其与汉族的"家伍"是一个意思。沙尼内部的成员都是亲戚关系,因此
就不存在"田地沙尼""互助沙尼"的类型。吾屯上庄共有四个沙尼,汉语音译
分别为"宗措"(拉丁转译为 tsong tsho)、"热措"(拉丁转译为 rwa tsho,又称
"热贡玛",拉丁转译为 rwa gong ma)、"益措"(拉丁转译为 gyas tsho)和"本措"
(拉丁转译为 dpon tsho),村民各自属于一个沙尼。与吾屯上庄相邻的吾屯下庄、
加仓玛、霍尔加三个自然村也有沙尼组织。下庄与上庄不同的是,下庄整个村子
又分为四个庄子:铁匠、李家、侯家、大城,在四个庄子里各有多个沙尼。

## (一)沙尼的结构

### 1. 沙尼的内部结构:沙尼与捆赞

在沙尼内部,人们之间的关系并不是均匀的,沙尼内亲戚关系较近的家庭组
成一个"捆赞"(音译,拉丁转译为 Khu Tshan),藏语意为"堂房",同堂叔伯兄
弟的总名。在村民看来,捆赞是指亲戚关系很近的人。以热贡玛沙尼为例,在热
贡玛内部有三个捆赞,一个捆赞里有多个家庭,从访谈情况来看,家庭户数几户
到 20 户的都有,但户数过多就会进行进一步的分裂。报道人 QD 为我描述了他的
捆赞的情况:

我们捆赞现在一共有 12 户,原来是四个家里分出来的。我爸爸是倒茶的(入
赞),我有两个姐姐一个妹妹,一个姐姐嫁出去了,另外两个都招了。另外三个
家有一个家里有两个女儿,都出嫁了,还有四个儿子;有一个家里有一个女儿出
嫁,还有两个儿子;还有一个家里就是一个儿子,一个女儿找了倒茶的。

我有三个孩子,一个姑娘两个儿子。我有两个姐姐一个妹妹一个兄弟。嫁出
去的姐姐就不属于这个捆赞了,招的女婿就还属于我们捆赞里面。我们兄弟姐妹
原来是一个家。这是我们分出来的新家。我的妈妈跟她的兄弟姐妹有关系。知道
名字是因为法会的时候会念名字。我们不像你们知道自己的家族,我们爸爸妈妈
的关系没有问过,也不知道。

---

① 桑才让:《青海海东藏族村落中的"夏尼"初探》,《青海社会科学》2004 年第 4 期,第 132 页。

有的人没有捆赞，他们就自己组织捆赞，这种只有一两家。他们就组成了一个捆赞，可能是因为家里没有其他孩子。①

调查中发现当地人普遍对亲缘关系不敏感，超过三代基本就很少有记忆，三代内的亲戚很多也十分模糊。报道人 QD 对于上一辈只记得自己的父亲是入赘到母亲家里的，另外大家庭（这是笔者的称呼，报道人并没有提出大家庭的概念）3 和 4 的母亲有关系，不记得大家庭 2 的父辈与其他几个大家庭的父辈有什么关系，只能肯定原来是一家的，因此笔者推测本捆赞的父辈为三个姐妹和一个兄弟构成（见图 1）。这是这个捆赞家庭的基本情况。热贡玛沙尼的另外两个捆赞的情况与此基本相同。除了以亲属关系形成的捆赞，也有自己结成的捆赞。本村两个没有捆赞的家庭，为了方便就结成了捆赞。

从其表述中也能够推导出捆赞和沙尼的边界所在，外嫁或入赘到其他捆赞或者沙尼的人不再属于本捆赞而属于对方捆赞和沙尼，与之对应的是嫁入或者入赘至本捆赞的人就属于本捆赞和沙尼，出家人仍属于自己的捆赞。

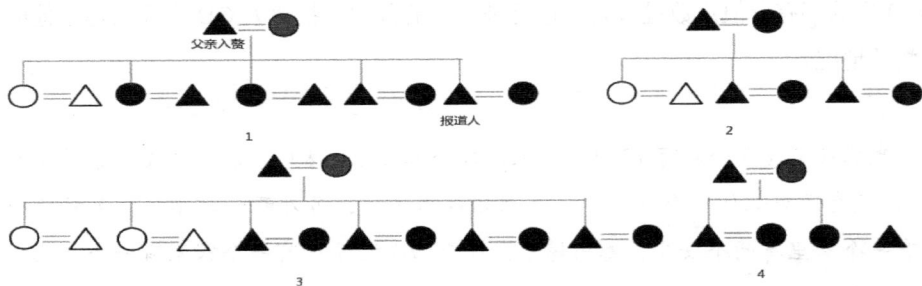

图 1　QD 的捆赞示意图（深色符号表示属于本捆赞的人，白色表示非本捆赞的人）

大家伍就是沙尼，亲家伍就是捆赞。（我的捆赞）以前是 26 家，现在分成两个了。分的时候就是亲家伍分成两半，分开的就不来了。原先亲家伍太大了，26家的话就是干活的人太多了不方便，没有责任，分开的话你把你的事情干了我把

---

① 访谈时间：2019 年 7 月 21 日；访谈对象：QD，50 岁，农民。

我的事情干了，就可以了。人多就是什么事情都没有责任。捆赞就小得很。①

捆赞也被称为"亲家伍"，沙尼也被称为"大家伍"。捆赞的户数发展到一定数量就会分裂。分裂的原因是为了办事、互相帮忙比较方便；分裂的原则，因为是一个家里分出来的多个兄弟姐妹的后代，在访谈中并没有得到确定的原则的概念，但多表示当捆赞里的户数多了之后就会分，这与捆赞的运转、功能有密切关系；分裂之后就不再需要管对方捆赞的事情，就仅仅是一个沙尼中的人。较为特殊的是本村最大的沙尼宗措分成了三个小单位，一个叫"换仓"（拉丁转译为dpon tshang），有"洪布"（拉丁转译为dpon po）也就是曾经的头人，另两个是为头人家族服务的，这三个小单位里面分别有多个捆赞。其他三个沙尼中没有这样的小单位，只包括多个"捆赞"。

由此可以看到沙尼和捆赞都是以父系亲属关系为基础形成的组织，但捆赞是由与自己亲戚关系最近的一些家庭共同组成的，捆赞以外的同沙尼的人则亲戚关系比较远。也就是说，一个沙尼里面包括多个捆赞，每个家庭都只属于一个捆赞和一个沙尼。随着家庭人口的繁衍和不断的分家，捆赞会不断分裂成两个捆赞，沙尼的规模也不断扩大，但在调查中并没有村民认为沙尼发展到一定程度会分裂。

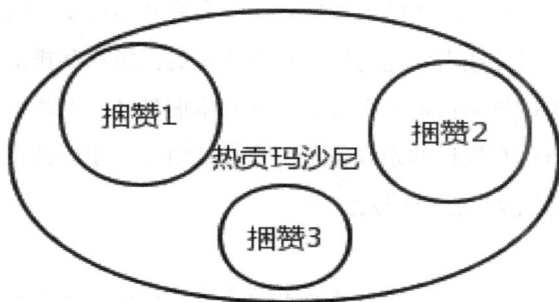

图 2　沙尼示意图

---

① 访谈时间：2019 年 7 月 24 日；访谈对象：QRCR，35 岁，唐卡画师。

### 2. 沙尼的外部结构

上庄村共有四个沙尼，一同构成了整个村子。吾屯上庄和加仓玛在宗教上一同属于吾屯上寺，新中国成立前，吾屯下庄、吾屯上庄、加仓玛和霍尔加还一同归一个洪布管理，这个头人所在的家族便是宗措沙尼中的"换仓"。在"六月会"和祭祀山神的仪式中，该家族至今仍然享有传统的特殊待遇。

### （二）沙尼的运行

### 1. 沙尼内部的运行

捆赞到沙尼的组织结构确定了村子内部的隐含界限，这种边界框定了人员的范围，在捆赞和沙尼内部的人员因其血缘亲属关系、传统的互助习惯而联系十分紧密，身份归属与其所具有的权利和义务相匹配。

不允许外地人到村子里来住，在旁边盖房子也不行。这里只有四个沙尼，外地嫁过来的或者入赘可以，但是不准整个家庭来。租房子可以，但是不属于村里人。这个村子的人，所有的活动都参加，你家出了事情所有的人也都来帮你，比如说出了车祸什么的就去给你帮忙。①

上庄的村民必然属于一个沙尼和捆赞，不允许和不接受不通过婚嫁进入上庄的外来人在此长期居住或者修建房屋，具有严格的固定性和排外性。沙尼的人也必然要履行其在本捆赞和沙尼的义务，并享有本捆赞和沙尼的特殊支持。捆赞作为亲家伍，其成员都有较近的亲属关系，在有红白事、矛盾冲突、突发情况的时候首先互相帮助的就是同捆赞的人。

沙尼下面有一个捆赞，捆赞就是个人的亲戚，最亲的一些人。比如说我们家里办婚事，反正捆赞里年龄比较大的人都来了，要嫁女儿就问这个女儿要嫁到哪里去，这个尕娃怎么样，大家一起商量。这些红白事情和汉民基本一样。送葬的

---

① 访谈时间：2019 年 7 月 21 日；访谈对象：QD，50 岁，农民。

时候完全由捆赞管，要什么东西、有哪些事情要办，就是捆赞在帮忙。[①]

有人提亲就必须经过捆赞同意。提亲就是男方带哈达和酒，通知捆赞。当时商量的事情很多，酒瓶不能随便开，酒瓶开的意思就是所有的事情都答应了。必须由捆赞那里面年龄最大的那个人开，一个人不同意就不能开。第二次再通知沙尼来喝酒，之后就基本上就定了。[②]

捆赞家里有人去世了，那家的人就什么都不用干了，只要坐在屋子里面，其他的事情都是捆赞帮忙做。去世的那几天，念经的日子，念经完了就结束了。我们捆赞以前里面有四家，现在有十二家。60多户分别是三个捆赞。如果捆赞小的话，事情做不了，就沙尼来做。[③]

家中有红白事的时候，本捆赞成员是首先应该提供帮助的人，包括婚事的确定、婚礼和丧礼的准备、丧礼期间的事务，都由捆赞的成员来完成。在捆赞之外是沙尼，有捆赞不能处理的事情时就由沙尼处理，沙尼的人也需要参加本沙尼的家庭的红白事等。除此之外，传统上捆赞和沙尼还有对财产的管理权力。

捆赞（的某个家庭）如果断了香火，他们的财产就属于捆赞。办后事没有钱，捆赞和沙尼来出钱。嫁出去的女儿没有权利，她就成为那个捆赞的了，没有分割财产的权力。[④]

与汉族家族相似，从亲密的亲戚到一般关系的亲戚，捆赞内的人互相提供最直接的感情与物质的支持，当捆赞内处理不了时则由沙尼一起来处理，体现了捆赞和沙尼的情感支持、互助和社会团结的功能。

---

① 访谈时间：2019年7月20日；访谈对象：DSQM，67岁，退休教师。
② 访谈时间：2019年7月21日；访谈对象：QD，50岁，农民。
③ 访谈时间：2019年7月21日；访谈对象：QD，50岁，农民。
④ 访谈时间：2019年7月21日；访谈对象：QD，50岁，农民。

### 2. 沙尼外的互动

当某一事件的影响超出捆赞时，沙尼或者"庄子"（自然村）就成为更大的互动单位。在这更大的单位中，人们产生合作、冲突等关系。

> 家伍里面出现坏事……家伍就打官司……需要赔钱，家伍的人就分担，家伍的人分担不了那就全庄子帮忙。一个家伍的，有一个人死了，家伍就要去帮忙解决困难，我们的家伍就是这样。①

这个示例所描述的情况在新中国成立前十分常见。村民认为那个时候很乱，容易发生打架、吵架的事情，现在严重的恶性事件很少，但是也有一些突发状况需要沙尼和庄子的人出面处理。

> 我们这边的一个邻居，他回来的时候，碰到一个骑摩托的人，死了，（骑摩托的）是另一个庄子的，到现在事情还没有说清楚。他们要 100 万，后来降到 50 万。我们这边说同仁地区的赔偿最多就是 30 万，他们不同意。我们说如果我们出 50 万，那以后所有的这种事情就都要涨到 50 万……但是同仁整个汽车司机都（愿意）涨到 50 万吗？赔偿 30 万原来出过一次，在同仁地区。这个事情还没有解决。捆赞出一部分，朋友们出一部分，沙尼就没有。②

这起车祸事件牵涉到另一个庄子的人，因此在赔偿价格调解的时候由沙尼的"看郭瓦"和庄子里有威望、讲道理的人出面去与对方庄子的人进行交涉，而非事故责任人自己。在调解中面对赔偿价格的争议，上庄人显示出对村庄及整个地区习惯的顾忌，认为不应该改变惯例进行赔偿，这反映了沙尼和整个庄子在超出本庄子范围的事件发生时维护自身利益、维护地方稳定的作用。在村民有事情的时候，村民也往往先找自己的捆赞和朋友解决，解决不了再找沙尼的人，然后再找全庄子一起来解决。除了纠纷事件之外，吾屯上庄村及其周边有许多传统节日

---

① 访谈时间：2019 年 7 月 18 日；访谈对象：RC，71 岁，商店经营者。
② 访谈时间：2019 年 7 月 20 日；访谈对象：CRDQ，67 岁，退休教师。

也会涉及沙尼间的互动，这种互动多通过"看郭瓦"的管理来完成。

### （三）以沙尼为基础的"看郭瓦"管理

"看郭瓦"（拉丁转译为 kha mgo ba），原意是指排顺序的人，按照顺序管事的人，当地人解释其意为"管事的人"，是负责组织管理三年内沙尼内部事务的人组成的单位，吾屯、加仓玛和霍尔加都有类似的组织。在吾屯上庄，每个沙尼内轮流由年龄在 50 岁上下的三到四个人组成看郭瓦，现今他们主要负责管理本沙尼三年内的以传统节日为主的事务。村内的四个沙尼则每年轮流，由一个沙尼的看郭瓦管理全村的以传统节日为主的事务，今年管理上庄村的便是热贡玛沙尼的四个叔叔。在沙尼内部也以居住临近为原则分为多个小组，在热贡玛沙尼中就有六个小组以便于组织和管理。在访谈中也了解到，下庄的看郭瓦由村民选出而非采取轮流制度。现今看郭瓦的主要活动在于组织和管理村庄的节日活动。

吾屯上庄每年的节日集中在农历的上半年，当年负责沙尼每个节日的看郭瓦都提前安排好本沙尼的几个人来负责。农历正月十五要"接官"，也就是村民在玛尼康里面聚会，唱歌跳舞，需要表演一个节目，节目的表演者在沙尼中轮换，村民的组织、表演者的安排需要看郭瓦来负责；农历二月十一是上庄村祭祀山神的日子，看郭瓦需要安排人制作"拉杂"（拉丁转译为 lab rtse）；腊月在玛尼康里面的念经活动需要看郭瓦去准备；而一年中最复杂和繁重的节日就是"六月会"，吾屯上庄的"六月会"时间为农历六月二十至六月二十五，主要由看郭瓦来负责管理。除此之外，"六月会"的组织是看郭瓦每年最为重要的任务。

## 三、现代国家基层自治组织：村委会

在吾屯上庄村，除了传统的沙尼组织之外，另一个发挥作用的组织就是村委会。从宏观上看，1949 年以来我国的农村社会组织政治体制大概有两个发展阶段：一个是 1978 年以前，新中国成立之后进行民主改革、土地革命，后开展人民公社运动；后一阶段为"乡政村治"时期，强调乡镇政府在政治事务、行政事务和经济事务上的管理，村治是指村际组织在自治基础上的具体管理，在这种背景下，传统的部落政治发生了转型，部落功能全面文化化、社会化。①

党和政府在基层农村的组织分别为村党支部委员会（村支部）和村民自治委员会（村委会）。吾屯上庄村共有 34 名党员，支部委员共有 7 名，村委会成员以民主选举的方式由村民投票选出，由村民委员、调解委员会、监督委员会构成，干部总人数为 21 人。全村共有 6 个队，各有 1 个队长，在平时的工作中，村支书和村主任负责全村的总体事务，有队长负责村委会和村民之间的联系。村委会接受隆务镇政府的领导。

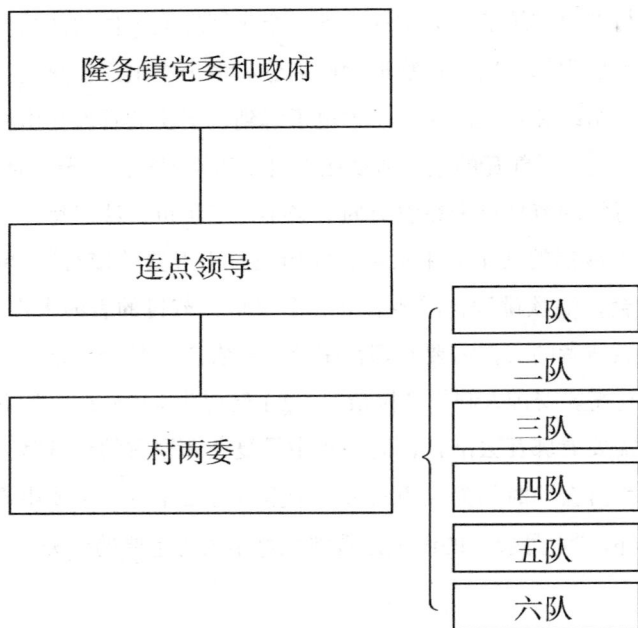

图 3　政府与村民联系示意图

在隆务镇政府有专门联系各个行政村的连点领导。隆务镇司法所所长是吾屯上庄村的连点领导，当有重要文件和事件需要传达时，她首先找到村里的委员、支部委员、团委、妇联和工会的负责人，有时也召集各个队的队长，一起开会传达精神，然后村里再召集村民进行通知。村委会实际上发挥着连接政府和村子的

---

① 拉加当周：《青海同仁地区传统部落组织的转型状况》，《中国藏学》2013 年第 1 期，第 146 页。

作用。

村委会对村内事务进行管理是以村民小组也就是"队"为单位进行的。笔者调查期间正是当地旅游项目"万幅唐卡展"的准备期间,村委会在组织调动村民参加这项活动时是通过村民小组也就是"队"来进行的,每天有两个队去布置自己的唐卡。在上庄有以"队"为单位的公共劳动制度,每个队分成两个组,两三天一次负责捡村里道路和公共区域的垃圾;田地需要浇水时,队里也负责安排人进行水渠的疏通等工作。这些工作都是义务进行。当上级政府有文件精神需要传达时,村委会就通过组长向各村民小组通知。以最近的"扫黑除恶专项斗争"为例,镇政府收到这项指示和文件之后,连点领导就召集村委会的成员开会,并由村主任、村支书及各组组长组成宣传组,挨家挨户宣传相关政策,以增强村民对政策的理解。除此之外,在进行田野调查期间,由县里下达的技术培训班项目正在上庄村进行。这个项目主要是为了提升村民技能,将剩余劳动力转化为新的资源,技术培训主要包括刺绣唐卡培训、烹饪培训,之前实施时还有挖掘机驾驶培训。村委会在各组抽签决定每组哪家来参加这个培训,并且保证每个项目每个人最多来培训一次。由村委会雇人来负责教授和每天的点名签到,每个月由村委会根据名单和签到情况发放补助。

可见村委会实现了上级政府和村民之间的联系,涉及的事务也包括多个方面,但其涉足的领域主要是来自政府部门的公共事务和行政事务。

## 四、沙尼与村两委关系:以"六月会"仪式过程为中心的分析

### (一)"六月会"的仪式过程

吾屯上庄的"六月会"时间为农历六月二十到农历六月二十五,主要可以分为三个阶段:第一阶段为准备阶段,即六月二十下午正式开始仪式之前;第二阶段为仪式阶段,即六月二十下午到六月二十五下午活动结束;第三阶段为六月二十五之后的几天,这几天会进行场地的清理和全庄子男性的集会活动。

因为吾屯的"六月会"牵涉到周边的四个自然村,在"六月会"之前各村之

间就需要进行相关事宜的安排：四个自然村的老人、管事的看郭瓦及村主任和村支书将参加一次会议，也就是一起边喝茶边商量"六月会"的相关事宜；当年轮值的沙尼的看郭瓦需要提前几天在各家各户收集"六月会"时用于煨桑的面粉、粮食等，并且准备所需要的相关物资、收拾场地等；此外，根据相关规定，举行如此大型的节日活动需要在举办之前走审批程序，各个村落的活动方案、安保方案、督导小组的名单都要以村委会的名义拿到隆务镇，以隆务镇的名义上报到县宗教局、统战部，审批通过后"六月会"才能够开展。

六月二十下午，吾屯上庄的男性村民需要下河洗澡，进行清洁，并穿好节日服装表演龙舞；六月二十一，吾屯上庄与下庄及霍尔加的村民都到加仓玛"跳六月会"；六月二十二，到霍尔加"跳六月会"；六月二十三到二十五，则在吾屯上、下庄之间的庙和场地中举行"六月会"仪式。在长达六天的仪式活动中，吾屯上庄村的一个沙尼必须每天参与当天的活动，而当值的沙尼则需要参加其中三天的活动，任务更加繁重。由于当地"六月会"的传统一脉相承，在许多方面并不需要特别地筹备，但因为近年来年轻人跳舞跳得越来越差，所以今年各个沙尼都需要进行提前排练。因为他们看来，年轻人跳得不好，老人们就会"不高兴"，其他村子的人也会不高兴。于是热贡玛沙尼定于六月十七进行排练，后来改到六月二十上午进行，时间定于早上 10 点开始。这一活动由热贡玛沙尼的看郭瓦在沙尼的微信群里向大家通知，而以前是敲锣在村里通知。六月二十早上 10 点，一位看郭瓦的叔叔早早来到场地，敲锣提醒村民排练时间已到，并发送语音到微信群里，催促大家尽快到场。10 点 20 分左右，热贡玛沙尼的年轻人基本到齐，看郭瓦开始组织排练，晚于这个时间到场的人和没有按照规定带羊皮鼓的人都被罚款。

此外，在"六月会"中年轻未婚女性也需要穿着节日盛装参加表演。但并不是所有女孩子都愿意去，因为除了要穿着节日盛装，还需要佩戴十分贵重的玛瑙首饰，但这些装扮也并不是每个家庭都置办得起的。为了便于协调，看郭瓦在对这些年轻女性的组织中选择借用村委会的"小组"组织来协调人员和资源。

队里抓阄，谁抓上谁就去……如果家里的姑娘去了，可以 10 天不用干村里的活儿……村里的活儿,捡垃圾啊……原来的那些嫁妆很麻烦,很贵,要花六七千元,有的人很少,就让队里安排。沙尼人太多了,每个队里如果有两个就比较方便,可以互相借。沙尼的人太多,就不好借。①

村里有六个队,相比于沙尼,每个队的人数较少,便于村民之间借用服装,因此就采取在队中抓阄的办法决定谁家的女孩子去参加"六月会"的表演。看郭瓦此时就借用了村委会的组织来更好地完成自己的组织任务,而参加了"六月会"表演的女孩子的家庭,也将因此少做村中 10 天的劳动。村委会在"六月会"的其他活动上并不干涉,但是看郭瓦的成员叔叔说,如果没有管好,村委会的人肯定会说(批评),村里的老人们也会说(批评)。

"六月会"正式开始之后,主要则由看郭瓦的人来组织和协调沙尼的人来参与,并对参与情况进行监督。45 岁以下的年轻男性需要参加表演,45 岁以上男性需要穿着节日盛装,戴着礼帽在一旁观看;沙尼每天负责的人员必须到场,否则将以一天 200 元的标准处以罚款。在活动进行过程中,沙尼的成员听从看郭瓦的安排参加活动,村委会成员主要按照在节前的安排负责安保和监督工作,保障活动顺利开展和安全进行。节日期间收取的罚款用于给进行表演的年轻人购买饮料等物品使用,其收支将在"六月会"结束之后全村男性一同在村后的树林中喝茶庆祝时公开并接受监督。

## (二)沙尼组织与村委会在"六月会"中的关系分析

多项研究都已经注意到在我国基层政治建设中藏区传统部落组织发生的变迁。有学者认为建立了现代权力体系,传统的社会权力体系发生了"断裂"。②但经过本文对吾屯上庄村沙尼组织的分析,可见沙尼组织在人们的日常生活中发挥作用主要体现在红白事、村民间的互助和纠纷调解上,在重要的节日、仪式上,沙尼组织中的看郭瓦来负责管理和运行,而来自政府的各项事务,沙尼组织则并不参与和管理。笔者认为这并不是一种"断裂",而是传统组织受到国家政治体

① 访谈时间:2019 年 7 月 21 日;访谈对象:QD,50 岁,农民。
② 赵志浩:《从传统部落组织到现代权力组织的变迁》,博士论文,兰州大学,第 231—234 页。

系的影响，在其管辖范围上的退缩，由传统的政教合一的管理到现今的"社会化""文化化"的运作①，不再涉及政务领域。在村民口中，"沙尼里面的事情要受到村主任和村支书的监督，干得不好他们要说"，两种组织的管理形式并没有领导与被领导的关系，沙尼组织的内部运行与互动主要受到传统规范、村民自身的相互监督和协助而进行，与此同时受到村委会的监督。在生活中，沙尼组织和村两委是"平行"存在和发生作用的。

通过对仪式的描述可以发现，在"六月会"这一传统节日中，沙尼组织在其中占据主导地位，而村委会则成为一个来自政府的监督者的角色。但与此同时，沙尼组织与村两委在人员、事务及规范上并不是完全孤立的，而是存在一定程度的"互嵌"，这种嵌入既有结构性的人员组织的嵌入，也有灵活的事务、规范的合作。在"六月会"的准备和活动过程中，沙尼借用了村委会及其下分的"小组"单位完成人员的调配和资源的利用；在观念上，传统的沙尼内部的监督和村委会的监督同时发挥作用；传统上看郭瓦对"六月会"是否顺利举行发挥着决定性作用，但是现在村委会在这个过程中也承担着安保和监督的责任。这两种组织形式现今则同时受到传统规范和现代国家法律法规的制约。

在现代国家力量介入村庄治理时，除了"六月会"这类节日之外，许多传统习惯也因此发生了剧烈改变。比如传统上如果捆赞内的家庭没有后人，其家庭财产属于捆赞，其外嫁的女儿或入赘到其他捆赞和沙尼的儿子没有获得财产的权力，但现今根据法律并不应该这样处理，村民就表示不知道如果发生这种事情应该如何处理；传统上出现矛盾纠纷，由村庄的老人、沙尼组织内部就完全能进行调解，现今村里在出现捆赞内部不能解决的问题时，村民多直接找村委会解决，而村委会再通知调解委员会的老人们前来处理。同时，传统组织掌握一定的权力也可能造成不良后果。2018 年同仁县公安局就处理了霍尔加的看郭瓦干涉村政、非法控制集体财产等问题的案件，这一事件在当地也造成了很大的影响，可见，传统组织力量与现代国家力量带来的法律法规及组织形式之间仍然还存在"空隙"和矛盾。

---

① 拉加当周：《青海同仁地区传统部落组织的转型状况》，《中国藏学》2013 年第 1 期，第 146 页。

## 五、结语

吾屯上庄的沙尼组织深深地根植于当地的历史文化背景中，是当地人的生活不可缺少的一部分。村民通过沙尼形成了自己的亲缘与社会关系网络，并以此为基础开展各种活动，实现村落的运转；国家力量深入基层，在基层建立以村民自治为目的和手段的村委会，将传统的沙尼组织功能压缩至村委会不具有"传统的合法性"的非政治领域当中。在日常生活中，两套体系各司其职，但也在人员、组织、规范等方面相互协调，形成了既"平行"，在某些情况下又"互嵌"的状况。值得注意的是，两者之间仍然存在并不完全相切合的情况，如看郭瓦掌握村治权力可能造成的不良影响，以及在传统习惯和法律法规之间仍然存在矛盾的现象，笔者将其称为两种体系之间的"空隙"。另外，吾屯上庄人员向外的低流动率是我们在考虑沙尼这一传统力量在村中发挥重要作用时不可缺少的因素，人口的低流动率可能使得本村的传统文化保持得更加深厚。

正如现有的许多研究所展现的那样，我国在基层政治建设中希望将社会中其他力量都纳入国家力量之中，但需要注意的是各地的传统组织力量，尤其是笔者所调查的河湟流域多民族地区仍然具有相当深厚的历史文化基础，并在许多领域，如地方传统习俗、宗教文化、社会生活方面等有着得天独厚的组织能力；因此，国家力量在深入基层时仍然需要尊重传统组织的力量，并关注传统民间组织与现代国家力量之间的矛盾与分歧，尽力解决其中的"空隙"问题，形成良好的互嵌、互动关系。

# 指导意见

西南大学

王彦芸

2008 年，作为学生的我在从江完成了第一次田野训练，十一年后，我带着一帮年轻人又来了。

把实习点选在黔东南，我心里很踏实，这份踏实是来自这片地方以及生活在这里的人。从我多年前踏上田野行程开始，就一直愧受着村民们无私的接纳，他们对待他者的温润滋养着我，也正是这个缘故，我深知田野实习，不仅仅是完成一份学分，也希望年轻的同学能借着这份善意，打开自己和未知世界的联系。因此，我们的田野，是从感知开始的。

在进入田野之前，这份感知始于文献。学期刚结束，同学们都雀跃地准备收拾行囊，却没想到田野并不是说走就走的旅行。从相关研究著作、论文、方志、地方文献到调查报告，我们一边阅读一边整理，这样做的目的一是希望大家能在出发前尽可能多地了解地方社会，二是学习如何从文献的蛛丝马迹中发现问题，形成一些初步的问题想象，但更重要的是，学会把这些问题悬置起来，警醒自己，这些也许只是一种"想象"，它们都等待着田野的考验。

我相信每一个同学在经历了上述一番阅读后，是带着问题兴趣盎然地出发的，同时我也相信，一旦出发之后，这一切的前期工作一定会被抛到九霄云外。到达从江县西山镇，同学们关心的问题变成了有没有空调？有没有 wifi？美团外卖能不能用？超市里有没有熟悉的冰激凌？带着自己的生活经验，田野真正开始了。作为一个教师，这一刻我深深意识到，不仅人类学的研究对象是活生生的，我们的学生也是活生生的。与自己做田野尤为不同的是，指导教师是在三个不同的世界中穿梭，自己的世界、田野的世界和新生代的世界。我们按照专业训练的轨迹，早起进村、参与观察、访谈，晚饭后聚在一起整理一天的田野笔记、开会讨论所见所闻和可以深入的问题、为第二天做准备。有意思的是，有的同学把这种日复一日的调查训练，诠释成"游戏脚本"：进村偶遇一个 NPC①，触发一个仪式事件、完成一个指定任务。还有同学在调查中增加了一项内容：快手中的地方社会……我以为只有同学需要打开自己进入陌生，其实我自己也需要进入陌生。

田野方法与技巧是容易指导的，大约经过两个星期的训练与磨合，大部分同学开始渐入佳境，每天晚上汇总的田野笔记，也渐渐多了实质的内容。当田野调查的习惯与模式建立之后，同学们变得更主动了，虽然有时候累得需要在风雨桥上小憩一会儿，但那份田野惯习会推动着大家往前走。真正困难的，是如何将田野观察变成可讨论的人类学问题。为了让大家获得一份完整的田野感知，在前半个月的时间中，我并没有让同学固定具体的方向和问题，甚至督促他们交换小组、轮换寨子，也将所有的田野笔记汇总公开，任凭取阅，其目的是能形成一种整体视野，等田野进入后半段，

① NPC 是 Non-Player Character 的缩写，指的是游戏中不受玩家操纵的游戏角色。

再根据各自前期的调查与兴趣，确定田野报告选题。确定选题的阶段，被我称为田野指导的"黑暗之心"，因为选题是将课堂所学知识、理论体系、田野调查、学科理解综合的过程。虽说最后撰写的只是一份田野报告，但在我的理解中，缺乏问题意识的田野报告是不完整的。我们用了三天的时间密集讨论，有时甚至持续到深夜，每一个同学（包括老师）都充分经历了生产问题意识的痛苦，但我想只有经历过这种痛苦，才能在真正意义上将我们所做的田野变成人类学研究的田野。

离开的最后三天，是田野报告的写作时间，我始终相信在田野中完成报告是重要的，不仅拥有新鲜的田野现场感，还有机会查缺补漏，更能克服回家后的拖延症。写作并非一帆风顺，习惯了碎片化阅读和使用手机生产文字的新生代，要用纯粹的文字呈现这个世界显得困难重重，因此写作也变成了一种训练。不过我想，文字是一种链接，如同上文所说，这些田野报告文字链接起的是三个不同的世界，我们可读出一层人类学、读出一层西山社会、也同时读出一层新生代。

除了这些训练，黔东南也许也留在了这些年轻人的世界中，这些年轻人问了很多我没法指导、也不知道如何回答的问题，比如：当地人为什么要对我们这么好？我们为什么要去了解当地人？人类学田野调查是为了什么？我想我只能期待，有更多的年轻人，问更多的问题。

# 变动的权力关系网络

## ——以贵州省黔东南从江县西山镇侗族村寨为例

西南大学历史文化学院 民族学 2016 级本科生　　白兆丰

指导教师　李思睿　王彦芸

**摘要：** 本文通过对贵州省黔东南苗族侗族自治州西山镇三个侗族村寨的田野调查，揭示当地侗族社会中长期存在的独具特色的权力关系网络。当地权力主体包括传统治理角色、族际权力、民间文化权力、国家行政权力等。每种权力主体都是侗族社会不可或缺的组成部分，同时，这一关系网络也随着时代与社会结构的发展变化而处于不断变动和调适之中。它们的交织融合构成了如今西山侗族村寨的权力关系网络，这种网络不仅具有民族文化意义，也有现代化乡村治理的现代意义。

**关键词：** 权力；关系网络；侗族；寨老

## 一、导论

### （一）研究缘起

侗族由于受自身分布区域、地理环境、物质生产条件、经济发展水平、文化民俗观念的影响，自古以来便有自己一套完整的社会体系。本文的重点在于对贵州省黔东南苗族侗族自治州从江县西山镇的坪寨村、陡寨村、顶洞村等侗族村寨的权力关系网络进行剖析与解释，从权力角度对西山镇侗族社会①状况进行认识与了解。

　　笔者从重庆市乘高铁一路向西南进发，经过遵义、贵阳而后到达从江县，之后又搭汽车来到西山镇。整个西山镇的人口以侗族为主，同时还有苗族、白族等少数民族，而汉族人口只有不到两百人，多为从外地迁入从事商业经营的湖南人。经过前期了解，笔者对于侗族社会在不同权力主体作用下形成的权力关系网络产生了浓厚的兴趣，因此在田野调查过程中就以此为重点和中心进行走访与研究。

　　（二）文献回顾

　　在人类学学术体系中，"权力"被定义为"指人支配他人的意志和行动的力量"②。从实质上来说，权力是一种人际关系，人类社会离不开权力，在人类社会的稳定运行中，权力是必要保障。人类学对于"权力"概念的研究已经由来已久，众多学者对此有着自己的见解。

　　福蒂斯和埃文斯 – 普里查德的《非洲的政治制度》一书于 1940 年出版，在学理意义上，此书成为政治人类学领域的开端，书中分析了在没有政府和正式规章制度的社会，大量社会资源是如何被"权力"掌握并使社会平衡得以维持的。韦伯认为："权力意味着在一种社会关系里哪怕是遇到反对也能贯彻自己意志的任何机会，不管这种机会是建立在什么基础之上。"③吉登斯认为权力是"个体或群体使自己的利益和所关心的事情甚至当其他人抵制时也能受到重视的能力"④。

　　杜赞奇在对中国华北地区的农村进行调查后，认为"权力"一词是一个中性概念，它是指个人、群体和组织通过各种手段以获取他人服从的能力，这些手段包括暴力、强制以及继承原有的权威和法统。⑤

　　中国最早的乡村权力结构研究是 1927 年毛泽东对湖南农民运动进行考察后

---

　　① 本文中所提到的"西山镇侗族社会"指的是笔者主要调查的坪寨、陡寨、顶洞三个村落，不包括西山镇的其他侗族村寨。

　　② [美] 汉斯·J. 摩根索：《国家间政治——寻求权力与和平的斗争》，徐昕等译，中国人民公安大学出版社，1990，第 135 页。

　　③ [德] 马克斯·韦伯：《经济与社会（上）》，商务印书馆，2002 年，第 81 页。

　　④ [英] 安东尼·吉登斯，[英] 菲利普·W. 萨顿：《社会学》，北京大学出版社，2003，第 533 页。

　　⑤ [美] 杜赞奇：《文化、权力与国家：1900—1942 年的华北农村》，江苏人民出版社，2003，第 3 页。

提出的，政权、族权、绅权、夫权是乡村社会四大权力。[①] 在这之后，中国早期的人类学家也开始根据中国的现实国情进行乡村权力研究。费孝通通过实地调查和考察总结了中国农村经济发展的各种模式，提出了"差序格局"，对中国的基层社会有一定的把握。

杜赞奇探讨了中国国家政权与乡村社会的互动关系，希望解释国家政权的扩张对乡村社会权力结构的影响，为权力下了"个人、群体和组织通过各种手段以获取他人服从的能力，这些手段包括暴力、强制、说服以及继承原有的权威和法统"[②] 的定义。

综上所述，本文认为，"权力"是一种可以让人依靠自己的能力改变外部世界的能力。在乡村社会，权力的来源是多样化的，主体是多样化的，权力的运行与作用也是多样化的，进而构成了一个权力关系网络。

具体到侗族权力状况的研究，众多学者对于"款组织"展开研究并取得了丰富的成果。台湾学者林淑蓉提出侗族"以平权的运作原则作为建构社会的理想"，但"平权与阶序两种特质似乎同时并存于该社会中"。林淑蓉认为侗族社会中拥有一套自己的运作机制，使得平权理想与阶序权力格局共同存在。[③] 这些研究更多注意到侗族社会静态的权力结构和运作机制。孙旭在对南江村侗族村落进行的调查中提出，侗族地区社会的"款组织"是侗族社会运作的基本方式，也是侗人生活所凭依的原则的理想化的组织图式。[④]

本文试图从动态的、变迁的视角出发，论证从江县西山镇侗族村寨是在区域内各种权力互相交织、作用下形成的。这些权力包括侗族的传统治理角色——寨老、以家族为基础的族际权力、以歌师和鬼师为代表的民间文化权力、新中国成立后深入基层的农村组织——"村两委"，即中国共产党党员支部委员会和村民

---

① 毛泽东：《湖南农民运动考察报告》，1927 年。

② ［美］杜赞奇：《文化、权力与国家：1900—1942 年的华北农村》，江苏人民出版社，2003，第 3 页。

③ 林淑蓉：《"平权"社会的阶序与权力：以中国侗族的人群关系为例》，《台湾人类学刊》2006 年第 4 期。

④ 孙旭：《集体中的自由：黔东南侗寨的人群关系与日常生活》，社会科学文献出版社，2019，第 5 页。

自治委员会等。这些权力交织在日常生活中，融合在每一项集体活动中，融合共生，不可分割；多元化的权力各司其职、协作配合，组成了复杂而严密的权力关系网络；同时，这一权力关系网络也处于变动之中。

**（三）田野点概况**

西山镇位于贵州省黔东南苗族侗族自治州从江县的东南部，距县城 18 千米，东与广西融水县交界，南接翠里乡、斗里乡，西与雍里乡毗邻，北与广西三江县梅林乡相依，是贵州去往广西路上的重镇。西山镇内世居着侗、苗、瑶、壮等少数民族，是一个少数民族聚居镇。全镇面积 126.63 平方千米，耕地面积 724 公顷，林地面积 3894.22 公顷。全镇辖 16 个村（居），35 个自然寨，106 个村民小组，总户数 3755 户，总人口 16611 人，农村人口 15912 人。① 西山镇自近代以来一直是侗族的聚居地区，西山镇的大部分人口都属于侗族。

本文将以三个问题作为研究线索：第一，在西山侗族社会，存在着哪些权力主体？第二，这些权力主体各自发挥着怎样的作用？第三，权力主体是如何形成权力关系网络并对西山侗族社会产生影响的？

**（四）研究方法**

笔者于 2019 年 7 月在贵州省黔东南苗族侗族自治州从江县西山镇的侗族村寨开展了近一个月的参与观察，并与当地寨老、鬼师、歌师、村干部、家族代表等关键人物进行深度访谈，获得了第一手民族志资料，同时结合对《贵州"六山六水"民族调查资料选编·侗族卷》《侗族款组织及其变迁研究》《从江县志》《集体中的自由》和林淑蓉《"平权"社会的阶序与权力》等文献研究，针对这三个问题展开分析。

## 二、侗族寨老——侗族社会的传统治理权力

"寨老"是侗族地区主要的传统社会组织，在侗族村寨治理中常常居于主导地位。所谓寨老，即侗族自然村寨中的自然领袖，是在处理寨内纠纷和外寨纠纷过程中自然产生的领袖人物。在笔者所调查的西山镇村寨，寨老组织依然是侗族

---

① 选自百度百科"从江县西山镇"词条，网址：https://baike.so.com/doc/5855312-10505882.html。

地区乡村社会普遍且有影响力的传统社会组织。每个村寨的寨老人员不确定，一般是由为人正直、办事公道、懂得村规民约的中老年人担当。随着国家治理体系与治理能力现代化的推进，西山镇村寨的寨老组织面临着在结构与功能上重构与革新的境遇。

## （一）寨老的传统治理角色——侗族村寨的"权威"天平

### 1. 寨老的权威角色

如果用一个词概括西山侗族社会中各村寨中寨老的角色与地位，那么用"权威"来概括是最合适不过的了。关于"权威"的概念，韦伯提出了一种被人们广泛应用的权威分类，即卡里斯马型权威、传统型权威与法律型权威，分别代表依靠魅力、传统力量和法律体系的统治。[①]韦伯认为法律型权威最具稳定性与合理性，是现代社会的统治形式。

在侗族传统村寨中，寨老属于"传统型权威"。传统寨老们具有极高的威望，这种权威不是来自血缘，而是一看其在解决纠纷时能否公平公正，二看其是否可以保护本寨民不受外敌侵犯，这种评价标准体现在寨老是否能说会道、热心事务、做事公道、知识丰富等方面。寨老们平时不脱离生产，也无报酬，与寨民之间更无从属关系。寨老没有任何特权，他们如果失职，或干了对本寨不利的事，视情节也同样受罚，如《六洞议款规约》中规定："做寨老的人哪个不好，勾引坏人进寨，吃里爬外，暗中吃群众的钱财，罚他十二串钱。"

恩格斯在谈到摩尔根所记述的易洛魁的部落酋长时，认为他们是"在氏族内部的权力，是父亲般的，纯粹道德性质的"[②]。而西山侗族社会中的寨老便是扮演着这样的角色，这两者之间存在着一定的相似性。民国时期，在西南地区大规模改土归流之后，寨老被规划到保甲制当中，大小寨老纷纷被统治者当作基层统治的工具。有侗族歌词写道："官家设衙门，侗人选乡老……朝廷设官府，民间推头人；村有头人树有干，龙蛇无头不能行；村村有婆婆补烂衣，寨寨有头人理事情。"[③]

---

[①] [德]马克斯·韦伯：《经济与社会（上）》，林远荣译，商务印书馆，1997，第1261页。

[②] 《马克思恩格斯选集（第4卷）》，人民出版社，1972年，第85页。

[③] 湖南少数民族古籍办公室主编《侗款》，杨锡光等译释，岳麓书社，1988，第155页。

**2. 西山镇的寨老群体**

西山镇侗族社会的寨老基本上都是在 55 岁以上的，口才较好、德高望重、人品较好、做事公道、受到广泛认可的中老年男性。在传统社会，由于村庄规模与人口条件的限制，每个村寨基本上只有一位或几位寨老负责处理事务，但今天的西山镇侗族村寨却有几十位寨老，在数量上的快速发展也体现了其时代特性。

在坪寨村，笔者访问了 YZJ 老人①，他说："做寨老的人一定要热心、积极，对寨子上的事情负责，熟悉附近的山川地形、地势地貌，还要懂些历史，说话要被大家广泛相信的。"

笔者结识了许多关键报道人②，其中包括坪寨村老年协会的秘书长 YCY 老人③。笔者在对 YCY 老人的访谈中重点关注了作为西山侗族社会传统基层权力主体的寨老的权力与社会职能。YCY 老人告诉笔者，寨老主要负责的事务大致可以分为对内和对外两个部分。在村寨内部，寨老最重要的职能就是传承侗族文化，这也是老人着重强调的一点。他说："我们寨老里有很多歌师和鬼师，我们老人们聚在一起就可以把侗族的传统文化有组织地保护下来，这也是替全寨的人做的嘛。"

除此之外，寨老们还要守寨，YCY 老人说："守寨必须要做的就是封山育林。村子上山的路上一共有三个封山点。现在山上的树都是老一辈的人种下的，都长大了，我们就是不允许任何人去破坏。"

在调解纠纷方面，寨老在缓解村寨内部矛盾中发挥了巨大的作用。寨老处理事务比较灵活，抓住本地文化与心理关键点，利用丰富的"地方性知识"和阅历切中要害。

寨老们对外的职能主要体现在协调本寨与外寨之间的土地、财产纠纷。YCY 老人告诉笔者，解决山林、土地纠纷也是寨老的传统权力职能之一。YCY 老

---

① YZJ：男，68 岁，西山镇坪寨村人。YZJ 老人曾经就做过村上的三任会计，一任支书，还在西山小学做过三年的小学老师。

② 文中已经隐去所有报道人的真实姓名，用别名进行替代。

③ YCY：男，68 岁，西山镇坪寨村人。他在寨老中主要负责文件起草、联络沟通等职能，同时也是坪寨寨老中在政府任职时间最长、职务最高的一位：1974—1989 年在西山镇农业推广站工作，1976—1977 年在从江县农业局兼任干部，1987—1993 年在区公所任副区长（相当于现在行政级别的副镇长）。

人说：

坪寨和陡寨、顶洞，和广西的车寨、梅林都有矛盾，纠纷的根本原因是坪寨不一样的土地政策……时间久了就容易出现问题。在解决矛盾的时候，两边村寨的村两委、寨老都要去，约定好去其中一个村上解决。寨老在解决矛盾中的具体职责就是拿出自己村寨的证据、地契等，还要讲出这块土地的历史。寨老们年龄大、懂得多，说话也有根有据一些。

西山侗族社会有着悠久的国家统治与民间自治双轨并行的历史传统，自新中国成立后，国家行政权力延伸到乡村社会的最基层，寨老的活动空间被进一步压缩。在"文化大革命"时期，寨老组织及其他许多侗族传统文化，如鼓楼花桥、宗祠寺庙、侗歌侗戏等都曾被视为"四旧"。改革开放后，侗族传统文化才又开始复兴。

寨老组织作为侗族基层社会的传统权力角色，在社会治理上发挥了重要的作用，但在法律逐渐健全的今天，这一套体系逐渐暴露出越来越多的弊病。首先就是寨老作为村中事务的管理者与话事人，缺少由法律、制度认可的正式身份，尤其是在法律与管理日益完善的当下，寨老更多的是依靠村寨中流传久远的民间治理传统和个人能力、威信进行活动，"一般都是就事论事，既无原则，亦无准则，随意性大，变化性大，常常朝令夕改"①。

此外，寨老在具有一定的村寨自治权力的同时，也有可能伴生出一些消极怠惰、聚集享乐的情绪与行为。寨老们大多是 60 岁左右的老人，在闲暇时间里，他们会经常会聚集起来喝酒、唱歌。次数多了，村里会有人认为他们拿着政府经费和村里的公款吃喝，铺张浪费。这也是信息沟通不畅的结果。

寨老作为侗族传统社会的民间权力代表，在侗族基层社会中有着比较深厚的历史现实性，也使侗族人民适应了村寨中存在着这样一种稳定的"权威"力量并对其形成了一定的依赖。虽然伴随着中国由社会管理向社会治理的转型，少数民族乡村治理也面临着如何在特定的民族文化传统中有效开展治理实践的难题。

① 石开忠：《侗族款组织及其变迁研究》，民族出版社，2009，第 235 页。

### （二）寨老权力的现代调适——困难与进步

每个传统组织在其发展过程中都会面临时代发展的考验，寨老组织在如今的时代潮流中也难免要与之相适应，在这个过程中，寨老们的角色与认知也发生了众多变化。

**1. 寨老组织的革故鼎新**

侗族的寨老是侗族社会长期历史社会生活中传承下来的社会权力主体，在一定的历史时期发挥过维持社会秩序、调解村寨关系的作用，但是文化不仅仅是历史的、积淀的，更是现时的、常新的，必须随着社会的发展而发展[①]，寨老这一群体也必须跟随潮流推陈出新，实现与时代的接轨，保持更加长久的生命力。

随着国家改革的深入推进和各民族的频繁交往，侗族社会原有的传统治理资源，也开始呈现多元化的发展态势，尤其是作为传统治理资源的权威代表如寨老等，其地位和作用在现代思想浪潮冲击下，逐渐开始走下坡路，其主要的职责在范围上不断地减小。

寨老组织的地位发生变化的具体理由大致如下：一是外来直接影响。新中国成立后，国家行政体系深入基层，国家法律与政策得以推行，人们的法律观念逐步加强，传统的寨老等主观性很强的评判标准逐渐不再被人们接受，国家承担了强制权力的角色。二是外来间接影响。传统侗族社会比较封闭，与外界接触较少，村寨内部有比较单一的经济、政治利益。随着市场经济的确立，本地人外出打工、经商的机会也增加很多，与外界的联系大大加强。YXZ 老人[②]说："现在的年轻人出去打工的多了，一年也不太回来，只想着在外面赚钱，对于寨子里这些条条框框没有那么信服了。"

政府虽然已经完全占据了统治力量，但同样认识到以寨老为代表的传统民间力量的现实作用。地方政府在运用现有的乡村政治体制进行治理时，需要借助民间权威的影响力，即运用文化的合法性来辅助政令更好地贯彻。在与一位老人的访谈中，笔者得知在讲侗话的地区，从外面来到西山镇的汉族乡镇干部，是要学

---

① 宗晓莲：《旅游开发背景下东巴文化的新际遇》，《中央民族大学学报（哲学社会科学版）》2004 年第 6 期。

② YXZ：男，72 岁，西山镇坪寨村人，坪寨村寨老。

侗话和侗歌的。

## 2. 老人协会与村规民约

自从改革开放后民间基层组织与侗族传统文化复兴以来，西山镇的寨老组织也逐渐开始恢复元气，也恢复了之前的功能与职责，以适应新时代的权力形式出现。这其中具有里程碑意义的一件事就是在 2004 年左右，西山镇出现大规模成立老人协会[①]的风潮。自从各村寨的老人协会纷纷成立之后，对于侗族文化的传承与保护也变得具体可行起来。

事实上如今的老人协会就是将之前的寨老组织正规化、制度化，是寨老的"变异"[②]。但这不是简单的转化，而是非常具有现代性的"创造性"转变。西山侗族村寨如今普遍存在的老人协会，其功能主要转向了与现代乡村治理相契合的"合作""公益"与"文化传承"方面，对于提高侗族村寨的现代治理水平发挥了重要作用。关于老人协会成立前后的变化，YCY 老人这样说：

我们坪寨在 2004 年老人协会成立之前，没有什么集体活动，都只是村上的人自己到处吃相思[③]，和其他寨子里的人互相来往，有时候也对歌、唱戏，只是民间传统。现在的寨老有程序、有组织、有资金，可以办些活动了。2015 年以后村上还搞了戏台、服务中心，维修了水井，都是寨老搞的。

在寨老的产生方式上，从原始的"让贤"发展为现在的民主选举。在传统方式中，寨老一般是由村中各姓氏、家族的头人、族长来担任，产生寨老时是在有特定权力的阶层内部进行"禅让"，与一般家庭关系不大。随着时代进步，寨老产生的方式也已经逐渐开始摆脱原始民主，逐渐正规化、程序化、透明化。

笔者在西山侗族村寨调查时也得知，现在老人协会的主要成员都是全体老年

---

① 在笔者调查的坪寨、陡寨、顶洞三个侗族村寨中，不同村寨对"老人协会"的叫法不同，也称"老年协会"或"老年协会"，但实质上是一样的，本文均以"老人协会"代称。

② 张爱华：《加强农村老年人协会建设，促进农村社会稳定——以湖南通道县阳烂村老年人协会为例》，《辽宁行政学院学报》2010 年第 7 期。

③ 吃相思：时间多在正月、二月或秋后，是侗族地区村寨之间为拓宽社交，加深友谊而举行的一种规模较大的民间交往活动。

人平等公开选举出来的,根据票数多少选出最后的成员。在主要成员中还会根据成员特长产生会长、副会长、会计、出纳等职务,但都是义务劳动。在成员分工上,老人协会的管理水平也逐渐现代化,比如会专门设置写材料、交申请的文书职位,会计与出纳必须有所回避等。

图 1　坪寨村老龄协会与田野调查者合影 [①]

　　在寨老组织逐渐正规化之后,政府也采取了一定的措施来鼓励、支持和引导老人协会和整个村寨秩序关系的良好发展。在之前的西山侗族村寨,各村寨的村规民约都是本村的寨老制定的,具有主观性和随意性,各村寨之间都不相同。在老人协会成立之后,政府在西山侗族村寨内实行了统一的村规民约,且在各村都立了"村规民约碑",使制度公开、透明,更具权威性。

　　现在陡寨村鼓楼旁的两块"村规民约"石碑上的落款还是"陡寨村村党支部、陡寨村村民委员会、陡寨村老年协会",可见在村中事务上村两委与寨老之间的配合。

　　关于新的村规民约,笔者对 YCY 老人进行了访谈,老人说:"寨老会负责处

---

　　① 图 1 由笔者拍摄。

理寨子里的家庭争吵、离婚、家族争论等琐碎的事情。现在如果谁犯了错就要请寨老和村委吃饭，还要在门上贴一块红布，表示自己错了。在两年前立碑的那天，全寨都来吃饭，村两委会杀猪宰羊，给每家分二两肉，向全村宣布村规民约正式生效。"

坪寨村的老人协会主要负责管理寨边的风景树，组织青年履行义务（青年如果因事不能履行义务，需按工钱进行罚款），防火，组织节庆活动和处理村寨矛盾等。处理与外寨的矛盾时需要双方的村两委和寨老都到场。笔者询问 YCY 老人现在的寨老是否会参与到一些政策的落实，比如扶贫项目等，YCY 老人表示否定。

要全面了解寨老组织在当今时代的权力地位与作用，如果只从寨老内部搜索资料是有失偏颇的，还应当从寨老群体之外寻找访谈对象，以全方位构建寨老群体的现代形象。

在陡寨村，笔者对 SPX[①] 老人进行了访谈。SPX 老人自己不是寨老，但对寨老还算比较了解。选拔寨老的条件是多样化的，不只是年龄够了就可以，还需要"懂事"，要了解社会形势，不识字没有文化的不可以。

在 SPX 老人的谈话中有一点比较重要，他认为做寨老就是要自己有足够的经济实力，别人才服他，不然自己都很穷困，说话也没人听。但也不只这样，还要对其他人友善，互相帮助，做事公道，品行不好也不行。如果有品行不好的寨老，老人协会协商后是可以把他除名的，并且不用等到换届。

寨老作为当今仍广泛存在于侗族社会的传统角色，其选拔、职责、运行机制等在很大程度上仍然保留了传统色彩。寨老的权力首先来自自身的实力，包括家庭背景、经济实力、宗族关系等，还要在人际关系上受到广泛认可。

改革开放以来，各种国家政策和新的思想逐渐深入人心，寨老的社会功能在日益变迁的社会中呈现萎缩态势，寨老的自然领袖权威在社会结构的不断变化下遭遇尴尬。变迁才是文化发展的常态，寨老组织作为侗族的一种文化现象，遵循着文化变迁规律。

侗族民间传统权力，即寨老组织，时至今日还影响和规范着侗族人民的生产、

---

① SPX：男，68 岁，西山镇陡寨村人。

生活。显然，国家与政府所代表的权力是占据绝对主导权的，但国家也不能管理到所有有可能出现的社会现象。①在国家治理体系与治理能力进行现代化的过程中，理应把治理能力现代化建设还原到侗族历史视野中去考察。既要从传统中汲取现代治理资源，又要认识到传统治理资源向现代化的嬗变。②SPX 老人说：

> 在国民党的时候还有更早的时候，政府基本上管理不了什么事情，村上的事务都是寨老自己做主，老人们的知识都是一代一代传下来的。新中国成立以后，再到现在，这些老人的记忆也还是应该保留。

改革开放后，西山侗族社会的传统文化与生活方式又开始重新复苏。但在过去，寨老的权威是建立在传统的社会结构和经济水平之上的，经过发展，整个社会结构已经发生了翻天覆地的变化，人们开始追求以财富为代表的社会资源。更重要的是，"村两委"已经成为村寨的新的权威，寨老已经只是政治权力的帮手和建议者了。

时至今日，寨老仍然发挥着不少作用，但作为传统权威，寨老的威望和地位跟以前相比，已经大幅下降。很多寨老说，他们没有任何实质性的"权力"，不过是"义务"给老百姓服务，遇到很多事情，他们并不好管，也没法管。尽管面临现代化和经济发展的冲击，在侗族地区，传统的寨老组织作为地方社会的一套内部组织和机制，依然顽强地存在，并且在民间日常生活和仪式节庆等场合发挥着相当的作用。作为一种非政治化、非权力化的"软约束"，受乡俗、人情、面子等因素制约，民间社会组织的功能依然不能低估。

## 三、鬼师与歌师——侗族社会的民间象征权力

在侗族社会中，与文化相关的民间象征权力主要体现在以鬼师为代表的圣俗

---

① 周相卿：《法律人类学理论问题研究》，民族出版社，2009，第 32 页。
② 石兴安：《论侗族传统法文化在地方治理中的现实价值》，《四川职业技术学院学报》2014 年12 月。

权力和歌师为代表的文化权力身上。

鬼师在本地的侗族社会起着沟通、联系现实世界与古代社会、精神居所的桥梁的作用。鬼师通过学习村寨间祖辈流传的精神技法、神鬼知识、超灵故事，在村寨的信仰生活中承担起有象征性的权力，掌握着文化解释权。而歌师是优秀的侗族歌者，掌握着精湛的侗族大歌演唱技艺，同时他们又是侗族文化精英，熟知本民族的各种文化传统，这在传统的侗族社区是十分有力的文化资本。歌师们也因为持有这样一种在侗族人生活中十分重要的文化资本，在侗族社区享有较高的权力和威望。因此，想了解侗族社会的民间象征权力便必须从研究鬼师与歌师开始。

### （一）圣俗之间——侗族鬼师的象征权力

#### 1. 侗族民间信仰中的鬼师

鬼师是侗族传统社会中的独特角色。鬼师作为侗族民间信仰的代表人物，拥有很大的象征权力和对信仰的掌握权。西山的侗族有自己的原始信仰，其中以一位至高无上的女神"萨"（在不同村寨也被称为"萨岁"或"萨丙"）为最高崇拜对象。相传"萨"是侗族的一位英雄祖先，打仗从无败债，在侗族村寨中具有至高无上的地位，因此建寨必先建萨坛。①西山的侗族人尊奉"萨"为寨婆，每个村寨都会在村中修建萨坛，在每年的农历正月初一或正月十五烧香祭拜。"萨"相当于侗族村寨中不同姓氏、家族虚构出来的共同祖先，与真正的血缘宗族的祖先崇拜没有实质性区别。

坪寨村的鬼师YYX②叙述说："萨丙就是寨婆嘛，她护佑我们全寨。现在我们修了个地方，专门供奉寨婆，就在那个凉亭后面，我们在那里种了一棵圆形的树，在下面用小石头围成了一个土丘。"

鬼师，顾名思义，便是侗族民间信仰里在与"鬼"交流、沟通方面具有独特才能与专门技巧的人。鬼师是侗族民间信仰中的关键人物，通过研究鬼师，可以窥探自然、人文环境与时代特征对侗族社会的影响。

2002年，出于村上老鬼师已经年迈，鬼师后继无人的考虑，村上的一些老人

---

① 杨筑慧：《侗族风俗志》，中央民族大学出版社，2006，第193页。
② YYX：男，55岁左右，西山镇坪寨村人，坪寨的两位鬼师之一，曾在1999—2002年任村支书。

找到比较有威望的 YYX，希望他可以学习鬼师的知识和技法。可见鬼师在村寨的民间信仰体系中起着重要的中间作用，失去鬼师这一权力角色或许会让一些群众感到迷茫与空虚。

现在，YYX 已经是坪寨村最年长、最权威的鬼师了。YYX 现在的职能主要是"安宅""看病"。当哪户人家住进新房之后，会请鬼师来举行"安宅"仪式。在新房顶梁柱下面的地上挖一个小洞，用 12 捆禾把围起来，禾把上插上纸钱，找两个食指长度的石头放进洞中，当作两条龙（一公一母），意为"请龙脉"。

YYX 老人表示现在愿意学鬼师的人很少了，年轻人只想着出去打工，不愿意学习这些"老古董"，也觉得没什么用。有些人不信鬼师，也不会尊重鬼师，反而还要讲闲话："信那些做什么，只会嘴上骗人。"坪寨村现有两位鬼师，除了YYX 外，还有稍微年轻的 YDG①。YDG40 多岁，身体健壮，是街上的木工，平日里忙于做活路，白天并不常在家。

陡寨村的唯一一位鬼师名叫 SGH②，已经 76 岁了。关于鬼师在村寨中的职责，老人为我们解答说，第一个是主持葬礼，如果村里有人去世，其家人就要去请他"算日子"并指导整个葬礼流程。鬼师在整个葬礼中需要"算"的日子包括落地（死者一般在床上，将其抬到地下就叫"落地"）、入殓（将死者从地上抬入棺材）、出门（从家里出发去安葬的时刻）、下葬等。到达选定的入葬地之后，鬼师就会在坟地前将一摞纸钱放成砖块状，插上写有"逍遥金树下，快乐宝材中"的纸条（被称作"快活林"），并念诵祝愿活人平安幸福和祈求死者安息的话。

婚礼仪式上同样需要鬼师。在"喊亲"的那天，女方需到男方家坐前一天做的新凳子，坐凳子的时间需要鬼师来推算。新娘坐下后，鬼师会给新娘念一段祈求平安的经文。不论是否请鬼师推算结婚的日子，新人都需要请鬼师吃饭。

顶洞村共有四位鬼师，其中两位已经高龄而不能访谈，笔者找到了剩下两位中的一位——LGF③。LGF 50 多岁，他介绍说每年的农历正月初一、正月十五、八月十五要祭萨，这时需要全村四个鬼师一起到场，而且需要四个鬼师先进入萨坛，

---

① YDG：男，40 多岁，西山镇坪寨村人，坪寨村的鬼师之一。

② SGH：男，76 岁，西山镇陡寨村人，陡寨村唯一的一名鬼师。

③ LGF：男，50 多岁，西山镇顶洞村人，顶洞村四位鬼师之一。

其他人才能进去。祭祀用的供品多为鸡、鸭、猪头等，这些都是由寨老来准备。除了祭萨仪式外，LGF还告诉笔者，鬼师一般在结婚、盖新房、葬礼"选日子"时都需要出现，这是顶洞村的规矩。

综上所述，鬼师的职责范围非常广泛，权力内容也非常繁杂，涵盖了一个人的出生、满月、婚礼、葬礼等人生重大节日仪式。此外，在一些村寨民间信仰活动中，鬼师也是必不可少的角色。

### 2. 活在现实的鬼师

鬼师并不能靠自己掌握的信仰权力获得多大的利益，种田、做工仍然是维持生计的主要途径，做完仪式后得到几十上百元的酬劳也只是村民对他的象征性感谢。在葬礼仪式中，死者家里人对于鬼师在丧葬过程中所做的一切工作会以红包的形式进行答谢，一般是按三天的工钱给鬼师红包（一般是300元），但也有人会只给几十元钱，具体的金额看死者家里人的经济情况和对鬼师的尊重程度。可见具有象征权力的鬼师虽有比较高的地位，但在现实中甚至有些廉价。

SGH曾告诉笔者："这个东西你信就有，不信就没有。"即使掌握着神圣权力，鬼师也并不是完全沉浸于信仰世界。不可否认，鬼师群体内部的个体在村庄中的性格与角色也不尽相同。不同鬼师的世界观、神鬼观也有较大差异，主要取决于个人的文化水平和学习程度。比如YDG认为："灵魂都是西方才信的东西。"神圣权力仅局限于神圣的"阈限"①阶段，并没有广泛、长时间地存在于日常生活。

在当今社会，鬼师的传承依然面临着巨大的挑战。鬼师群体大多高龄，年轻人对信仰事务的漠不关心，以及愈发强烈的市场经济的冲击，无疑使得鬼师和其所代表的侗族民间信仰力量的前途迷茫。

### （二）侗族歌师及其文化权力

侗族自古善歌。侗乡有"oux saengx suoh, al saengx sail"（饭养身，歌养心）的说法，把唱歌和吃饭看得同等重要。侗乡被誉为歌的海洋，几乎无村不闻，无人不会，无时不唱。清道光年间（1821—1850），侗歌进入兴盛时期，出现了张讽干、吴甫壮奥和稍后的吴金隋等著名歌师。多少年来，侗歌以口头形式广泛流传，歌师也遍及侗乡。

---

① ［英］维克多·特纳：《仪式过程：结构与反结构》，中国人民大学出版社，2006，第98页。

侗歌是侗族社会生产生活中产生的以人的情感为前提、以歌为主的表达方式。这种表达方式以社会活动为基础，以人与人的交流为纽带。因此，侗歌具有一定的社会性，如村寨之间的男女歌队对歌等。侗歌伴随着社会活动而产生和发展。侗歌里蕴涵着丰富的侗族传统精神和文化，被誉为"侗族文化的百科全书"[1]。

传统侗歌不仅具有社会性，同时具有较为完整的系统性，例如，鼓楼对唱大歌，不是想唱哪首就唱哪首，而有一套约定成俗的对唱流程或顺序。由此可见，侗歌在侗族社会，尤其是传统社会中的重要性是不言而喻的。可以说每个侗族人如果想融入社会，拥有自己的社交网络与社会关系，学会侗歌是必须的。

歌师是侗族社会的民间艺人，也是侗族社会中最重要的文化传承人之一。能忆歌、传歌、编歌的歌师也由此成为侗寨里最聪明、最有学问的人。他们凭借对歌的记忆和传授，成为侗族传统文化与传统生活规律的捍卫者、解释者，一些德高望重的歌师甚至成为权力的象征。与鬼师类似，歌师也不是全职的民间文艺工作者，在一年中的更多时间里，歌师从事农业或其他体力劳动，只在小部分时间承担歌师的责任。传统的歌师一般只在春节、农闲期间或重大节日的时候参与表演。

侗歌对于侗族社会的重要性就要求每个侗族年轻人都要尽力去学习侗歌。在有唱歌活动时，年轻人组成歌队，每队 8—12 人不等，歌师为歌队教学。在侗歌教学方面，歌师与传统意义上的老师很相似。一群学生在学习侗歌期间，出于对歌师的尊重，有时还会主动去歌师家里帮忙做事，或者帮歌师种田，还要看歌师的脸色，可以说歌师的文化教育权力与老师有很大的相似性。

坪寨村最年长、最权威的歌师——YSQ[2]老人今年已经 80 岁，做歌师已经三十多年了，现在村上有活动还是请他去参加，比如每年春节、唱歌比赛等（基本都是在鼓楼举办）。在谈到歌师职业与权力的传承时，老人说，他现在没有再带徒弟了，现在的年轻人并不愿意学习侗歌。

可以确定的是，歌师作为非权威式的文化权力人物，在侗族社会扮演着特殊的权力角色。歌师由于职能性质、工作内容等比鬼师更加活泼、轻松且贴近日常

---

① 杨晓：《南侗"歌师"论述——小黄侗寨的民族音乐学研究》，《中央音乐学院学报》2003 年第 1 期。

② YSQ：男，80 岁左右，西山镇坪寨村人，坪寨村最年长的歌师。

生活，其传承状况比鬼师要乐观一些。YSQ 老人说："现在坪寨村有四个男歌师，五六个女歌师，有三四个男歌队。"但同样面临着年轻人外出的现实困境。我们也必须思考，鬼师、歌师在当今社会的困境是什么原因造成的呢？是否有合理的手段让这些传统乡村权力角色继续发挥自己的作用呢？

## 四、家族历史与现状——村寨家族权力

在复杂的村寨关系中，多元权力主体各自扮演着自己的角色。但在长久的历史发展过程中，有一些家族或群体获得了超乎其他制度化权力的权力与地位。这种情况大多与其早期历史与源流分不开，而在西山坪寨村就存在着这样的现象。

### （一）"寨主"家族——先到者的权力

在侗族村寨，非常强调先落寨者和后落寨者的身份意识，先落寨者在村里占据主导性地位。"改姓入族"是侗族社会的一个普遍现象，后落寨者加入先落寨者的房族，改用先落寨者的姓氏，这样的目的是表示对先来者的归顺，加强群体的认同。坪寨村有一个比较特殊的家族——石姓家族，寨上其他姓氏的人都会尊称他们为"寨主"，而村中后来的一支杨姓家族便与石姓拜了把子，成为兄弟。这也是侗族村寨"改姓入族"现象的体现。

现在石家的"家长"叫 SYX[①]，大概 40 多岁。石家是最早来到坪寨村的家族（大致是在明朝时期），而其他后来的家族都要尊称他们为"寨主"。虽然石家人在村中具有比较高的文化地位，但石家现在的人丁却并不非常兴旺，全村只有三户姓石的。

时至今日，如果坪寨村有什么重大节日或活动的话，还需要请 SYX 作为"寨主"家族的代表出面讲话。石家人虽然没有独立出资负责建造村中的设施，但在村中各处功德碑上都能在最前面的位置找到石家人的名字，即使他们的捐款数并没有排在后面的杨、赵等姓氏的人多，这是村上对石家人"寨主"地位的认可与尊重。石家既拥有不同于其他家族的地位，同时也要承担更多的带头责任，如在需要集资捐款时带头捐款，SYX 的姐姐 SYL 在某一次捐款中捐了 800 元，这在

① SYX：男，40 多岁，西山镇坪寨村人。

当地已经算是相当大的数目了。其他人认为只有"寨主"带头捐了，自己才心甘情愿捐款。

事实上，石家人并不会看不起其他姓氏的人，其他姓氏的人也不会对石家的"寨主"身份有什么异议，石家没有特权，整体上是平等的。SYX 本人在从江县政府工作，他的姐姐 SYL 是县人大常委会副主任，他的妈妈 SLC 是村上的女寨老，可以说石家的现状相当不错。

经过对石家的了解，可以判定石家在坪寨村是具有一定象征权力的。这种权力与地位是因为他们的先辈最早来到此地而被其他家族尊奉得来的，在代代相传中，这种地位得以保持。同时，石家历代族人与其他家族和谐相处，一起娱乐、做事，不欺压别人，且乐于利用自己的身份促进村上公共事业的发展，其他家族也乐于寨子上有这样一家类似精神领袖的家族存在，这也在一定程度上代表了整个村寨的历史记忆。

SYX 明确地说，村上有什么事关集体利益的事情，村主任、支书和老人协会都要找他商量。SYX 的父亲曾经是很有名望的寨老，在父亲去世之后，他便担起了寨老的职责。其实 SYX 对村上的事务并没有实质性的权力，村干部和寨老与他协商只是出于对他"开寨祖"身份的尊重，"虽然我说话也不算数，但他们象征性地找我，也是尊重我嘛，这样处理大家都开心"。

### （二）姓氏与家族权力

鉴于历史过程中石家对资源的共享与石家对"萨"的优先祭祀权，可以认为，坪寨村流传的集体记忆对于石家的"优先性"是认同的。在历史发展过程中出现了"萨"这一信仰体系，"优先性"人群对"萨"进行维护管理，从而使得寨内人群在这一双重体系下形成了集体认同，即"祖母是保护全寨的，我们是同一个祖母保护下的一群人"。在现实中的资源分配方面，陡寨村村民 SYL[①] 叙述：

我们陡寨村有石、赵两个大姓，最先来到这里的是小石家族，之后是赵家，最后来的是黎平来的大石家族。我们把村里的人按照来的先后顺序分成了初一到初十十个堂，其中初一到初三叫作小石，初四到初六是赵家，初七以后就是大

---

① SYL：男，45 岁，西山镇陡寨村人。

石……第一个在这里安家的话，他就是那里的第一人，所以就管那的水源……第二个来的时候，就负责管寨子的山坡和水田，还有萨丙……初三就主要分管寨子里面的治安……每个房族都有自己的职责。

　　SYL 详细叙述了陡寨村各堂对于村中事务的权力与分工。前文的假设也提出，村寨的共同信仰"萨"是在资源竞争、共享与分配体系的建构过程中被逐渐建构的，而陡寨村掌管祭萨的家族是"初二堂"，并且，初一、初二两者并称为一个"公"（房族），不可相互通婚。两者共同掌管村中的水源、山林、田地与祭祀仪式，且后者的权力由前者分配。那么可以认为，初一堂和初二堂共同掌管的资源是维系全寨生存与精神依托的关键资源。

表 1　陡寨村房族及职责[①]

| 房族 | 职责 |
| --- | --- |
| 初一堂（小石） | 村中河流、水源 |
| 初二堂（小石） | 树林与水田，管理祭萨 |
| 初三堂（小石） | 维护治安，统领民兵 |
| 初四堂（赵） | 生产工具制作与村寨贸易 |
| 初五堂（赵） | 火药，河里的鱼虾 |
| 初六堂（赵） | 管理古树，分配坟场与墓地 |
| 初七以后（大石与其他姓氏） | 没有具体职务，义务兵 |

　　"阶序格局"对于陡寨村的族源记忆而言则更为明显，陡寨村人的族源记忆对于所有房族的排列，是按照来寨先后顺序而产生的。不同房族逐渐将全寨的资源竞争、分配与管理体系聚合在寨内，通过组织神圣的、聚合全寨信仰与精神依托的"萨"的祭祀仪式产生全寨的认同，在资源与信仰双重体系下，形成了全寨的集体认同与区分。

### （三）祭萨仪式中的家族与姓氏

　　宗教是一种"文化体系"，是用以解释人生与社会的概念框架与词汇。"萨"崇拜在西山侗族村落具有强化集体凝聚力的功能。在萨坛中举行祖先崇拜仪式是

---

　　① 表 1 由谭天羽制作。

集体行为，社区的权力和地位的结构以仪式的方式表达出来，人们在仪式中是不平等的，这种不平等与社会地位的不平等是一致的。

陡寨村的 SQM① 老人家的门框上面挂着一块"光荣家庭"的牌子，SQM 共有三个儿子，两个女儿，现在都婚嫁在本寨，老人是陡寨村最年长的寨老。老人表示他的家族世袭管理着村上的萨坛。老人家中有一把九龙宝刀，是周围寨子中唯一保存下来的宝刀。这把刀是用铁所造，年头很久，分为两把，两个刀柄可以合在一起，是明末清初制成的，在这个家族中已经传了七代。除了刀还有一件祭祀专用的衣服，以及一面旗子，这些物品都会在祭祀的时候使用。

坪寨村每年农历正月会举办两次祭萨仪式，一次在正月初一，一次在正月十五。正月初一的祭萨仪式只有石家人（SYX 一家）会去，规模比正月十五的要小很多。这是石家人作为具有象征权力的"寨主"家族所拥有的文化权力。石家人在这一天要带着鸡、鱼、酒、饭等祭品到凉亭边的萨坛进行祭祀活动，大概有烧香祭拜、祝福全寨节日快乐及请求萨丙在新的一年继续保佑全寨的安宁吉祥等内容。在祭拜完毕后，石家人要到鼓楼上去敲鼓，只有鼓响之后其他村民才可以放炮庆祝。如果在鼓响之前就放了炮，是要被罚款的。

正月十五的祭萨仪式的规模就要大很多，也隆重很多，不仅有石家参与，还有鬼师、寨老、村干部等其他人参与。在这一天，全村人都要穿上新装，打扮整齐，去参加祭萨的人要敲锣打鼓。在进入萨坛时，石家人依然要排在第一个，身后是村里的鬼师（现在是 YYX、YDG 两人）。SYX 在烧完香后，会把宝刀放在祭台。鬼师会向萨丙报告全寨这一年的情况，同时祈求明年可以风调雨顺，吉祥安康。结束之后，其他的寨老、村干部才能进入萨坛。而其他村民一般便在萨坛外观看，并不参与。祭祀活动所需的鸡、鱼、酒、饭等祭品仍然是石家负责准备，并不由村上来准备。

石家人作为具有象征权力的家族，可以在大年初一独自进行对保护全寨的"寨婆"的祭祀仪式，可见石家拥有可以代表全寨的独特精神地位。而关于石家敲了鼓别家才能放炮的约俗，同样也是对石家地位的承认与尊重。

在复杂的村寨关系中，多元权力主体各自扮演着自己的角色。但在长久的历

---

① SQM：男，80 岁左右，西山镇陡寨村人，陡寨村最年长的寨老。

史发展过程中，有一些家族或群体获得了超乎其他制度化权力的权力与地位。这种情况大多与其早期历史与源流分不开。本节所论述的"寨主"家族权力、家族姓氏分工及祭萨仪式中的家族顺序都是这种发展历程的体现。

## 五、"后来居上"的"村两委"——基层政治权力

民间组织与政府的关系问题历来是民间组织研究的重要课题，尤其是在中国。由于特殊的历史、文化背景，民间组织都与政府有着或多或少的联系。自 20 世纪改革开放以来，民间组织便活跃起来。

寨老组织作为侗族社会的传统管理组织，在历史发展过程中也不得不调整自己的组织形态、职能内容、社会地位以适应社会整体的变化与发展。时至今日，在乡村基层权力格局中，代表着国家权力延伸的"村两委"，即中国共产党员支部委员会和村民自治委员会，已经掌握基层社会各方面的权力。

20 世纪八九十年代，政府并未深入管理寨老，寨老人数也不多，对侗族文化的理解也不深刻，处于无管理的状态，基本都是村民自发组织起来的，比较零散。寨老群体开始真正有组织地结合起来是在 2004 年，从村两委牵头召集有经济头脑、有文化、办事能力强且热心村上事务的老人成立老人协会开始的。现在坪寨村老人协会共有 88 位寨老，基本都是 60 周岁以上的老人，五六年左右会进行换届。

事实上，许多寨老在年轻时都做过村干部，但村两委干部也不是自然而然成为寨老的，还要经过选拔，村干部没有威信也不能成为寨老。老人协会的会长需要懂得国家政策、民间纠纷、族源历史、内外接洽等。寨老选出的会长、副会长等也会向村两委汇报，取得村两委的同意。老人认为选举是民主的，代表了民意，只需要在会餐时让村两委看一下，没什么问题就顺势通过。

YCY 老人对于现在的老人协会在村中的处境表示不太乐观，他认为整个坪寨村的老人协会文化教育水平不高，大家不维护村里利益，各顾各的。有些村民对寨老不满意，认为老人协会公费吃喝，损害村庄利益，没有存在的意义。老人说到此处很气愤，他说："讲寨老不好也要拿出证据，不能随口胡说。我们老人协会

的经费花销都有报告和公告，总支出和总收入都写得清清楚楚。有什么问题可以去查嘛！"镇上的书记曾找他谈过话，老人表示自己人正不怕影子歪，自己是共产党员，还有退休工资，不必贪污大家的钱。

坪寨村的 YZJ 老人说，现在的寨老主要就是协助村两委落实政策，并可以提出自己的意见。此外，在过年的时候，还会和村两委一起举办对歌、篮球赛、拔河比赛等文体活动以营造过节气氛。

在陡寨村，现任的村妇女主任 SLY① 老人同时还是寨老。关于这种官方与民间双重身份的关系特点，她说，从村干部到寨老的身份转变现象是有的，但数量也不多，也没有规定不可以在两边都任职，而自己正好处于 60 岁的年龄，基本上是两个组织年龄的交汇点，所以也就都做着了。

与现任村干部的交流或许更有现实依据。经过几次联系，坪寨村的 YZT 支书终于在百忙之中抽出时间接受笔者的访谈：寨老主要负责解决一些和别的寨子的山林纠纷，年轻村干部不知道历史，主要还是靠村两委。选寨老的时候要选支持村上事务的，有公益心的，主要还是老人自己选。会长、副会长需要村两委同意，但没有正式文件，因为老人协会只是个民间组织。

上述种种传统社会权威在当代社会的运用，正说明了传统社会权威在现代社会仍可以为地方百姓兴利除弊，同时也表明了他们在社会生活中所发挥的作用是与整个社会的目标相统一的。地方政府应当大力提倡、引导这些传统社会权威在当代社会中找到自己的适当地位。

## 六、结论

从江县西山镇位于贵州省的东南角，与广西壮族自治区三江县毗邻，距离极近。西山镇在历史上就属于偏远之地，上一级的行政机构往往离西山镇较远，管理时有时无，因此这也是西山镇经常有土匪、流寇出没的原因。正是在这种社会环境下，侗族村寨的寨老组织承担起了守卫村寨、保境安民、联合治理的自治职能，客观上来说为维护侗族村寨安全、维护社会秩序做出了很大的贡献。

---

① SLY：女，60 岁左右，西山镇陡寨村人，现任陡寨村妇女主任，也是寨老。

与之相伴的，每个侗族村寨内部的家族势力与鬼师、歌师的文化权力相辅相成，各自发挥着自己的作用，并与其他权力交融共生。就是这种扎根于侗族社会基层的权力关系网络所迸发出的生命力，才使得侗族社会的基本制度维持了这么久的时间。这是侗族人民根据自己生存的自然地理、社会政治条件所进行的社会调适与进化，是侗族人民智慧的结晶。

20 世纪，经过长期战乱与动荡，侗族基本社会结构在新中国成立后得到重造。这一时期乡村治理的最大特点就是国家行政力量的深入，代表党和政府权力的村两委逐渐承担了村中所有实质性事务，寨老的角色不得不从"管理者"转变为"服务者"，职权逐渐萎缩。经过改革开放，寨老组织也实现了现代化发展，西山侗族村寨纷纷成立自己的老人协会，对规章制度、职责任务、人员选拔等都做出了明确规定，实现了自身定位与职能在现代社会的新发展。

回到今天，我们发现这些传统权力虽然没有往昔繁盛，但也并未过时，并且在党和政府的统一领导下焕发出新的活力。如果想实现乡村治理现代化，这些传统权力所代表的传统治理资源是不可忽视的重要组成部分。侗族地区的治理是国家治理体系的重要组成部分，为此需要充分挖掘少数民族传统文化在社会治理中的重要价值，不断适应时代的发展。

# 指导意见

中山大学

程　瑜

　　人类学田野调查是人类学学科训练的重要环节，也是人类学学生的"成人礼"。首先，在进入田野之前，要保证学生得到系统严格的学科训练，一场合格的"成人礼"离不开严格的训练和充足的准备。中山大学人类学有着悠久的学科历史及深厚的学术底蕴，特别注重基础理论与应用实践相结合，中山大学人类学系的田野调查课程更是被列为国家的精品课程之一。人类学系严格的田野训练体现了自身优良的学术传统，也是人类学创办之初"实地收罗材料，到古文化的遗址去发掘，到各种的人间社会去采风俗"初衷的延续。我系从杨成志、梁钊韬先生建系开始就把田野调查作为人类学学生最基础的一项训练，后来经过黄淑娉先生、周大鸣先生、麻国庆先生不断地完善发展，业已形成一套严格的田野调查训练方法，使学生在田野调查之前就能系统掌握人类学田野调查的基本技术、方法和必备的团队精神。另外学院会对学生进行有针对性的田野调查培训，包括田野调查的具体方法以及安全须知等注意事项，保证学生们能够有足够的准备迎接人类学的"成人礼"。

其次，在田野实践的过程中，要鼓励学生积极并充分地融入当地的人群中去，熟悉当地人，学会和当地人交朋友，遵守田野实操方法但不拘泥于形式。田野是一场人与人之间关系的交互，也是人生中一场弥足珍贵的际遇。

同时，在田野过程中，作为老师，也要有技巧地激发学生们对当地的兴趣，老师在这个过程中扮演的是引导者的角色。老师应当鼓励学生找到自己对社区的兴趣所在，并在田野开始的时候为学生熟悉社区、寻找兴趣留出充足的时间。

最后，作为带队的老师，最重要的就是要管理好学生的生活，让学生有良好和安全的环境进行田野调查。我认为这是一场良好田野调研的基础。

# 变革下的鲁史村医疗与公共卫生实践

中山大学社会学与人类学系 2017 级本科生　施依含

指导老师　程　瑜

**摘要：** 鲁史镇作为凤庆县的经济文化中心，历史上曾是茶马古道上的重镇。古镇历史上的三次重要变革贯穿在现代医学与公共卫生手段进入鲁史的过程中。本报告将透过整体观视角，以参与式观察和主客位视角结合为基本方法，结合鲁史的三次变革，对鲁史镇鲁史村的医疗与公共卫生服务体系与鲁史人的健康实践做出最基本的概述。

**关键词：** 公共卫生；医疗；民族医学；健康

## 一、引言

本次田野调查关注的是西南传统村落鲁史古镇的医疗与公共卫生实践。田野调查的调研地点选为云南省临沧市凤庆县鲁史镇鲁史村。鲁史镇位于凤庆县城东北，地处澜沧江与黑惠江两江之狭。鲁史镇作为凤庆县的经济文化中心，历史上曾是茶马古道上的重镇。鲁史历史上发生的三次变革对古镇现今的各种状况产生过较为深刻的影响。其一是鲁史土司制度的变革以及民国期间的改土归流，这一政治制度的变革影响了鲁史的社会结构与民族组成，鲁史古镇文化在以汉族文化为主体的同时深受其他少数民族——如白族文化的影响。其二，鲁史古镇的变革与茶马古道的兴衰有着重要的关系，古镇昔日光辉与今日败落皆源于此。其三便是鲁史街的迁移，鲁史街作为鲁史镇政治经济中心，在新老鲁史规划中的区位变动对村落造成了一定影响，在此期间，鲁史乡村政治经济的重心因村落规划的变动而被动地发生改变。医疗卫生作为鲁史村落社会生活十分重要的一部分，鲁史村的医疗卫生观念、机构设置、政策实践都在这三次变革中呈现出不同的变化特征与趋势。

本报告将通过整体观视角，以参与式观察、主客位视角结合与深度访谈为基本方法，结合鲁史村的三次重要变革，对鲁史村的医疗与公共卫生服务体系与鲁史人的健康实践做出最基本的概述。因篇幅限制，此处有所简略。

## 二、云南省凤庆县鲁史镇鲁史村田野点概况

鲁史镇位于凤庆县城东北，地处澜沧江与黑惠江两江之狭，以黑惠江与大理州巍山县为界，是凤庆江北地区的文化中心、交通枢纽。鲁史历史悠久，明万历二十六年（1598）设巡检司辟街场，民国二年（1913）设区团，历史上一直是顺宁府、县设澜沧江江北地区行政管理机构所在地。目前境内居住着汉、彝、白、苗、壮、傣等 10 个民族。在明朝万历二十五年（1597）之前，鲁史古镇一直是土知府勐氏领地。人们习惯将澜沧江一带按照澜沧江划分为江北地区和江内地区。江北地区为勐氏阿鲁斯所有。明万历二十五年改土归流之后，顺宁府在阿鲁王思滴设置司讯驻兵，此区域遂被称为阿鲁司。同年这里被辟为街场，每逢十二生肖中的猴、虎"赶街"，又被称为阿鲁司街。阿鲁司街地处唐宋时期形成的茶马古道上，是茶马古道从大理南下进茶区，乃至到国外缅甸的一条支线。[①]

阿鲁司特殊的地理位置和地方行政体系的中心位置造就了它在茶马古道上的重要地位。明代改土归流，且推行戍边屯耕政策，中原汉民族被迁入云南，阿鲁司也有汉族人入住。汉民族带来相对当地更先进的文化、生产技术和生活方式，这在一定程度上促进了阿鲁司的发展。同时由于其良好的气候和在茶马古道上的优势位置，鲁史古镇成为茶马古道上的第一大驿站；民国时期成为顺宁县澜沧江

① 曹现舟：《鲁史村村志》，2019，第 4—5 页。

北的第一大镇；20 世纪三四十年代，鲁史集镇被外人戏称为"小上海"。

目前在布局上，鲁史古镇①主要由三街七巷组成，东西走向为街，南北走向为巷。街道西北向南分别为楼梯街、上平街和下平街。上平街及其岔口的四方街一度是鲁史古镇的政治经济中心与最重要的公共场所，现在的重心于 20 世纪 90 年代陆续迁移至新规划的新街。沿"叉路"向上即为鲁史新街，银行、镇政府、镇卫生院等重要机构皆由鲁史古镇的上平街按照规划要求搬迁至新街，由此，鲁史古镇的重心发生迁移。

图 1　鲁史古镇楼梯街街景

近代以来，鲁史的省际模式与经济发展状况发生了翻天覆地的变化。历史上，包括近代以来，自给自足的小农经济一直是鲁史的经济基础。民国时期，凭借茶马古道的优势，鲁史商业发展空前活跃。1956 年，国家改造农业与私营工商业，实行农业生产合作社的集体生产、经营、管理与分配，私营经济变为集体经济，鲁史村变为单一的集体农业经济。改革开放后，鲁史村实行家庭联产承包责任制，这种制度极大地调动了村民们的积极性。20 世纪 90 年代后，鲁史村在深化农村改革中进一步完善了以家庭承包为主体的双层经营机制，以经济建设为中心，大

———————————
① 鲁史古镇位于鲁史村，有较为完整的古建筑群。鲁史村为鲁史镇的政府驻地。

力发展社会主义市场经济。

据鲁史村居委会的数据统计，目前全村固定耕地面积 3503 亩，其中水田 778 亩。2018 年实现国民生产总值 5535.3 万元，农民人均收入 12547 元。初步建立以核桃、烤烟、畜牧、茶叶为主的四大支柱产业。近年来大量劳动力外流，农业人口急剧减少。目前，鲁史古镇的"空心化"越发严重。

近年，凤庆县被列为国家级贫困县，鲁史镇作为凤庆县的重点镇，通过实施"九项惠民工程"，最终在 2019 年实现全县脱贫。2019 年，全镇 15 个贫困村 1398 户 5318 人已光荣脱贫，农民人均纯收入 11606 元。值得注意的是，"九项惠民工程"中的一项即为"抓医疗"，落实健康扶贫政策。

## 三、鲁史村本土身体观念与病理逻辑

### （一）"二元"的病理推断："凉""热"的调和与对立

鲁史人以一种二元的观点看待可入肚腹的食物。这里的食物包括经过烹调的饭菜，可食用的野生或种植草药，以及通过一定方法制成的草药等可以食用的东西。鲁史人将一切日常可食用的食物按照两性进行归类，一为"凉"，一为"热"。

鲁史人有自己的一套方法辨别食物的"凉""热"，他们认为"逢苦必凉，逢香必热"。高热性的典型食物是烤核桃、腌火腿、烤鸡等。性凉的食物则主要是一些尝起来味苦的药材，例如，野坝蒿、黄连、黄芪、龙胆草、百花地丁、蛤蟆叶等。茶叶在鲁史人看来也是"凉"的，这也符合茶叶味苦的特性。但也有极少数食物的凉热两性是不定的，这些食物在不同环境中起到调和的作用，其中典型的是姜与糖。"红糖提热，生姜散寒"，作为药引子的姜和红糖在鲁史人的健康实践中地位重要，有时候药引子不一样，药的性质就完全不一样了。直接食用生姜时，姜被认为是"凉"的。当姜被放在其他性凉的草药中时，姜就是性热的了，能够起到驱寒作用。需要分情况讨论才能辨别性质的食物还有糖。一般认为红糖"凉"，白糖"热"。判断红糖为"凉"是因为在某些情况下红糖具备和姜一样的功效，即发散止疼。相比红糖，白糖的性质很好判断。白糖难以入药，属热。作为重要的烹调材料的白糖烹调出的食物味甜，故白糖性热。

我们可以从这些特殊食物所具备的调和功效中窥见，鲁史人认为食物的"凉""热"两性是二元对立的。食物作为身体的实践，与个体的健康息息相关，"热"是疾痛的起因，而"凉"则是疾痛的治愈方式。食用了太多"热"的食物就会容易有病痛，这样的病痛要通过食用"凉"性的食物中和与调节。比如说，牙痛，可以归结于身体过"热"，这时候就可以吃一些清凉的药进行调节，例如，臭铃铛草。掐上五六片臭铃铛经过揉搓后放入杯中，用开水浸泡一个小时后服用，就可以缓解牙疼不适。像百花地丁、蛤蟆叶、野坝蒿等都是清凉的药，有"发散清凉"的作用，可以用来缓解头痛、嗓子疼、脖子疼、牙痛、大便难解、小便焦黄等不舒服的症状。

但是，这种病痛的解释也有一定的病症范围。身体损伤不算因"热"引起的疾病，例如，胃痛、跌打损伤，以及因喝酒引起的肝脏疼痛等。

### （二）病理逻辑与健康观念在生活中的延伸

鲁史人生活中的很多地方都可以体现这种特殊的"凉""热"二元病理逻辑。首先，这种逻辑体现在他们的饮食安排与本土保健方式上："苦的药都是凉的，不苦就不是良药"，"好吃的都是热的"。在鲁史村，不仅逢年过节家家制作糕点，而且名声在外的糕点还被卖到鲁史村以外的地方。鲁史村的糕点又被当地人称为"糖食"，最出名有谷花糖、粟米糖、核桃糖、丝巢糖、葱杆糖等。这些糖食也会用白糖和红糖作为原料，但是更多是用麦芽糖熬成糖稀，用经过晾晒的糯米、粟米、核桃仁加糖稀拌成粟米糖、谷花糖和核桃糖。除了糕点，鲁史人还喜欢吃火腿和腌肉。每年无论贫富人家都要杀猪腌制腊肉。盐在鲁史肉食加工的过程中扮演着重要的角色。杀猪腌制腊肉在冬至前后，宰杀下来的猪肉被割成块，待鲜肉晾干水渍后，抹上酒，并用盐进行揉搓，直到肉的表面形成一层薄薄的盐层。之后再经过一系列复杂的风干过程制成火腿。在经济条件不好的年代，像糖食糕点和腌肉之类的食物只有在过节的时候才会拿出来一家人共同食用，但是随着人们生活条件的改善，随时都可以吃到这些"好吃"但"热"食物。

鲁史人认为"热"是引起很多疾痛的根源，为了应对由"热"产生的病痛，鲁史人必备"凉"药以应对这种饮食引起的"热"。泡凉茶、吃凉药是鲁史人日常实践中最基本的内容。鲁史最常用的良药是野坝蒿、龙胆草、百花地丁、蛤蟆叶、金银花、夏枯草、甘草等。这些草药十分常见于鲁史人的房前屋后，鲁史人日常会自行采摘这些草药，加少许红糖并用水冲泡饮用，是为一种传统的保健方式。

作为茶马古道重镇，鲁史在产茶的同时人们也好茶、嗜茶。鲁史人有一种著名的茶叶制法叫作"百抖茶"。鲁史人认为茶叶也是一副凉药，喝茶对身体好。"每天都喝茶，不分时间想起来就喝。算是有茶瘾。一天不喝的话到下午就头痛。"喝茶会上瘾，喝的时间越久越离不开它。这种心理在今天依然在延续，罐装饮料"王老吉"在鲁史的受欢迎程度极高。"王老吉"在鲁史人的"饮料界"中几乎占据着霸主地位。鲁史人认为"王老吉"是一副清凉的药。鲁史人常用的性凉的草药如仙草、蛋花、布渣叶、菊花、金银花、夏枯草、甘草等，皆可见于"王老吉"的配料表中。一位67岁的奶奶就说："我喜欢喝'王老吉'。'王老吉'就是一副发散药了，喝了对身体好。"相比之下鲁史人不喜欢酒，喝酒会伤肝，这是不能用喝凉药进行疏解的。

在食物的烹制和安排上，"凉""热"二元的观点具体体现在于鲁史人一日两餐的菜肴上。热菜，即煎、炒、炸过的食物，多油多盐。与热菜相对的是凉拌菜，指的是将原材料经过初加工并焯水，加入酱油、红油、辣椒、蒜粒等辅料调制而成菜品。性热的辅料与性凉的植物调和而成的凉菜可以被当作是"凉""热"二元逻辑的体现。

"凉""热"的观念也影响到了鲁史人对气候和季节的认知与实践。鲁史人认为，夏天热，冬天凉。夏天意味着人和牲口容易得病，冬天则少病。

鲁史人的生产生活实践凝结成的鲁史生活史，还通过具身化过程反证在了当地的疾病谱上。在饮食上，鲁史人和大部分云南地区的人们一样，"口味很重"，鲁史人因为有"凉"药的存在才对"热"的食物不加节制，这也增加了盐和糖的使用。改革开放后，物质的充盈打破了人体生物的平衡，各种疾病——高血压、糖尿病、少年龋齿等接踵而来。还有，由于服用过多凉药，女性痛经在鲁史村十分常见。

不仅如此，这种鲁史人传统的病理逻辑与健康观念也延续在了他们对西方医学的认识上。鲁史人依然按照传统的病理观念对待西方医学和药物。不论是西药还是中成药，凡是可以舒缓和治疗"热"的症状的药，都被鲁史人划归为"清凉消炎的药"。在药品的服用剂量方面，一些上了年纪的鲁史村村民并没有严格遵循医嘱的习惯，对待各种有着严格服用剂量要求的药品依然像日常喝凉茶一样，"平时没事就吃，对身体好"。六十多岁的杨奶奶认为阿莫西林、板蓝根这种都是清凉消炎的，她平时没事就爱吃点。

## 四、多元医疗体系

本报告将鲁史村除生物医学外的民间医疗方式分为中医、草医和巫医三种。其中传统的中医具有经典理论性、辨证论治性和普遍性；"草医"亦可称"民间医"，具有非经典理论性、辨病施治性和地方性；"巫医"指通过神秘手段治愈患者，具有神秘色彩。

### （一）草医

鲁史并没有专门记载草药用法的书籍，鲁史草药的药方通过人们口耳相传流传至今。在鲁史村，草药的获得方式主要有以下三种。第一种，是靠村民自行采摘。村民生活的房前屋后、农田的附近、道路的两边随处可见各种野生植物。第二种是去鲁史街的"集"上请专门的采药人去找草药，这种草药的配方一般相对复杂，由数种草药搭配而成，这种草药是要付费的。新街建成后，鲁史的采药人搬到了新街上，需要找草药的人会找采药人预定自己所需的草药数量，之后可以在十天后下一个鲁史街集的同一位置寻找采药人领取草药。第三种是通过村中懂得草药的人拿药。

根据《鲁史镇志》的记载，民国之前，鲁史境内的疾病防治方式均来自民间草医。一般村民家谁时常病痛，就会找草医。草医就会找几种人的草药喂给病人吃，以跌打损伤的药物为主，也用一些清凉消炎的药。草医是没有工资的，病人家里有什么就送一些给他，"人家帮了我忙，我就送给他酒，给他一两斤"。但如果要是拿配好的药，就要给钱了。药很便宜，大概几角钱的样子，这和现在几百元一服的中药形成了巨大的对比。由于草医是没有资格认证的，所以当时把人看坏了的事情还是多的。之后渐渐的，鲁史街上的草医没有了。虽然现在村子里有一些懂草药的人，但是没有专门出诊为人看病的草医，懂得草药的村民也逐渐形成了一套自己规避风险的方式。笔者探访张先生的经历就生动地说明了这一点。张先生今年六十岁出头，他住的庭院中，或野生或种植着一些草药。村中熟悉他的人在有需要的时候都会找他要一些草药或者问一些配方。笔者一共拜访过张先生两次，第一次是通过村中的熟人引荐，一起去看望他的，看望之初没有说明来意。是笔者自行前去的，笔者说明自己是来向老先生了解草药的。第二次拜访时老先生已经忘了我曾经拜访过他，所以在刚开始的时候对我十分排斥。这两次拜访，张先生对我的态度反差十分耐人寻味，这样的反差可以体现出现在鲁史村的草医，或者说乡村草药的提供者，在当今的法制及乡村治理环境下选择的规避医疗风险的行为方式。

### （二）中医

在西方医学进入鲁史村之前，鲁史村的医疗方式主要由中医和草药构成。鲁史村中医有很长的一段历史。除了一些分散的中医诊所，还有在鲁史近代医疗史上有着重要地位的鲁史联合诊所。1953 年成立的鲁史联合诊所位于施锡光的住宅，也就是原施氏惠生医馆所在地。参与人有李培根、张培然、施锡光、汤商朝、李范春，以及在 1954 加入的胡伯庸。由各参与人以资金入股，按股分红，工资以技定级，主要负责人是施锡光。几位医生医术高超且认真负责，只要病人需要，医生们会出诊，到病人家中进行诊治，可以说是随叫随到，因而联合诊所在村中很有盛名。虽然老中医们都已经过世，但是即使在今天，几位老中医的故事依然在鲁史村流传。

鲁史联合诊所的兴衰与近代历史大环境的变迁有很大关系。1958 年，联合诊所并入鲁史乡卫生所，并于 1962 年从卫生所分出，挂联合诊所牌子独立经营。1968 年联合诊所被撤销。1978 年，联合诊所重新恢复，在十字路置买房产并开设门诊。1989 年，经县卫生局和镇政府批准，分散经营，将房产、药物器械等全部财产折价按照工龄、工资级别划分到人，实施个体行医。到 1997 年仅剩下施锡光一家仍在行医。现在施家的惠生医馆依然在营业，医生是施锡光的儿子施慎言，惠生医馆的地址移至楼梯街上。

根据《凤庆县 2018 年基本公共卫生服务项目工作实施方案》，凤庆县基本公共卫生服务工作中的中医药健康管理服务的主要内容有如下几个方面。中医药健康管理服务的对象主要是辖区内 65 岁及以上常住居民，以及 0—36 个月常住儿童。对老年人的中医药服务是指每年为 65 岁及以上老年人提供一次中医体质辨识和中医药健康指导，相关内容记录在健康档案中。对 0—36 月儿童的中医药服务主要包括对儿童家长进行儿童中医药健康指导，例如，儿童中医饮食调养、起居活动指导，摩腹和捏脊方法指导，按揉迎香穴、足三里、四神聪穴指导等。这些活动都是鲁史公共卫生服务中开展的多种形式的中医药服务健康教育活动。

### （三）巫医

鲁史村的巫医可以分为两类，一类是崇拜鲁史的地方神灵，一类是去看巫医，也就是当地人说的"瞧神"。

东岳庙和山神庙在鲁史村的地方信仰体系中有着重要的地位。东岳庙是"管死人的庙"，每年的农历三月二十八日是祭祀日，鲁史人都会去拜东岳庙。平时每逢大型节庆，例如，四月的清明节、七八月份的火把节和中元节以及之后的春节，人们都会去拜东岳庙。虽说东岳庙的主神是东岳大帝，但是东岳庙其实供奉有儒释道神鬼以及各路神灵，其中最重要的一位是大猛神。同时，东岳庙也是重要的"叫魂"场所。鲁史人还敬拜山神，鲁史镇的东南西北各个方向都有不止一个山神。在鲁史村，人们一般会按照自己家田地的方位决定敬拜哪个方位的山神。山神庙中供奉的是"天地万物一切神灵之位"。鲁史村的人们主要在东岳庙和山神庙通过祭拜神鬼的方式祈求健康或者疾病的缓解和治愈。

除了拜神，鲁史人也看巫医，他们叫"瞧神"。目前鲁史村的巫医只剩下曹家窝的曹先生。曹先生不只看病，也帮人看风水、算卦和看运势等。

虽然村里的人生活离不开风水先生，离不开"瞧神"，但他们对巫医和"瞧神"持有一种讳莫如深和自相矛盾的态度。妇女们会在讨论"瞧神"这件事上显得更有热情，而男人们则会在相视而笑之后爆发出哄堂大笑，好似"瞧神"是一件关系到家庭和村庄秘密的行为。

## 五、鲁史村公共卫生服务机构体系

鉴于鲁史村是鲁史镇的驻镇村，鲁史村的公共卫生服务机构与镇卫生院以及县级医院的联系更为紧密。在考察鲁史村的公共卫生及医疗服务体系的过程中，可以深刻地体会到医疗体系改革下，县级公立医院和基层医疗机构之间的分工协作机制。其合作形式有基层首诊、分级诊疗、双向转诊等模式，并最终在鲁史村形成以基层医疗服务机构为主，县级统筹兼顾的医疗卫生服务体系。

### （一）县级统筹分类管理

凤庆县卫生和计划生育局是凤庆县组织实施基本公共卫生服务项目的责任主体，负责制定项目工作实施方案、绩效考核办法，明确年度基本公共卫生服务任务，提出具体措施和要求，并将任务分解到各基层医疗卫生机构，组织督导和考核，定期向上级部门报送工作情况。县级医疗卫生机构包括县疾病预防控制中心、县妇幼保健计划生育服务中心、县卫生监督所、县中医院、县人民医院。这些机构作为业务指导机构是业务指导和协助项目管理的责任主体。

### （二）以基层医疗机构为主

乡镇卫生院是承担实施辖区基本公共卫生服务的主体。其于 2016 年托管于凤庆县人民医院，覆盖全镇约三万多人口。医院以"人民共建共享、全民健康"为卫生方针，并将《健康中国 2030 规划纲要》中的"预防为主，中西医并重"思想纳入医院工作方针。镇卫生院的前身是 1953 年成立的鲁史中心医院和联合诊所。1958 年公私合营之后，鲁史联合诊所与鲁史卫生所合并。1970 年前后，来自昆明医学院第一附属医院的 14 名医务人员到镇医院，当时称汇江医院。汇江医院医生医术好，医德也高，在鲁史村村民心中有很高的威望。之后，昆明的医生撤走了，镇医院于 1984 年改名鲁史地区中心卫生院。2000 年，鲁史镇中心卫生院整体迁入新街。

村卫生室是落实基本公共卫生服务的重要组成部分，服从乡镇卫生院一体化管理，完成和落实基本公共卫生服务任务。村医是村一级公共卫生服务的最主要实施者，村医由市里在本地组织函授教育，招收中专毕业的学生，在本地学习、实习，考核合格后成为村医。2019 年新增了中医培训班。村医的工作内容主要有三块：基本医疗、基本公共卫生服务、健康扶贫。村医工资一部分来自各级财政支出，一部分是自己的医疗收入，还有基本药物补助、国家基本公卫服务收入、家庭医生签约的补助等。

目前鲁史在职村医只有一位，是家住古镇上平街的黄村医。她没有上过大学，是经过培训的初级卫生员。她平时的办医地点有两个，一个是位于古镇上平街的家中，即"街上"的诊所，一个是位于镇上新街上的诊所。黄医生的女儿、儿子以及儿媳都在诊所帮忙，做一些除医疗工作之外的公共卫生服务项目。按照规定，村卫生室应该在村委会附近，但村委会在新街上，因而另外设立诊所在老街上为农户就医提供便利。从前还有一位姓张的村医，于一年前刚刚退休，现在在街上经营一家诊室，中医西医兼治。张医生的学历比黄医生高一些，是大专师范毕业。

### （三）其他医疗机构为补充

除了上述政府公立诊所之外，还有一些私人诊所作为补充。这些私人诊所也是鲁史人就医的重要选择。

上述张医生开办的诊所具备中医、西医、草医三种治疗手段。张医生女儿的诊所顺应了村里其他公共机构的迁移规律，开在新街上。新街上还有一所由原卫生院退休老医生开设的诊所，以打吊针为主要治疗方式，这一点很好地迎合了村里人喜欢打吊针的心理。和诊所相对应的还有药房。和诊所一样，这些药房也都是私人所有的，不过可以使用医保。处于聚集和空间的考虑，药房主要开设在新街上，新街上有大大小小近十家药房。

### （四）医疗与健康政策

医保指社会医疗保险。社会医疗保险是国家和社会根据一定的法律法规，为向保障范围内的劳动者提供患病时基本医疗需求保障而建立的社会保险制度。在鲁史村，一般疾病的报销比例为医药费的 50%，中医药报销比例更高，为 60%，门诊没有特殊政策，到定点的县级医院才有慢性病倾斜政策。在乡镇医院住院可以向建档立卡的贫困户倾斜 5%。

2018 年起，每人每年以 220 元参保。民政部门负责对城乡特困供养人员全额资助参保；对城乡低保对象、丧失劳动能力的一二级重度残疾人、低收入家庭、60 岁以上的贫困老年人，由医疗救助资金，按每人每年 120 元资助参保；对纳入农村低保、农村特困供养范围内的农村重点优抚对象，全额资助参保（120 元来自医疗救助资金，其余来自优抚对象医疗补助资金）。现可申请民政部门医疗救助的人群为五保、低保、80 岁以上老人、重残，以及优抚军人。除以上人群，另外确诊 20 种重特大疾病的人单次自付金额在 1 万元以上，一年累计在 1 万元以上，也可申请医疗救助，其中单次一到五万元的治疗费可以报销 80%；5 万元以上的部分报销 90%，总报销不超过 20 万元。

对一些有所避讳的疾病，人们是不会去医院就诊的，而是会去寻求本地特殊的治疗方式，比如通过巫医和草医进行干预，这些病人在巫医和草医那里高昂的治疗费用自然是无法报销的。

图 2　鲁史镇中心卫生院"世界家庭医生日"宣传单

鲁史村还推行了家庭医生政策。刚开始推行家庭医生政策时，要求村落地区100%全覆盖。现在不再追求覆盖率，要求"签约一人，落实一人"。因此虽然家庭医生签约工作已经在做了，但是实际优惠不太明显。目前也有云南大学的附属医院来鲁史村义诊，但是时间太短。

此外，由于云南大学与鲁史镇有精准扶贫帮扶关系，现云南大学牵头与鲁史镇中心卫生院开展的远程会诊项目，是云南大学在鲁史镇健康扶贫的重要举措之一。

## 六、五项公共卫生服务包

鲁史镇所在的凤庆县的公共卫生服务体系可以概括为"县级统筹、分类管理，基层医疗卫生机构服务为主、其他医疗卫生机构补充、专业公共卫生机构指导"。基本公共卫生服务一共有 15 项，可以被概括为综合管理、疾病预防控制、妇幼保健、卫生计生监督、中医药服务五个公共卫生服务包。[①]

鲁史村的公共卫生服务对象分为一般人群和重点人群。一般人群即全体人群，重点人群包括村中的孕产妇、老年人群体及慢性病患者群体、0—6 岁儿童、青少年。笔者运用人类学视角对这些群体的一些方面进行了讨论。

### （一）孕产妇

不同时代的鲁史村妇女的生产与喂养个案有利于我们探讨鲁史村的生育习惯与生育习俗在鲁史村不同的社会经济变迁下发生的改变。

20 世纪六七十年代，西方医学进入这个西南边陲小城，原有的本地传统习惯得以延续，新的医疗卫生与健康观念正在形成。两者相互交织，形成了 20 世纪六七十年代鲁史村的母婴喂养习惯。

67 岁的乐姓婆婆是村中第一位也是唯一一位女性生产队队长。婆婆为我描述了 20 世纪 60 年代鲁史村的生育习俗。那时有句俗话叫作"乱生乱发财"，在那

---

① 凤庆县卫生和计划生育局、凤庆县财政局：《凤庆县 2018 年基本公共卫生服务项目工作实施方案》，2018 年 11 月。

个时候怀孕的妇女多是不会有什么额外的保健行为的。在生男生女的猜测上，当时人们相信"酸儿辣女"的说法。还有一种说法是以农历计算的，单月怀胎生男孩，双月怀胎生女孩。妇女生产时，自己的母亲、婆婆或者姐妹会在一旁帮忙。乐婆婆眼睛不好，左眼甚至接近失明，她将现在的病痛归因于生完小孩之后的头一个晚上，在生产队顶着煤油灯算账时过度用眼，她说："月子里淌眼泪严重的话眼睛会瞎的，这种玩笑开不得。""坐月子"的时候，产妇一天吃四顿，比平常的一日两餐多出两餐来。"坐月子"期间还讲究十天杀一只鸡，因此在这期间一共要杀三只鸡。"哪怕家里再困难，这个月也要吃好的。"此外，产妇吃不得蒜、辣豆、茴香、青菜，因为人们认为这些蔬菜会"泻肚子"。当地人还认为，辣子吃多了心辣疼，蒜吃多了牙酥，青菜、腌黄瓜对胃不好。杀鸡的日子同样也是孕妇洗澡的日子，当地人称这种行为叫"洗药澡"。药澡含有十多种草药：退骨草、野坝蒿、九灵灌、细蚂蚁草、细杨柳草、大节骨、木桐、野马、虱子草等。这其中的退骨草、野坝蒿、细杨柳是当地最普遍的清凉药，细蚂蚁草有止痒的功效，木桐有疏解大便难解的功效。与其说是"洗"澡，不如说是"蒸"澡。这种习惯一直延续到今天，即现在村中"坐月子"的女性也要在婆婆和母亲的服侍下洗药澡。

生完孩子没出"月子"的女人被认为是"沾了血"的，因此也被认为是不洁净的身体，不能随意进出供有神灵的地方。"坐月子"的女人出门时头上要顶一块布或者戴帽子，否则会被视为对上天的亵渎。"坐月子"的女人也要遵守"一七厨房进不得，三七别家去不得，百天佛祖磕不得"的禁忌要求。

刚生下来的孩子可能也会被喂一些草药，比如说用开水泡开的甘草、金银花等大多属性清凉的药物。"三天药，三碗饭，猪和鸡"，这三件事要在孩子刚出生的一个月之内完成。满月宴的举办也被认为是孩子满月度过危险期的标志，之后要献"满月饭"。鲁史村人认为，小孩子六个月大之前，母亲的奶水充沛，孩子并不需要额外补充食物。六个月之后，会给孩子喂食烩面或者面糊。

鲁史村有句话说，"天大地大乱生乱着"，意思就是，鲁史人仰仗天地生活，婴孩能否顺利出生以及出生后的命运都是天地决定的。这也是鲁史村旧有生育模式的生动写照。

到了 20 世纪 90 年代，鲁史村顺应时代发展也产生了巨大的变化。在生产方式上，包产到户的经济政策给了村民更多自主权。计划生育政策启动，鲁史村作为中国西南边陲小城，按规定实行计划生育，并给予独生子女家庭一定程度的优惠政策。在医疗上，鲁史联合诊所的老中医们相继退休，调自昆明医学院第一附属医院的医务人员返回昆明，鲁史中心医院从鲁史古镇四方街整体迁移到新街。这个阶段的母婴喂养与生育既保留了原有的传统，又衍生了新的喂养习惯。

曾阿姨家是村里的猪肉养殖大户，生活条件在鲁史村中相对较好。曾阿姨在 1995 年生下自己的独生女，女儿的母乳喂养依然遵循本地传统的时间规律。曾阿姨用母乳将五月出生的女儿喂养到腊月。按照村里人的习惯，母乳喂养的时间长短是要看季节的。母乳的时间长短不一是为了避开在四月到八月期间断奶，因为这时候被认为是青黄不接的时候，没有太多食物的。八月之后才断奶或者在腊月断奶是最好的，因为那个时候食物是最多的。

曾阿姨回忆说，90 年代正是配方奶粉刚刚开始流行的时候，"村上人生了小孩都兴喝奶粉"。断奶之后，曾阿姨给女儿喝的是一种叫"李子园"的配方奶粉，但是女儿并不能很好地适应这种奶粉，身上时冷时热。在这之后曾阿姨又尝试喂了豆奶粉，但因为豆奶贵又没有营养，最终就放弃了，改用传统的方式喂猪骨头炖的囫囵饭。那时候一些关于喂养的传统禁忌依然存在，比方说吃太多豆子孩子身上容易出癞子，不可以喝牛乳等。关于牛乳的禁忌一直存在，鲁史人认为用牛乳喂出来的孩子嘴巴会突出，因此鲁史村至今没有牛乳喂养婴孩的习惯。20 世纪 90 年代随着电视逐渐普及，关于营养品的广告风靡一时。曾阿姨给女儿买来了流行的葡萄糖酸钙。那时的孕产妇是要产检的，但并非强制。免费的孕检项目主要是听胎心、检查胎位是否正常，开药则需要自付费用。

进入 21 世纪之后，伴随着新媒体在乡村的渗透和普及，即使是相对偏远的西南边陲村落也可接收到大量现代化信息。虽然从前的喂养习惯有所延续，但众多禁忌的神圣性和不可侵犯性大大降低。同时，城市的母婴喂养观念通过网络作用在这一带的母亲和孩子身上，西方医学在乡村的推广逐步深化，生男生女的观念也随着计划生育政策的改变有所改变。近年来鲁史村年轻母亲的生育自主权有了一些程度的提高。

字家是鲁史村的大家族。字家三儿媳妇今年 28 岁，生育有两个孩子，都出生在县医院。字家媳妇对剖宫产和顺产有自己的看法，她说："我们这里没有觉得剖宫产多好，我们一些朋友在一起聊也会说，不到不得已是不会做的。如果剖宫产，不痛就根本不知道生小孩是什么感觉了，（这样的话在）做妈妈的经历上就少了一块。"当被问及为什么剖宫产对身体有影响的时候，她说："因为那不是一个自然的过程，肯定是不好的。"可以看出来，这种观念是群体性形成的，在朴素的本地医疗卫生观念下，和年长的一辈给予生育过分关注不同，她们逐渐将目光投向自己身上，不仅关注自己身体的健康状态，还将生育过程看作生命的重要过程，关注自身的主体性生命体验。

与此同时，孕产妇作为公共卫生服务的重点人群，针对孕产妇健康管理的公共卫生服务也越加完善。按照凤庆县卫计局的要求，鲁史村的孕产妇怀孕期间会接受三次体检。孕妇每个月都要去镇卫生院产检。字家媳妇说，不用村医催，现在的孕妇很自觉就会去了。当地的妇女怀孕之后要先去办一个孕妇的册子，册子上会记录下体检的信息，再去办一个准生证，准生证必须要在住院之前就办好，否则产妇将面临罚款。之后产妇及家属带上自己的户口簿到医院注册，出院后医院将开具出生证明，等孩子满月以后就可以去民政局落户。

当前，鲁史村的村民不再单纯以家庭为中心进行工作生产，伴随着新街的建成发展以及务工性流动人口的增加，除了传统的生产方式，越来越多的鲁史村村民参与到了雇佣劳动之中，其中也包括妇女。字家媳妇在新街上的唱吧工作，预产期到了就开始休产假，时长一两周。按照字家媳妇的说法，多数单位或企业是允许带薪休产假的。

乐家媳妇则代表了鲁史村的另外一批年轻母亲，这些母亲的生产活动集中在家庭内部，但同样繁重。没有像字家媳妇一样的产假可以专门用作产前休息，不过自由度更高一些，毕竟包产到户增强了个体农户的生产积极性，也提高了农户个人工作和休息的灵活性。

在生多少孩子和生男生女上，对字家媳妇这一代年轻妈妈们来说，虽然传统的思想对她们还是有所影响，但是整体体现出更大的自主性。

在婴孩的喂养上，西方医学理论支撑下的科学喂养建议越发流行，医生建议的权威性在这方面也不断提高。按照公共卫生服务的建议,科学喂养意味着最好到两岁之后再断奶,六个月内不要喂任何辅食。字家媳妇是很相信这些"科学宣传"的,她七个月大的小儿子仍然在吃奶,偶尔也会吃一点米饭或者米粉,而大儿子也吃奶到一岁多。她认为,现在的孩子发育快,出牙齿出得早,学坐也坐得早。字家媳妇将这一切归结为"科学",她骄傲地说:"这就是科学的进步。"

一般六个月以上的婴孩会被建议吃辅食,按照公共卫生服务管理办法,会为产妇及婴孩发放营养包,营养包的全名为"婴幼儿辅食营养包",由国家卫生和计划生育委员会制定和发放,是一种专门给六个月及以上宝宝补充生长发育所需各种营养素的营养包。但是鲁史村的妈妈们普遍认为,想要将这种营养包的作用发挥到位并不是很便利,因为需要配合营养包的使用方法为婴孩专门制作和大人饮食不同的食物,这在劳动繁忙的鲁史村并不现实。

鲁史村的孕产妇中还有一种特殊的人群,她们是通各种途径嫁到鲁史村的缅甸新娘。并没有人统计过村中究竟有多少缅甸新娘,据村民们估计,鲁史村大致有十几家这样来自缅甸的媳妇。介于缅甸新娘没有中国户口,也不方便办理暂住证,因而被排除在基本的公共卫生服务之外,无法享受到服务所提供的定期孕产检。然而缅甸媳妇怀孕期间的身体状态与新生儿健康息息相关,缅甸媳妇本身的身心健康也是值得关注的。来自中缅边境果敢等地的新娘虽然和中国的边民共享一些相近的生活习俗,但是来到中国生活还需要一个适应的过程。在习俗方面,缅甸北部的习惯与中国相近,也有"坐月子"的传统。在鲁史村健康观的熏陶下,缅甸新娘也认为如果不吃清淡的食物,小孩子出生宜患肚腹热。

对待从不同途径进入鲁史村的缅甸新娘的方式也是不同的。通过自由恋爱进入村中的缅甸新娘回家看望父母会相对轻松一些。虽然没有娘家人的照顾,鲁史村的缅甸媳妇之间是会相互走动或聚会的。鲁史村有十几位来自缅甸的媳妇,她们相互之间形成了对彼此十分重要的情感支撑网络。

### (二)儿童龋齿

2019 年春季,鲁史镇中心卫生院为了掌握 0—6 岁儿童的健康状况,对刚入学的学生进行不包括在公共卫生服务要求中的身体体检,他们意外发现这批刚入学的学生中患有龋齿的学生人数众多。随后他们扩大筛查范围，对辖区内所有的小学生都进行了健康筛查，最后筛查结果发现，超过 50% 的鲁史镇小学生患有龋齿。龋齿成了鲁史镇儿童一个十分严重的健康问题。

鲁史村儿童龋齿患病率高的原因有以下一些。首先，鲁史村的村落人口结构一定程度上成为儿童龋齿发病率高的诱因。由于劳动力外流造成村庄本身的空心化程度很高，对儿童的教育工作更多由隔代的爷爷奶奶完成，爷爷奶奶对孙子辈的教育也会更为纵容，零食成了爷爷奶奶表达对孙辈关爱感情的载体。同时，从前的计划生育政策鼓励广大乡村地区执行独生子女政策并给予一定鼓励。"只生一个好"的政策使得鲁史村的乡村生育观念发生了改变，鲁史村生育率大大降低。很多鲁史村的孩子没有兄弟姐妹，缺少一起玩耍的同龄玩伴，爷爷奶奶出去劳作的时候他们就会在家边看电视边吃零食，这也助长了鲁史村儿童的龋齿问题。

其次，龋齿问题还与鲁史村地方性的健康观念与饮食习惯相关。鲁史人认为，食物的性质可以用"凉""热"两性进行概括。"热"的食物吃多了，喝"凉"药即可。因此，鲁史人喜甜，以甜为佳，越甜越好。鲁史人的烹调从不吝啬放糖，因此鲁史村孩童摄入的糖分更是多上加多了。

鲁史镇中心卫生院的一位负责人还认为，鲁史村儿童龋齿发病率与完小的寄宿制有关。鲁史村的孩子基本都在鲁史完小上学，完小实行寄宿制，一大部分孩子会住在学校里。因而，他们不能在家长的督促下形成认真刷牙、保护牙齿的习惯，同时也更容易受身边同学不良习惯的影响。

最后，从更微观的层面，鲁史人对刷牙这种行为也有自己特殊的理解。19 岁的年轻人小岳虽然不是儿童龋齿这一健康问题的目标人群，但是从他的描述中可以看出鲁史人对口腔卫生是不够重视的。他说："我们晚上基本不刷牙。但是早上一定要刷，因为不刷味道不好，所以早上再匆忙，牙也一定要刷。"在鲁史人看来，刷牙更多是为了保持个人卫生整洁并呈现给外人看。有"口气"在鲁史人看来是不卫生、不文明的行为，而不是不健康，因此，晚上的刷牙行为并未引起重视，这一点延伸到儿童身上就成了儿童龋齿的推手。最终在本地观念影响下，这样的文化逻辑与文化形式被具身化在儿童身上，并影响了儿童龋齿这一特征。

### （三）青少年吸烟

鲁史村青少年的吸烟问题可以说是中国青少年吸烟问题的缩影。鲁史村的青少年到了上中学的年龄，主要会去两所中学念书：一所是离鲁史村不远的鲁史中学，一所是位于临沧市的临沧一中。临沧一中以严苛著称，被认为是临沧市最好的中学，高考一本率达到 80%。鲁史中学是镇中学，其毕业生大多去往大专院校。两所学校青少年中的吸烟人数都很多。以下几个个案有助于剖析鲁史村青少年吸烟的原因。

小海同学今年刚刚从鲁史中学毕业，考上了昆明的一所大专。他们班有一半同学吸烟，这些同学烟瘾很大，每天都要躲进厕所里吸烟。他有一个同学从小学三四年级开始吸烟，是一名留守儿童，他的妈妈很早就去世了，他和爸爸生活在一起，但爸爸成天喝酒赌博，也很少回家。小西同学在临沧一中上学，今年考上了四川大学。临沧一中对吸烟的惩罚是十分严苛的。有人被抓住，就让他们回家反省一个月，或者请家长到县城陪读。但是在这种严苛的惩戒措施下，学生们认为，"越明目张胆越抓不到"，吸烟的人数并没有因此减少。

从刚刚高考完的高中生小月身上，我们可以看出一个典型的鲁史村青少年开始吸烟的动机以及促使他吸烟的驱动力。小月今年 21 岁，刚刚从鲁史中学毕业并考上一所大专院校。小月从高一开始吸烟，至今已有三年烟龄。当问到他怎么看待自己吸烟这一行为，他的身体微微向后一靠，说："我觉得吸烟很正常嘛，是不是？"小月将吸烟和男子气质联系在了一起。他认为吸烟是自己从男孩成长为男人的开始。"一个吸烟的男人背后都有很多故事。"吸烟是他表明自己身份特征的符号和印记。但他一个人的时候不怎么吸烟，相反，和一群人在一起的时候会更容易吸烟。在学校如果吸烟被抓到也是有惩戒措施的，但惩戒措施的不合理、不到位反而在一定程度上助长了吸烟的不良风气。"上有政策下有对策"，最终学校和老师难以应对，反而觉得在吸烟纠察上浪费了过多时间精力，逐渐放松对吸烟行为的管控。

从吸烟的驱动力来说，一部分原因在于两性关系中对男性气概的理解和幻想，这种幻想很大程度上受到流行文化的影响。小月和身边的朋友们觉得吸烟的男生看起来很潇洒，很有神秘感，借烟消愁的男生自带忧郁气质和神秘感。女生喜欢的就是潇洒的男生，所以他们认为吸烟会是一件讨女生喜欢的事情。吸烟的男生中流传着一种说法："抽烟姿势一定要帅，抽得潇洒一点，要有飘飘欲仙的感觉。"身边如果有男生问自己为什么吸烟，他会故作深沉："你知道吗？抽烟是有故事的。"

吸烟的习惯和鲁史村的文化环境也有十分密切的关系。鲁史村没有喝酒的习惯，因而吸烟就成为鲁史村男性消遣的方式。在鲁史村很少能看到不吸烟的成年男人，但也很少看到嗜酒如命的人。鲁史古镇是烤烟种植重镇，在发展核桃种植之前，几乎家家种植烤烟。吸烟和喝茶在过去很长时间内成为区别鲁史村男性和女性的一个身份特征。鲁史村传统的吸烟方式是吸水烟。水烟的俗称是"大碌竹"，大概长一米多，直径不等，总体不到 10 厘米。传统上的云南水烟是用竹子做的，现在也用铜或者不锈钢等材料制作。筒中间会插一根小管子，作为点烟丝的地方，桶内盛水，筒的上半部分会有一个开口，是用来吸烟的。吸水烟在鲁史村很普遍，男人在聚会时，大家都会拿出自己的水烟筒，将它蹲在地上，一边聊天一边吸烟，把这作为一种消遣的方式。习惯吸水烟的鲁史村人并不认为吸烟对身体有巨大的伤害。因此，当他们的晚辈拿起香烟的时候，他们并不会给予太大的阻拦。

## （四）老年人养老照护

慢性病死亡已成为拉低鲁史镇人均期望寿命的重要因素。[①] 鲁史村的老年人慢病管理依托鲁史镇中心卫生院开展。鲁史镇中心卫生院的慢性病管理中心设在中医药综合服务区内。慢性病管理中心有三大职能，即健康管理、诊断治疗和康复三种职能。中国乡村人情社会的特点为老人的照护提出了新的要求。在鲁史村空心化日益严重的当下，老人的养老与照护问题日益突出。

案例的主人公是平街上一位 76 岁的独居老人，这位婆婆独自一人住在十余平方米的平房中，属于无保户和非建档立卡户。2019 年 7 月初老人在熬中药的时候将自己烫伤，在右臂、臀部和背部留下了较大面积的创伤。老人曾经前往卫生院就诊，由于伤势过重，卫生院不具备足够的医疗条件进行医治，因此大夫建议

---

① 凤庆县鲁史中心卫生院：《凤庆县鲁史中心卫生院慢病管理中心建设实施方案》，2019 年 4 月。

她去凤庆医院住院治疗。但是因为老人独居且看病花销大，加之身上烫伤的位置使老人没法正常坐车，所以老人只能自己返回家中，用生鸡蛋擦拭伤口和用简单的药膏做一些有限的基本护理。笔者前往镇医院了解情况，医生说镇卫生院并没有专门的烧伤科，一旦伤口化脓，只会加速病情恶化，因此建议老人去凤庆医院就诊。考虑到老人无人看护，他给村医打了一个电话，让村医继续帮她擦拭身体。

通过村里的另一户人家，笔者了解到这位老人的身世背景。年轻时，丈夫去世，她改嫁，新改嫁的丈夫又病逝了。儿子因为觉得自己被抛弃，和她断绝了关系。村上的人帮忙联系了她二哥和孙子等家人，但即使有联系上的人也在其他的镇甚至是外省，无法即刻回来照顾她。邻居说这位婆婆的脾气很古怪，因为改嫁的关系，她跟两个儿子的关系不是很好。鲁史村里面没有人能照顾独居的婆婆。村里人说："哪有那样（总有人照顾）的地方啊，你以为跟城里一样啊！"

根据鲁史卫生院规定，考虑到老人难以清晰表述自己的病情，以及出于规避风险的考虑，老年人住院一定要有直系亲属陪护并签字。村里大量中青年外出务工，独居老人不在少数。镇医院负责人直言，通融的情况在乡镇卫生院还是偶尔存在的，但如果是县医院，这种情况就基本不会存在了。

这是笔者在鲁史村发现的较为典型的关于乡村养老和照护的例子。鲁史村传统的照护角色由家庭成员、传统乡村医疗体系和以人情作为纽带的邻里承担。随着劳动力外流及独生子女政策的实施，这样的传统状况有所改变。按照中国传统的养老和慈孝观念，子女对老人有赡养义务。"养儿防老"的观念在鲁史村依然十分流行，家中一般会留一个儿子在身边，让其他的孩子们在外打拼。除了子女对老人的赡养，乡村医疗体系也会承担一部分照护的职能。从前在各个村落行医的草医，用现在的话说，实质是一种"出诊"。过去，鲁史联合诊所的医生们也会出诊到行动不便的病人家中，并实行随访制度。现在的镇卫生院是没有出诊制度的，乡村的村医存在"重公卫，轻照护"的情况，是否上门看望村中的居民更依赖于与村医人情关系的亲疏，村医的照护成了乡村邻里之间基于人情往来的互惠性行为。此外邻里之间的照护也在鲁史村的老年人养老中扮演重要角色。

但正如以上案例，互惠型乡村社会与从上而下的现代社会救助是有较大区别的。乡村的社会管理不能缺失对乡村特有人际关系网络运作的关注。特别是在劳动力外流情况严重、乡村空心化状况明显、乡村医生"重公卫，轻照护"的现今，乡村的社会管理更不能缺少对传统互惠关系的重视。

## 七、结论

医疗卫生作为鲁史村落社会生活十分重要的一部分，鲁史村本地医疗卫生观念、医疗机构设置、政策实践都随着鲁史村的变革呈现出不同的变化特征与趋势。在鲁史村村民病理的推断上，鲁史村居民依然坚持着"凉""热"二元的病理逻辑，这种病理逻辑不仅影响了他们看待疾病的视角和日常自我保健的方式，也在鲁史人提倡的生活习惯上留下了深深的印记。此外，西方医学的进入为鲁史人带来了在多元医疗体系下更为丰富的医疗选择，除了西方医学手段，鲁史人还会依照不同情况选择中医、草医以及巫医进行治疗。公共卫生服务的不断完善既为一般性人群提供了健康服务，也使得重点人群受到了格外的关注，比如孕产妇、儿童、青少年以及老人，他们的健康实践随着鲁史村社会的变革而发生变化。"健康"作为鲁史人的个体生命状态，隶属主观体验但同时镶嵌于社会结构，既源于鲁史人的生物性本质，同时又被深深打上了社会生活与文化经验的烙印。土官土司制度的废存、茶马古道的兴衰以及鲁史街的迁移是鲁史古镇里较为重要的三次变革。这三次变革贯穿现代公共卫生与西方医学进入鲁史的过程，"健康"从"个人"走向"群体"，"健康"不仅属于"我"，也属于"我们"。

# 指导意见

中山大学

夏循祥

    2019 年是我第三次带队来凤庆县团山村进行田野实习，前两届的学生已积累了非常多的资料。我有时担心，这个村子的话题会不会已经写尽了？幸好，每一届学生都会有自己的灵感，以往的材料不仅不会成为他们的束缚，反而会成为研究的基石。

    作为贵州人，胡廷崴对西南山地的道路很有兴趣。近几年国内人类学界一直推介道路等基础设施的相关研究。连续几年去团山，我感觉到了道路的具体变化，积累了一些体验与理论，所以我建议她从团山的道路入手她的调查。权衡之后，她欣然接受了。于是，田野调查之前，我开始推送与路学相关的论文给她，并简单介绍以往田野报告中的相关话题，比如曲折而险峻的山路如何使教育成为奢侈品；遥远的距离，使得现代医疗资源难以进入，导致草药与巫医在此地必然占有一定的市场……最开始给她的研究问题是，"要想富先修路"，真的是这样吗？路修好了之后，什么人会致富？财富之外，道路还带来了什么？她很快去查阅了相关资料，并获得了初步印象：这个问题有很大的空间值得去做。

中山大学的田野实习有个不成文的经验，同学每天要分享自己一天的收获，以便交换信息。此外，指导教师每周会和同学们逐一单独聊天，以督促其进展，并根据他们的情况决定在什么时候逐个给予指导意见。胡廷崴同学有西南方言基础和农村生活经历，也很勤奋，每天都积极参与当地人的生活，比如陪老支书放牛，与扶贫队员入户，帮阿姨们干活，带领小朋友们玩耍，获得逐渐丰实的田野资料。她性格开朗，能够与我推荐的访谈对象形成良好的关系，使他们都成了她的关键报道人。除此之外，我每周都会与每个同学进行正式会谈，也带着她行走过不同的道路。我清楚地记得在因为村支书在狭窄的山路上掉头而略有悬空的面包车后座上，她的尖叫，清楚地记得她看到瘪瘪的车胎时那一声心有余悸的长吁。

回到学校后，我每个月都要检查、督促他们的论文进度，并及时地提出建议。第一次主要是针对论文框架进行指导，第二次进行了论文格式的修改，第三次着重论文内容与形式的精进。胡廷崴同学会主动在要求日期前提交新的修改版本，并且会及时地回复修改意见。她的报告质量不断提高，并且在既定的框架下展示了不错的文笔。我也很享受这样的"教学相长"的过程。

总之，无论是总体框架和问题意识，还是访谈材料的细致和有趣，或是带有浓厚生活感的分析思路，胡廷崴同学都给出了一篇优秀的田野报告。当然，她的理论知识储备还不太充分，希望她今后积累更多的知识和调查经验，再回过头来审阅自己的文章，有所收获。

# 作为基础设施的道路及其象征研究

## ——以凤庆县团山村为例

中山大学人类学 2017 级本科生　胡廷崴

指导老师　夏循祥

　　**摘要：**基础设施利于经济增长早已是发展经济学领域的共识，将靶点指向区域经济发展不平衡的研究特别凸显出交通基础设施的重要性。我国贫困人口集中于西部省份，贫困现象突出表现在农村，西部农村最主要的交通基础设施——道路——却与东中部地区存在阶梯性差异。"要致富，先修路"，道路作为国家政策减贫的先决条件，又是如何领人致富的呢？近年来，人类学力求从微观角度呈现道路与社会的整体性关系，本文意欲探讨西部农村修路致富的具体过程，为发展视域下的路学人类学讨论作粗浅尝试。

　　**关键词：**基础设施；脱贫致富；路学人类学

## 一、研究背景

　　中国的贫困现象突出表现在农村，贫困人口多集在中西部省份，道路作为中国西部农村地区最为主要的交通基础设施，却与东中部地区存在阶梯性差异。林毅夫（2019）提出："从新结构经济学的理论分析和我国的经验来看，要致富，先修路。一个发展中国家把基础设施完善了以后，才能进入到现代化的进程。"

人文社科领域有大量文献证明作为交通基础设施的道路对落后地区经济的促进作用，但更多关注宏观数据的呈现。近年来人类学力求从微观角度来呈现道路与社会的整体性关系。周永明（2010）倡导综合生物学、动物学、人类学、历史学、地理学、政治学和传播学等学科对道路展开研究，并进而建构起"路学"的学科体系。道路不仅是物质的存在，更深刻地影响着社会生活的方方面面，成为"物质—非物质"的连接点，周大鸣（2019）认为人类学在社区民族志、区域研究中引入"路学"大有可为，并提出从基础设施切入道路研究的途径。

修路被广泛视为财富的起飞条件，更被政策反复置于居中位置，宏观数据下的致富究竟是怎样的具体过程？中国西部地区农村的社会生活因"路"发生了哪些变化？农民（至少是一部分农民）是怎样通过道路富起来的？他们的致富"路"可以提供什么经验？假如道路不能致富，修路还有必要吗？

本报告尝试讨论发展视域下的路学人类学，回答以上问题。

## 二、群山成团：田野点概况

团山位于云南省临沧市凤庆县郭大寨彝族白族乡东南部，阴晴皆美甚。晴时四野青山一览无遗，云影被光追赶，把山映出深浅不同的黛色来；阴时雾作袖带，山扬起长袖掩面，仍被雨水浇灌得湿漉漉的。这里树林茂密，溪水绵延，俐侎人世居此地，自成一方小世界。

### （一）团山的自然环境

团山地处凤庆南部，东经 99°80′50″，北纬 24°26′29″，距县城 73 千米，距郭大寨乡 15.2 千米，与外界相隔较远。凤庆县属于山地中亚热带季风气候，干湿两季及立体气候明显。雨季自 5 月下旬至 10 月，阴雨连绵且雨量较大，雨季降雨量约占全年降雨量的 81%。干季自 11 月至次年 5 月，盛行热带大陆性气团的南支西风气流，日照强，晴天多。① 境内河流以澜沧江、怒江水系为主。雅琅河

①《美丽的滇红之乡——凤庆县》，凤庆县人民政府官网，http://www.ynfq.gov.cn/fqxrmzf/zjfq/fqgk/88378/index.html。

发源于永德县，流经团山后汇入顺甸河。

作为行政村，团山下辖 8 个自然村，15 个村民小组：团山（含团山组、岭岗组）、小寨（含上小寨组、下小寨组）、洼子（含上洼子组、下洼子组）、岩子头（含岩子头组、中寨组）、伙石场（含伙石场、外寨小石桥）、大寨（含大寨、沟边）、松林（含松林、新沟）、核桃林。在众多自然村中，团山的地理位置与众不同，整体呈众星环抱之势：其他自然村缀于四周青山，团山则坐落谷地。

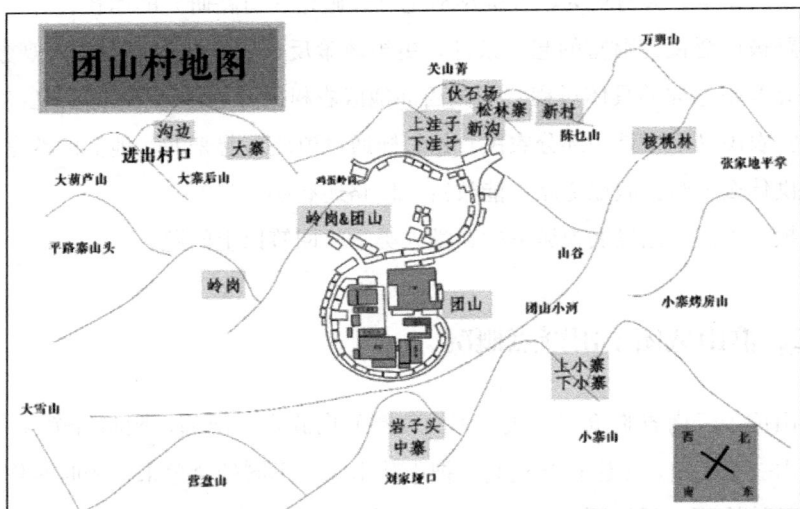

图 1　团山村全景图（中山大学人类学硕士董芝雪绘制）

## （二）团山的经济状况

团山是郭大寨乡深度贫困村，以种植、养殖为主要生计方式。以茶叶、核桃、烤烟为支柱产业，2018 年团山共种植核桃、茶叶各 1000 亩，烤烟 300 亩。养殖以土鸡、猪、牛为主。务农主要由老年人负责，中青年多外出务工，流出方向有北京、广东等。

## （三）团山的文化环境

彝族、布朗族、汉族等不同民族的人们在团山繁衍生息，其中以彝族俐侎人为主体。俐侏人是彝族的一支，又称"黑彝"，是云南临沧市特有的族群，全市有两万多俐侏人口，团山有两千人左右。生活在这里的三百余年中，俐侏人与自然共生。据《云南通志》，俐侏"男子好皂衣，面黄黑，善弩猎，每射雀即啖。女子分辫赤足，出外常披花巾，以蔽其身。"生活于此的俐侏人仍保留许多习俗，他们以"狗"为民族图腾，以梯田形状装饰服装，信仰"万物有灵"，对自然报以敬畏与热爱。赶庙会（农历四月初八）、火把节（农历六月二十五）、七月半（中元节）等是俐侏人的重要节日。他们古朴自然、热情豪放。俐侏人有语言无文字，文化、习俗都靠口头传承，当地已开始有意识地保护俐侏文化。

### 三、作为连接的路：团山路网

道路致富，最重要的就是连通性，即"运进来"和"输出去"。要研究团山人如何利用道路致富，必须把道路放到区域中，去看道路如何同时提供主体与外界连通的渠道，又限制主体连通的路线与范围。

#### （一）内部路网

团山道路的材质和使用有多种状态。在俐侏语中，"路"的发音是"日闷"，"泥巴"称为"路起"，"泥巴路"为"路起日闷"；弹石路比泥巴路硬度更高，所以用"硬"（"阿瞎突"）来称呼弹石路为"日闷阿瞎突"；水泥是需要煅烧的，故用"火塘"（"苦西米"）称呼水泥路为"苦西米日闷"；柏油路是最坚硬的路，于是称为"瞎突拉瞎日闷"，意为"硬上加硬"的路。在这一小节中，笔者将以时间顺序为经，以"中心—边缘"为度，记录团山内部主要道路的情况。

团山各小组间的小路隐藏在山野间。岩子头、小寨与团山隔着河谷相望，核桃林与众小组相距最远。如果把所有的小组位置连接起来，整个行政村近似右侧变异的扇形，团山自然村处于扇形的左上方，环抱在群山当中，是扇形中的唯一聚落点。

团山拥有地理位置优势，其中心位置的确立是因为它集合了行政、交通、教育、医疗、贸易、娱乐休闲等多种功能。因为水泥路的修建，团山现状卫星图中可以清晰地呈现村内的路网。笔者将村委办公楼、团山小学、卫生所以及街子天市场所在范围视为范围 1，通往田坝小组的道路标记为道路 2，通往郭大寨乡的道路标记为道路 3，一条联系团山行政村各小组的组内公路标注为道路 4，沿着道路 4 可以到达洼子寨、松林寨、岩子头等小组。范围 1 本来是一片耕地，自2012 年被规划为新农村建设的主要阵地后，崭新的民楼、村委会办公楼、村卫生室在此处建立。行政功能是使团山村成为中心的最主要因素，所以村委办公楼又可以在更微观的层面上成为中心，甚至可以成为团山村的指代，并与其他地方明显区分开来。村委雇人定期清扫办公楼和集市的周边道路，这使得范围 1 更加干净整洁，也是它特有的道路景观。

与道路 4 一样履行着组内连通功能的还有 AB 路段，为道路 3 与岭岗组的交点，和火石场小组之间的道路。这一条组内公路的初步修建工程实施于 1991—1996 年，山野中的小路被加宽、加深，虽然仍旧是泥土材质，但一定程度上改善了道路状况。之后十余年中，组内公路都没有较大改变，直到 2015 年团山开始实施组内道路硬化工程。硬化工程已实施四年，AB 路段是团山的第一条组内硬化公路，总长约 5 千米，每千米造价 52 万元，共花费 260 万元。道路 4 硬化于2017—2018 年间，它与 AB 路段共同为团山内部聚落连通渠道效力。为了更清晰地呈现出团山内部路网存在的问题，我将其抽象为图 2。

图中可见田坝—岩子头、团山—核桃林两处道路尚未硬化，在其他小组形成连通回环的情况下，它们的阻碍显得十分明显。因为只能人行或驾驶摩托车，所以岩子头向北与其他村组、郭大寨乡的连通需要长途绕行；向南与文德村的连通也需要长途绕行。核桃林在地理位置最偏远的条件下成了最富裕的小组，如果说修路致富，为什么核桃林还不修路？如果说修路致富，为什么核桃林还没有修路就已经比其他小组富裕了？假如修路的致富效果与想象不同，那么修路还有意义吗？我将尝试在本报告的第五至七部分回答这三个问题。

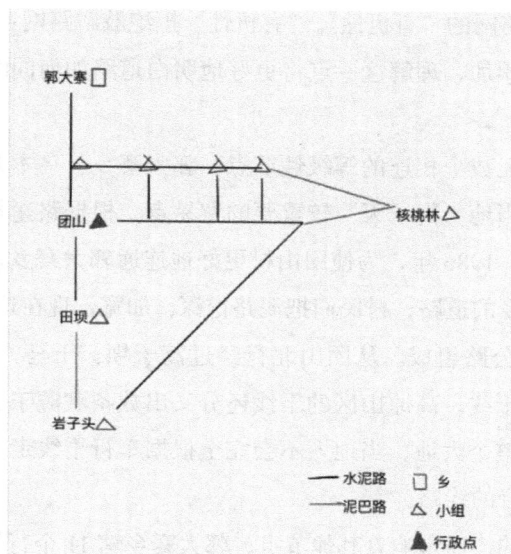

图 2　团山内部路网抽象图

　　在未来的道路规划中，道路分为入户路、产业路、村组路三个大类。入户路的目标是将道路硬化工程做到百姓家门前；产业路指的是通往田地的道路，团山规划建立三条产业路，方便村民进行农耕；村组路指的是联系各小组的道路，村支书说，田坝—岩子头之间的道路已经被纳入了团山的道路规划。国家修的路和村民使用的路完全一致吗？当然不是。上文探讨的"公路"是指已经硬化或将被硬化的路，可山区生活是离不开小泥路的。村民通过泥路翻越山岭、跨越河谷，尽量以两点间直线最短的方式通行，它的用处在某些时候会大于水泥路，这是团山泥路与水泥路并存的原因。

## （二）外部路网

　　团山人除外出务工，日常生活半径不大，与村外发生联系主要是通过贸易、教育以及社交，贸易网与道路关系密切。"街子天"产生在较大聚落或者行政区域的中心，人们来此聚集，将道路在特定时间内转化为贸易场所。道路景观、聚落等级、社会交往都受此影响。本小节将团山凝缩为网络中的一个点，尝试借助贸易的流动性分析路网的"有机性"。"有机性"拒绝肢解路网：路网由道路组成，却不是逐条道路的累加，理解这一点将更好地明白道路如何同时成为致富的渠道和限制。

团山路网中有无数个相连的等级性节点，郭大寨乡、乌木龙乡、勐祐镇、三岔河镇、营盘镇是当地"街子天"较重要的贸易点。根据路途长短，乌木龙乡和郭大寨乡更为便利。1986 年，为使团山村更好地连通郭大寨乡，区公所划拨物资修缮团山—郭大寨乡的道路，村民们把泥路挖深、加宽，现在这条路由小段泥路、小段柏油路和水泥公路组成。从团山北行经过蒿子坝、干马，长约 15 千米，是团山通往外界的主干线。高原山区的干线还分叉出数条藏匿于山野的小路，它们四散开来，捆绑了整个大地。当地人不会完全根据车行干线走，而是在盘根交错的路网中找到最适合的线路。

团山与郭大寨的连通影响着其他节点。郭大寨乡辖 11 个行政村，雅琅河流过中间，将行政村分为东西两个部分，团山处于东部乡域的南端，是除文德村之外最靠近南部乡域边界的行政村。老文线穿团山而过，使团山成为文德—郭大寨的必经之处。上节提到团山的内部路网存在两个问题，其中一个是田坝—岩子头道路尚未硬化，影响了团山组内的连通，并在外部影响文德村与团山村之间的连通。

把区域放大，团山与相邻两县因为便利的交通条件而联系紧密，甚至在某些方面超过了与所属县的关系。在图 3 中，我将团山的位置简化，清晰地表现出团山与其他地区的相对位置。

以团山为起点，不同方向的主路线罗列如下：向西南到永德—镇康（中缅边境）；向东南行车抵达云县，再经由国道 214 连通南涧、大理、楚雄；向西北经由省道 311 抵达保山市（郭大寨商贩最常去的进货点）。团山距凤庆县 73 千米，距永德县的乌木龙乡 45 千米，距云县 65 千米。乌木龙乡发展早，在团山人的贸易网络中有超越郭大寨乡之势，农户只需要向西南走 2 小时就能够将农产品带到乌木龙大市场上。现在运送货物由人/畜变为机动车，西南方向并没有直通道路，所以人们必须先驾车北行到郭大寨乡，再到乌木龙，与人行两小时相差无几。在这种情况下，郭大寨变成一个具有替代价值的新贸易点。

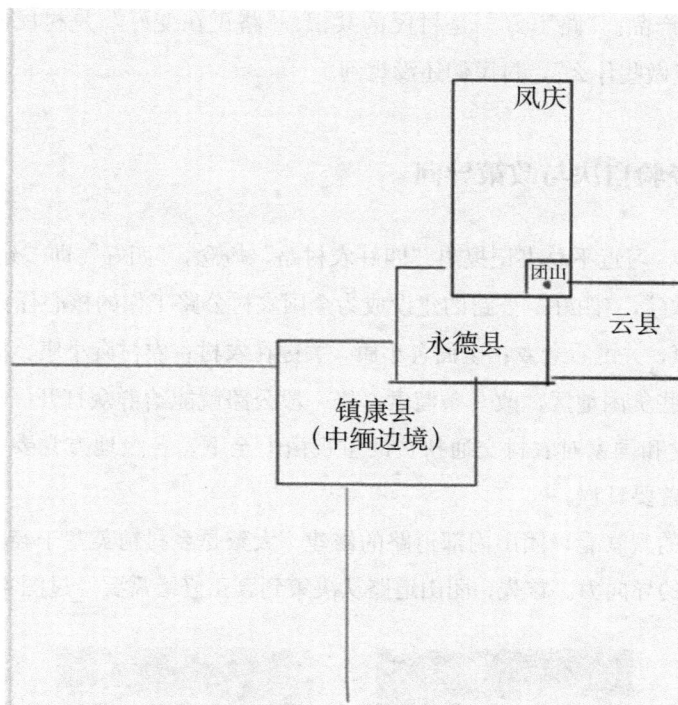

图3 团山与外界的相对位置

　　路网的有机性依赖于无限延展，渺小的节点也会受到强烈的辐射。团山内部道路影响村与村的连通；乌木龙通过道路与周边的商品、人员进行密集互动，又反过来强调道路对它的重要性。端点、道路、流动实时互相影响。

　　事实上，我国目前交通资源的配置在区域与城乡之间呈现出巨大差异，西部地区综合交通路网密度、交通运输基础设施质量、运输能力、交通运输业创收数额、综合交通基础设施建设的投资、综合交通枢纽衔接程度远低于东中部地区。[①]与城市道路相比，农村道路通达性不足、建造质量低、管理养护水平跟不上、客运服务少，存在更多的安全问题。这些问题也困扰着团山人，多数团山村民不曾想拓宽生活半径，外出务工还得克服艰难险阻。路在团山担任生产生活的重要通道和集散地，贸易网络在团山显得更重要，村民必须靠着集市道路获得生活必需

――――――――――
① 参见李洁：《综合交通运输体现的社会公平性研究》，博士论文，北京交通大学，2009。

品、卖出农产品。"路不好"是村民的共识,"路正在变好"是村民的感受,但"路修好了能做些什么",村民们还没想到。

## 四、经验自决与政策导向

2014 年,习近平总书记提出"四好农村路"概念,"四好"即"建好、管好、护好、运营好","四好"公路的建设成为全国农村公路工作的核心任务和总目标:"小康不小康,关键看老乡;全面奔小康,关键在农村;农村奔小康,基础在交通;特别是在一些贫困地区,改一条溜索、修一段公路就能给群众打开一扇脱贫致富的大门。"党和国家对农村交通扶贫的重视由上至下,各级地方党委、政府将修建道路提上首要日程。

以笔者的观察看,团山内部道路的修建,大致是乡村精英基于经验的自决以及上层政策的导向力。首先,团山道路从决策到真正修缮需要经过图 4 所示流程:

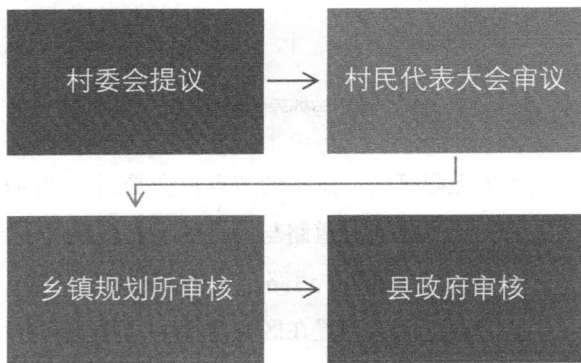

图 4  团山道路修建决策流程

团山立体的地形让路的坡度、转向、角度以及配套基础设施的建设在生活实践中异常重要,但过于依赖平面的地图,过于相信经验的决策,让团山的道路修建出了一些问题。

渗水工程、路灯和支砌挡墙是常见的道路配套设施。图 5 与图 6 皆拍摄于下雨时的岩子头小组。倾泻而下的雨水携带着泥沙,堵住了排水沟并淹没道路。泥水淹没道路导致行路难。排水沟是团山基础建设的重点，大多数沿道路修建。而何处排水多、何处排水少出自村干部的经验观察，"排水多的地方，水管就大一点；排水少的地方，水管就小一点"。具体排水量是多少，对应水管的排水量数值有多大差别，在哪个地方修建多大角度的弯能有效减少 / 避免泥沙堵塞等，没有准确答案。笔者查阅各自然村的道路规划书，发现路的宽度从 3.5 米—4.5 米不等，水泥路面的厚度从 10 厘米—20 厘米不等，这些数字来自主观经验。团山村委办公楼前的地面总是有积水，原以为是村民家排放出来的生活用水，但其实是道路修建时，因为不了解路面承重以及具体情况，导致施工队的车辆压坏了排水管。

图 5　被雨水淹没的道路　　　　　　图 6　疏通水管的村民

其次是上层决策导向力。团山入户路与其他自然村的规划不同，选择了造价更贵的石板，全部配备了照明设施。目前配置太阳能路灯的小组有团山及田坝（距团山最近的小组）。道路周围的事物影响着道路本身，它们无形中显示了道路的现代化程度以及重要程度。

在调研时，县委常委会通过了 15 个示范村建设的决定，其中包括团山自然村，该决策使全村的建设资金都集中到团山自然村来，其他村民小组的修路计划只能暂时搁置。

## 五、以路为生：两位"吃"路人

"要想富，先修路"，道路是作为前提条件出现的，并不是致富的具体路径。大环境提倡村民靠路走到外面去，靠劳动力异地化挣钱，团山村组路上也描绘了"外出打工找门路，发家致富讨媳妇"的标语。可有些村民没有到外面务工，却借道路得以致富，他们是如何将道路"吃"透的呢？

### （一）靠路走出去的村庄首富

团山中心点是村委，小学和卫生所紧靠村委办公楼。2012 年，新农村规划将村公所周围作为建设地，YCG 的有形资产基本上在这片中心区域：一栋三层楼房、一栋崭新的四层楼房、一辆载重约 5000 公斤的大货车、一辆实用小汽车、一辆摩托车，几乎所有村民都认可他家是村里最富有的。

见到 YCG，是因为他家开设的小卖部最靠近笔者的居住地。小卖部由 YCG 的妻子经营，在房子的第一层。这里不止售卖零食和日用品，还在门边摆放一张宽敞的木制沙发，左内室配备了自动麻将机，变成村民休憩、闲聊的娱乐场所。货架旁边留出了一片小空地，用来搁置快递包裹——YCG 夫妇帮村民把包裹从郭大寨乡运回来，领取 1 个需支付 5 元。右内室是厨房，也用作包子铺，空间利用展示出主人社交和营业的巧思。老板娘二姑娘一米六出头，远高出团山女性身高的平均值，碎花长裙包裹着她轻巧修长的身材，花边遮阳帽下是尖尖的小脸，挺鼻、薄唇，与传统农村妇女的形象不同。二姑娘爱美、爱干净，有丈夫和两个儿子。她靠在巨大、松软的老板椅中，睁大眼睛对我说："哇！你好白。"富裕的女主人，关注点与众不同。YCG 及其妻子年仅 40 岁，他们是如何靠路富起来的？

YCG 的母亲从文德来到团山，在村公所旁租住了一间小房子售卖杂货。同团山的男孩子一样，YCG 好动、调皮、不爱学习。上到初二时，他没有心思和金钱再继续接受教育，跟着村里的年轻人外出做甘蔗工。尚未成年的 YCG 白日在太阳底下做力气活儿，晚上忍受床板中不断钻出的臭虫，皮肤被咬得溃烂发脓，却坚持做完。积攒了初始资本的 YCG 与兄长开起了拖拉机，发迹从那一刻开始与路相连。

分家的时候，我只有1500元和一个铺子，后来借2万多元买拖拉机，到河边拉沙料给别人建房子。那时候房子是砖木结构的瓦房，可盖房子的人越来越多，要求越来越高，河边的沙子没人要了。团山没有大车，都找外村人拉沙，我马上决定去凤庆考驾照，拿出几乎所有存款，花了3万多元，一口气考下来。2013年，我贷款10万元买了第一辆货车，开始去云县拉沙，都是走土路、弹石路，有时候坡太陡拉着沙就爬不上去。夏天也拉不了沙，因为下雨全是泥巴，货车走不了，除了摩托什么车都走不了。慢慢路好了，基本上村里所有房子都是我拉沙建起来的，别人不会开大车，也没有大车。我每车沙卖2000多元，烧1000千多元油钱，一般建两层房子需要四五车沙，等到我换第两辆车的时候贷款已经还完了。

YCG第一是能吃苦。甘蔗工卖力气，又被臭虫咬得皮肤溃烂，经受身体和精神的双重煎熬，十几岁的小男孩坚持做完，可见其心性。第二是有魄力。无论是买拖拉机、考驾照还是贷款买货车，每笔花费在当时都可算巨款，但他看准去做，放手一搏。第三是谦虚，在交谈过程中，他从来没有表现出对财富的自豪。第四是前瞻性，这个特质让他不停地反思。团山大部分的中青年在外务工，他这样充满抱负的年轻人为什么甘愿留在团山？答案是他的孩子。

团山许多孩子是留守儿童。YCG的长子初中二年级在读，幼子小学六年级在读。他认为，团山孩子辍学、走上歧途很大一部分归结于父母没有尽到教育的责任，他必须陪伴在两个孩子身边。进行调研时，我们正赶上YCG与长子发生矛盾。他反思自己的行为，认为"当初动手打孩子非常不对"，即使长子"离家出走"已经一周，YCG仍然每日到妻子娘家耐心劝导孩子回家，其余的时间则陪伴次子，而且时常可见到他教孩子打篮球的身影。现在团山的新房子基本上修建完毕，这意味着YCG的生意将受到巨大冲击，随着孩子长大，他开始思考未来：

如果当时我能学习建房工程就好了，现在只会开大车，出去帮别人开车挣不了多少钱，自己做工程就不一样。

对于 YCG 来说，道路修建给了他拉送外界物资进入团山的环境，是他财富的敲门砖，可道路带给他的红利已经逐渐消失，他苦恼未来何去何从。

### （二）靠路走进来的外来女强人

我到处都有房子！有三个房子在郭大寨、团山、干马。干马有一排铺子是我的，高的房子就是我家的！

陈阿姨豪气万丈，脸带得意之色。陈阿姨家在村口路边，售卖各类零食、果蔬，还有团山唯一的鲜鱼。她 50 岁出头，心宽体胖，慈眉善目。八年前，陈阿姨为建郭大寨乡一处的房屋就花费 80 余万元，是名副其实的"百万富翁"。2018 年团山村人平均年收入只有 1 万元出头。是什么造成如此大的收入差距？

20 年前，陈阿姨住在邻近的干马村，为了赚钱，她和丈夫试尽了各种方法：

过去我们累死了，苦死了！摘核桃、摘茶叶，种三份田。我们两口子还卖老鼠药、卖旧衣服，穷啊！要走路去乌木龙批发旧衣服，一袋袋装着，一次拿回来六七袋。买的时候不知道袋子里装的是什么，回来数大概 3 角 5 一件，有的太烂了卖不出去，有的大衣就可以卖十多元一件，二十多元一件，这都看运气。那时候连单车都很少，我们推啊、挑啊，到三岔河、郭大寨赶街，出去的时候天是黑的，回来的时候天还是黑的，开着手电筒，晚上走山路好滑，吓死人了！可是当天不回来，第二天的街就赶不上了。

陈阿姨和丈夫做活儿的同时还照顾孩子，他们来往于团山附近的贸易点。陈阿姨想到回收旧衣服转卖是头脑聪明，坚持下来则是毅力惊人。陈阿姨家以前并非是团山唯一售卖鲜鱼的，那时候鲜鱼售价 8 元 / 斤，自从与陈阿姨竞争的卖鱼人离开团山，售价就提高到了 9 元 / 斤（成本价 6.8—7 元 / 斤）。来团山之前，陈阿姨夫妇与干马村经营门窗生意的某人有了嫌隙，于是有人劝诫陈阿姨丈夫的弟弟也去做门窗生意，与那人一同竞争。好胜心让夫妇俩一直找寻着致富的方法，机会来了。

陈阿姨的儿子在外打工时发现售卖摩托车很火爆,有意和售卖摩托车的店家打好关系。回家商谈后,陈阿姨的丈夫提出做这笔买卖,迅速开始实地考察。"不熟悉的话,别人会骗你,所以要自己亲眼去看,到处去联系,刚开始的时候相当难。"很难想象居住在偏远乡村的陈阿姨一家怎样成功联系上省会昆明的车行,并说服老板为他们垫付生意成本的。

刚开始卖摩托车的时候,我们租房子住,也没有钱买摩托车,就和车行商量,先帮我们垫一半,等我们把一批摩托车卖完再把钱打过去。那时候摩托车从昆明发过来,每次用大车拉60台,这个地方必须要人把车抬下来,我们用600块请人抬下车。卖摩托车赚钱,后来生意更好,自己有底子了,也不用苦累了。相当好卖。

和卖鱼一样,陈阿姨深谙垄断的商业道理,也有霸气:"我们家卖的车,别家不准卖。车行和我们熟悉,知道我们家好卖就会直接过来找。我们卖着好几个牌子的摩托车,从3000元到12000元的价位都有。"

靠着人际交往能力和不服输的心态,陈阿姨家的摩托车生意做得红红火火,可她并没有满足。摩托车店的生意稳定了下来,听说团山的茶叶、核桃能够赚钱,陈阿姨夫妇毅然来到团山,买了80棵核桃树,顺便租间铺子修理摩托车。因为道路情况糟糕,摩托车损坏的频次和部件相当多,摩托车修理行生意很好,陈阿姨靠修车一年就能赚十几万元。道路硬化使摩托车损坏变少,陈阿姨便将修车店关了,其后开设修车店的村民悔不当初。

陈阿姨现在有稳定收入:郭大寨乡的摩托车店还经营着,干马村、郭大寨乡的铺子门面外租,一年收取两三万元租金,另外还有买家的欠款70余万元。儿子有自己的事业和家庭,女儿也已经成家,两个孙女乖巧,陈阿姨开始有了撤出团山村的念头。

以前穷啊,现在过出来了,幸福了!我准备把这间房子卖掉养老,去郭大寨乡住，其他房子都留给孩子，孩子们也都很孝顺，年年带我们出去玩。现在我就想带带孙子，已经苦了一辈子了，要出去玩才行。

货架上的商品已经开始积灰，陈阿姨的老公也正在补考驾照，这是为去外面游玩做准备。好胜、勤劳、敢吃苦、豁得出去，陈阿姨为自己和孩子谋得了跨村的出路，并且有底气、有能力去欣赏外面的世界。

陈阿姨指着店面门口的路说道，她依靠道路致富的方法是售卖交通工具，一辆辆摩托车载着陈阿姨从乡村走出，走到乡镇去，走到外面的世界去。

### （三）路与财富

道路是经济基础设施，团山村民依托道路的连通性积累财富。"送出去"，最常见的是劳动力异地化。纵向上，劳动力异地化让农民获得更高的收入，可发展天花板低；横向上，与城市差距甚远。"运进来"的则有人才、商品、资本等。首富YCG将外面的商品运进来，输送给当地人；百万富翁陈阿姨将外面的资本带进来，再将资本转化为商品；此外还有间接使用道路富裕起来的，比如婚姻、教育等。

## 六、作为生活场景的路

除了致富，修路对偏远地区是否有必要？我从道路与生活的互动入手，展现团山村的生活在道路修建前后发生的变化。

如果拖鞋需要找代言人，我一定推荐团山村民——他们不仅穿得多，还穿得有技巧。小孩子穿着拖鞋追逐嬉闹，跳起来时拖鞋在脚上摇摇欲坠，就像颤抖在松针尖上的露珠。笔者耳边仿佛已响起掉落声，拖鞋却又安稳地穿回去。团山人穿着拖鞋走山路也是一绝：路面凹凸不平、软硬不同，配上陡峭的坡度令人无从下脚，他们却能来去自如，"哧溜"便跑了个没影。为什么团山人总穿拖鞋？有两个答案："拖鞋不滑""拖鞋不脏"。拖鞋不滑，笔者并不理解——没经验的人在雨天走泥路，穿什么鞋都得做好重新换一身衣服的准备。拖鞋不脏倒是真的，团山村的雨季太长，泥土潮湿，说不定下一脚就踩进了泥潭里，当地人说："穿布鞋怎么洗得过来。"所以"拖鞋不脏"指的是方便冲洗，团山人穿拖鞋的习惯到底和泥路分不开。团山道路的发展顺序依次是泥巴路—弹石路—水泥路—柏油路，使用却并非线性的，泥路直到如今也没有失去它的价值，故道路呈现混合状态，家庭条件、目的地、天气等多种因素决定着人们使用哪条道路以及以何种方式使用道路。泥路一是"小"，"小"路不负其名，最窄处仅可留一人过，成队行进须得紧咬他人后脚。二是比起天晴，雨天的泥路要难走得多。笔者特地雨天出门，亲身体会了"晴行雨阻"。雨天不如说"爬路"更加贴切：雨水自山上淌过道路，在路面上汇成愉悦的小流，泥泡成浓汤，深处甚至淹没脚背。地上有许多石头，一不小心就会被摺倒。人行难，车行更难，车轮在泥里打滑，只能下陷，团山村雨季长达数月，泥土深刻影响着当地生活，这是团山地形的第一大特点。

小路泥泞，轿车不能行走，价格低廉的摩托车成为必备的交通工具。道路依据山势修建，弯道多且急，过弯时倾斜的车身与身体相贴，长此以往留下了磨灭不去的印记。团山村修车铺的师傅说，绝大部分摩托车的损坏是因为刹车，因为山区道路起伏，刹车器不得不长期处于紧张状态。

综上，团山多泥，坡大、山势绵延，道路与团山村生活的互动深受此影响，笔者选择从教育、贸易、医疗以及交通事故四个方面展现。

## （一）教育

对山区的孩子来说，上学并非易事。团山村以前有几所小学，分布在核桃林、松林等5个小组。一、二年级的学生就近上学，之后集中到村公所旁的学校接受教育。村支书 PYH 的家在岩子头，他到团山村上班需驾车 10 分钟。过去上学抄小路，从山腰直下河谷，走 10 分钟也可抵达学校，只是下雨天行路时间会翻倍，安全没有保障。

滑，怎么会不滑？特别是下坡的时候，摔倒是常有的。

现在团山完小添置了学生宿舍，但孩子周末回家仍然要走山路，湿滑的山路是每个团山人幼年的记忆。团山村没有初中，要上学只能到郭大寨乡，老中青三代都有走路到郭大寨乡读书的经历。刘爷爷是岩子头的村民，1979 年，本来已经完成初中学业的刘爷爷再次回到了初中，踏上去乡里求学的道路。

走路，还要挑柴，过去生活太困难了，背一点苞谷面，还要自己做。下课了马上要煮饭，如果慢一点饭还没吃好，上课铃就响了。

一周的柴火、饭菜大概十五六斤，十几岁的孩子背着东西徒步翻山，走足 3 个小时才能到学校。学校没有食堂，家长也负担不起，这是不得已的做法。现在经济条件较差家庭的孩子仍走路去郭大寨乡，孩童时代跟着长辈到乡里赶集，用双脚结识山间泥路，长大后又通过这条路去接触更广大的世界。今年高考的 LWJ 就是其中一个：

周六上午上完课回来，星期天中午 11 点吃过饭就要走了，没办法再晚，要走好几个小时。其实走习惯就好了，锻炼身体。大家约好一起走，边走边玩，挺有意思的。只走大路太远了。我们也不能一直走小路，因为小路并不连续，都是一段一段的。

小路难走，胜在直线距离短。囿于地形，团山村修建的水泥路大多蛇行在山腰上。村民走出的路直上直下，翻山下谷，没有被现实淘汰。少男少女从山上的家走到路边来，接上一个人、两个人，队伍逐渐扩大，在欢声笑语与嬉戏打闹中走到学校，这些记忆叠加成生动的生命景象。随着道路、交通方式与经济状况的改善，团山人上学的方式也不断发生变化。通往郭大寨乡的水泥路已硬化，宽度够两辆面包车并行，如果父辈没有外出务工并且有时间，会选择自己骑摩托车接送孩子。还有村民做起了接送学生的生意，每学期缴纳 600—750 元不等的车费就可以每周被面包车接送。700 元对团山人来说不是小数目，出于多种原因，小路并没有淡出人们的生活。

等到孩子上高中，走路变得不再现实——从团山村到凤庆县驾车需要 3 个小时，用交通工具把孩子送到乡里乘班车成为必然。LWJ 告诉笔者，自己搭过拖拉机去县里上学，道路颠得屁股疼。不过 LWJ 即将走出大山，感受外面的世界。笔者为她感到开心，她的内心却是期待与失落并存。对于已经感受过较多外界生活的青少年来说，他们察觉到了自己和城里人的差距。

郭大寨乡到团山村的道路是孩子们接受教育的渠道，也因为路程较远成为阻隔。初中是团山村孩子辍学的高发期，一批批的男孩女孩逃学回家。新村的 LXL 初三下学期无故旷课，老师曾经从乡里来劝说过，但隔着 15 千米的距离，交通也不方便，鞭长莫及。笔者问及 LXL 未来打算，这位从没有到过县城的初三女孩儿表示要出去闯世界，可她甚至不知道长沙和广州究竟在中国版图的何处。她的母亲对她想出去的想法表示反对。在这名中年妇女的眼中，县城也是危险的：

县城啊，去不得去不得，那里开车的人喝酒，人多，醉酒的人也多，去不得。

长辈把意识传输给年轻人，年轻人无法求证，"外界等于危险"的观念一代代在西南小村庄中扎根。可是手机上的世界那么美好绚烂，打工回来的人带着钱财，他们觉得危险总比贫穷好，于是闯荡一番成为许多年轻团山人的选择。

隐藏在教育中的阻隔还有"看不见的路"——语言。团山小学的教师大多是汉族老师，他们听不懂也不会说俚㑇语，团山村的小孩子在接受学校教育之前并没有学习普通话的环境。LWJ 曾经向笔者说过一个故事。当时她正读一年级，听老师上课就像天书，老师教全班同学读"一"，没想到刚出口，孩子都走到了门外。因为俚㑇语中的"走"读作"耶"，小孩子以为老师说的是出门，而老师在教室里看着出走的学生一头雾水。早教甚至胎教在城市教育中已经越发受重视，但团山村因为交通不便导致的语言问题还阻碍着学龄儿童接受教育。

## （二）贸易

种植业是团山的支柱产业，农产品的转换是团山村民最重要的谋生手段。1999 年以前，团山村贸易主要以人力为主，货品数量有限，耗时长；2004 年起，团山村的贸易以人力＋畜力的模式进行，搭载货品数量上升，但耗时仍较多，并且道路颠簸、湿滑会导致货品损坏；目前，团山人的贸易工具主要以摩托＋小三轮为主，水泥路的完善使得贸易变得轻松起来，可路网的不完善仍然会困扰村民。这是团山村向外的贸易过程，团山村内部的贸易场所主要依赖"街子天"。

街子天，意为"集市"。团山村公所前的空地是街子所在，每逢狗龙生肖日，路边就会支起许多摊子，售卖水果、蔬菜、米粉、生活用品等，集市约从早上八点开始，傍晚五六点结束。在火把节、中元节等节日前的"街子天"异常热闹，当地人称为"劲头街"，几乎所有人家都要上街购买节日物资。团山村成为道路中的一个点，一个物资交换的集散地，一个建立社会联系的场所。

第一次见到 ZLF 是因为在街子上买豆浆时，看到他的摊子挨着豆浆摊子，桌上摆着辣椒粉、玉米粉、豌豆粉等调味料，地上摆着土豆等农产品，所有东西都是存放在三轮小货车中带过来的。ZLF 是罗罗人，今年 56 岁，他年少过继妻家，把原姓"L"改到了名里，妻子和善但讷于言。

四年前，他的妻子只能交点钱，蹭别人的车往来于"街子天"；四年后，ZLF 从务工地回家并考了驾照，花 16000 元买了三轮小货车，与妻子一起做生意："要听媳妇儿的话，她说去哪边就去哪边。听别人话那是脑子打铁了（坏掉了）。"张爷爷最初学车是想出去外面看看世界，但要赚钱生活，直到今天也还没有出去游玩。两个老人平常在郭大寨乡固定摆摊，赶街日东奔西忙，串走各地。

这些东西（调料）是昨天去保山拉的，这个车装不了很多，装多了拉不动，坡上不去。要去拉货的时候，我凌晨 4 点就出发了，这个车太慢，6 点才能到保山，再回到郭大寨就是 10 点钟，拿出来就开始卖。昨天卖了一部分，今天又到这里，晚上结束就回家。

从采买到售卖需要行驶 6 个小时，山路起伏过大，过重的货物无法上坡，所以拉多少货要做到心中有数，装载货物后行驶时间加倍，这是道路垂直特点的体现之一。照明条件也会影响驾驶时长，"山里的路没有灯"，为保证在昏暗的、起雾的山间弯道中安全行驶，必须减低车速。山里的贸易是门需要琢磨的学问，进什么货、去哪儿进货、进多少货都需要斟酌；去哪儿卖货、卖多少钱也需要考量。

保山市是附近商贩的集中进货地：

> 保山的种类比较多啊。云县、凤庆县也去，但是进货价格比较贵，到保山油钱更多，和进货的钱比起来还是去保山。我们只能跟着人家大货车去，两三家人一起，拖拉机开不到保山，两天都开不到。每次进货要在保山住一晚，如果想当天来回，就要早上5点出门，晚上8点多回到家，太累了。今年生意不好做，人太少了，外流了，只有老人和小孩子。以前下雨天不好，有时候半路坏了，烂泥塌下来把路堵住了，无法赶街，我们只能回家去。

售卖副食的张叔叔和妻子在郭大寨乡固定摆摊，卖些零食、玩具。他说自己年纪大了，再过五年就不赶街了，赚够钱就开车去外面看看。那一天他家里制作的饵块、饵丝几乎无人问津，只好打电话让妻子少做一些。毕竟天气炎热，卖不出去的食品很快就会坏掉，"卖的钱不算，还亏本了"。对于售卖新鲜蔬菜、水果的商贩来说，这种问题越发尖锐。

售卖葡萄的小哥来自长亭村，看起来不过30岁，身量瘦小，晒得黝黑。他早年到深圳、昆明、大理等地给别人拉货，但赚不到大钱，三年前返乡做生意。

> 我的葡萄都是开车到大理，去别人的地里采的。距离太远了，油钱贵，采得少不划算，请人帮我一起采，每次拉回来1000多斤。这一批葡萄是前天采的，装箱已经晚上10点，我一晚上没有睡，开车到三岔河正好天亮，可以开始卖。因为葡萄放不久，这一趟已经坏了差不多200斤。去年我采葡萄回来，在南靖遇到泥土塌下来。葡萄不能等！只好绕路回来，费油钱也没有办法。

对新鲜农产品商贩来说，进货是冒险。路况、人流、天气等不确定因素让小本生意困难重重。虽然辛苦了十几个小时，但为了坏得少些，要连夜赶回来。笔者刚到团山的时候，每斤葡萄的售价大约是8—10元，半个月后4元，离开的时候已经降到了2元。售价跳崖式下降，在团山销量仍不好，购买力实在太小。在商贩心中，团山村的"街子天"排序低，一旦出现"撞街"，大部分商贩不会选择来团山村。以葡萄小哥来说，三岔河的葡萄销量大约是 700—800 斤 / 天，团山连 100 斤都达不到。

笔者最后一次见这些外来团山的商人，是在"街子天"上。张叔叔踮起脚来，一把揽住 ZLF 的肩："往上看！有飞机！"张爷爷看了笔者一眼，略带羞赧地说："哎呀，看什么看"，然后抬起了头。

这两个抬头的影子存在笔者的心里，凝聚成无数乡村路上行商的形象，他们期望着，期望着有一天能到外面的世界看看，但永远在为生计奔忙。

### （三）医疗

团山村医疗是一个不容忽视的大问题。村委、村支部在村公所旁修建了一所村卫生室，四室的小平房颇为整洁，但医疗设施和医护人员严重缺失，药品的种类、数量屈指可数。随着最后一名村医离职，村卫生室彻底变成了一座空荡的房子。若非县妇幼保健院到团山做义务检查，笔者也许不会看到卫生室开门的样子。妇幼保健院的女医生笑着说道：

我们 2014 年的时候开始进行宫颈癌和乳腺癌的检查，那个时候没有专用的车，只能租借面包车或者用单位的越野车。因为还是泥土路，所以车胎会在下雨天的时候陷进泥里，就需要人力来推车，不是车推我们，而是我们推车了。以前非常难的，妇幼保健院大多是女医生，没有专用车的后备厢，我们都是自己背着大包小包的东西，还要推车，现在路好点了，越来越好嘛。

路况不好，需要人力推车才能到达的边远山区，这使得团山村一直依靠本地传统医疗，有病痛就喝草药。泥路时期，孕妇分娩通常在村庄里找妇女帮忙，或者直接由孕妇的婆婆负责，如今八九岁的孩子当年仍可能是在家中出生的，村民 LJF 回忆自己小儿子的出生时说：

当时我老婆要生了，我妈妈在另一个房子，来不及过去叫，那没有办法，只能我给她接生。

毫无经验的男性村民，不得不亲自给妻子接生，如果难产、大出血，无法想象孕妇和孩子的命运。在美丽的青山之上，还有掩埋婴孩的土地，一位母亲说："十几年前还没有疫苗进来，死的孩子很多，都埋在那里。"

路况稍好，摩托车增多，村民便用摩托接送孕妇。难以想象孕妇大着肚子，无法贴近司机控制平衡，如何在上山下坡中熬过来。道路修好之后，孕妇可定月前往郭大寨乡医院产检，确保安全。分娩时给医院打电话，会有专用医疗车来接。

事实上，长期与外界隔绝让村民对于西医的知识匮乏，对医生的信任度非常低。在团山村民的观念里，检查并非"防患于未然"，而是身体有病痛才需要做的。另外，宫颈癌和乳腺癌检查需要脱掉上衣和裤子，很多村民感到害羞甚至不适，认为医生动作粗暴。上海男医生说道："我来这里听到最多的话就是'我害羞'。"排队诊疗时，阿姨、奶奶们在卫生室门口用俐侎语交谈，手臂上下挥舞、指指点点。医生无奈叹气："做过检查的人会告诉别人流程以及感受，有些妇女觉得害羞掉头就走了。"

偏远山区的闭塞带给她们的不只是害羞，还有更多地对外面世界陌生而危险的潜在认知。李奶奶今年66岁，她用自己右手的食指和中指相互触碰，比出"一点点"的意思，用蹩脚的普通话说："下面痛，医生说长了东西，让我去医院割掉。"笔者看到诊断单子上写着"宫颈息肉"，催促她去医院，但李奶奶拒绝了，她从来没有去过凤庆县城，甚至认为去郭大寨乡需要2个小时。令我疑惑的是，团山—郭大寨乡的车行时长应当是半小时左右，再追问下去，奶奶便只摇头说不知道，笔者猜测她只有步行到郭大寨乡的经历，或难受使时间变"长"。

通过观察和访谈，笔者归纳了团山的中老年村民不去医院的原因：

1. 钱。对于村民来说，即使是到郭大寨乡的路费也难以接受，更不用说到凤庆医院诊断、买药、住院、手术的费用；

2. 语言。很多老年俐侎人并不掌握普通话，与外界无法交流；

3. 农活。中青年务工，家里的农活担子都在他们肩上，外出看病等于耽搁农活；

4. 晕车。她们生于斯，长大斯，老于斯，死于斯，甚者没有踏出过这个小村庄。对生活在现代社会的人来说，车必不可少，而许多团山村民对车感到陌生。

笔者观察过一辆去往郭大寨乡汽车上的团山妇女，她们不知道车门、车窗如何开关，似一个手足无措的孩子，将发白的脸紧贴窗缝，贪婪地呼吸那一点车外来的空气，刚停车便慌不择路地冲下去呕吐，30 分钟路程像是要去了半条命。外面的世界陌生，通往外面世界的道路艰难，没有语言、没有金钱，团山中老年村民困步于此。

### （四）交通方式与事故

随着道路、经济状况的改善，团山村的交通方式也经历变迁。最初人们靠人力或畜力，2004 年迎来拖拉机大潮，后来摩托车大热，成为最普及的交通工具，面包车、小轿车仍是少数。即使是拥有面包车、小轿车的家庭，摩托车仍不可缺少。为什么摩托不可取代？当地人说："农村里面缺不了摩托，路窄的地方必须要摩托。"笔者在团山亲身体验了乘摩托车行走山间。

当时笔者结束访谈，从距离团山约 2 千米的岩子头回居住点。乘坐摩托车，对周边的景色有更为直观的体察。鹡鸰跳跃，细小的爪子嫌弃触地，一刻不肯停歇；路边丛生的野草伸长了头，在摩托车的呼啸中引吭高歌。但因为司机是陌生异性，笔者身体紧绷，肌肉长时间紧张，下车时甚至无法站稳。摩托车只有紧紧相连的座位，在起伏不断的山坡中，笔者因为重力、惯性与司机压近，身体有些部位不断地靠近陌生人的感觉十分难堪，只能控制身体以保持距离。

为了乘坐面包车前往核桃林，笔者等了两天。核桃林小组坐落于团山村的最高峰万明山下，海拔 2100 米左右，去往核桃林的路坡度很大，并且村组公路硬化工程尚未覆盖——等待是为了晒干泥路。尽管如此，过程仍然惊心动魄。

甫上泥路，车立即颠簸起来，人们叽里呱啦一阵喊叫。笔者坐在面包车最后一排，上坡时视线正对蓝天，仿佛要冲上云霄般。车在高山泥路上转向，因为路面太窄，只能一点点调整方向。当车头朝向道路内侧，车尾朝向外侧悬崖时，轮胎陷在泥里打滑了！只听见车轮"嗡——"向前蓄力，没能从泥里出来，车往后摇晃着倒退，笔者朝后挡风玻璃望去，车尾已经超出路边，瞬间被吓破了胆。回程途中，右后车胎完全干瘪下去，车底满是飞溅的污泥，支书解释道："可能是磨损了，也有可能是被路上的碎玻璃渣扎破的，别人骑摩托带着酒瓶，很容易在路上摔碎。"

因这次出行，笔者开始关注交通事故，并以村支部书记 PYH 为主要报道人，详细了解发生在他本人和村民身上的故事。交通事故意味交通工具的参与，与道路的联系紧密。当笔者刚谈起交通事故，支书便撩起裤脚，小腿满是层层叠叠的疤痕，都是骑摩托车时因路面崎岖而被排气管烫到的伤，还有更加严重的事故：

我坐拖拉机，出过两次事。第一次是过弯速度太快，和对面来的拖拉机撞在一起，车侧翻在路上，我被甩到草里。第二次从保山回来，到勐祐时速度太快了，来不及转方向盘，车翻了三翻滚到路下面，开车的人肋骨被方向盘卡断了，我一摸自己的脑袋，左边是血，右边也是血，去医院缝了 12 针，现在还有痕迹。2003 年，我骑摩托车去长亭，对面的摩托车都非常快，在弯道看见也没办法，直接撞倒飞出去，鼻梁粉碎性骨折，牙齿全部都松动了，不戴头盔就死掉了。当时我昏在路边，被过路人认出来才送到医院。第二天眼睛看不见，别人说我整个脸都是淤血，又黑又肿。现在我开车，看见摩托车就害怕。有一次去乌木龙，我都让到路边了，两个学生还是骑摩托车冲来撞我的车，他们直接飞进沟里面，连行李箱一起飞出去。学生没有驾照，又占线，怕得很。

支书发生交通事故大都因为弯道快速。泥路湿滑，铺上碎石之后，车辆速度提高，又因为山里多弯道，无硬性限速要求，路边无围栏，事故更易发生。团山村青年大多从初高中开始驾驶摩托车，没有考取驾照。年少气盛的年轻人疾驰山间，何曾想到死神咫尺。原以为像支书这样经历惊险的人会加强防范，没想到支书却说："要出事情，开快开慢都是一样的。"距今最严重的事故是 2018 年，一位男性村民断送了性命。

他做事积极，人又好，和老婆有两个孩子。中午骑摩托车从罗家寨那条柏油路上回来，对面来了一辆拖拉机就被撞飞出去了。开太快了，那个 S 形弯道来不及避开。我们看一路都是血，根本没机会抢救，又是农历二十八，都开始过年了，当天晚上就下葬了。现在他老婆带两个孩子。他喝了一瓶啤酒被判酒驾，也没怎么赔付。可惜了，才 28 岁。

对团山村的交通来说，泥路反而最安全，因为无法提速。硬板路、缺失的安全设施、匮乏的交通知识增加了事故发生率和严重程度，越来越多的车辆也对交通安全造成压力。

## 七、作为象征的路

在端点与端点之间，有无数种连接的线条，大部分情况下，我们每一天的脚印只能落在这些选择中，构成长达一生的轨迹。这部分主要论述道路的分隔与连接功能赋予它的象征性，以及这种象征如何影响了团山村人的生活。

笔者到团山村不久，村口一副巨大墙画吸引了笔者的目光。墙画描绘一家人坐在火堆旁吃饭景象，右上角的汽车在柏油路上飞驰，高铁呼啸而过——这是一副名叫"生活"的墙画。现代交通已经纳入日常想象。墙画背后，一户人家正在建造房子，李叔叔是家主。

李叔叔站在半人高的墙边，熟练地给墙体与砖头刷上水泥，排排垒上去，偶尔碰上不足整块砖头长度的空隙，他只消用眼睛估算，再将小铲子朝砖头敲一下，就能做出符合空隙的长度来。团山村很多成年男性都有建房子的经历，他们跟长辈耳濡目染，建造房子的技巧代代传承，毕竟偏远地区不通车，人力和物料都得靠自己。

李叔叔修葺的是自己院子里的围墙，墙体部分来自原本的老房子——出于经济考虑，砖块不会被随意丢弃，稍好的嵌入墙体，不完整的砖块就敲碎铺平在地面上，之后糊上水泥、沙子做成水泥地面。好的砖块能从房子中拆下来，要归因于几十年前的建房技术：

以前团山不通车，外面的东西根本进不来，什么东西都没有啊，连买盐都要走到郭大寨去。赶街就是买东西的好机会，听见鸡叫的声音就赶紧起床，不然天黑了还走不回来。这种情况下，建房子的砖都只能自己烧。在火塘里面生火，烧石灰，再加泥巴那些东西，烧个两天两夜就能有 8000 块砖。

在李叔叔描述过去自己烧制砖块的过程中，天下起了蒙蒙细雨，笔者注意到在湿润的情况下砖块出现了白色和红色两种色泽，白色的砖块不停地吸收掉落下来的雨水。李叔叔解释说，以前火塘的火力有限，堆在上面的砖块温度不够，就会变成白色砖块。团山村雨季长达三个月，这样的白砖长久吸收雨水，可以想象所受到的影响。

李叔叔早年出去闯荡，第一次去深圳在车上颠簸了三天，之后成为一名家居流水线工人。他走南闯北，足迹遍布四川、贵州、重庆、天津、北京、内蒙古等地，是村中颇有经历的人。他认为最好的地方是北京。为什么北京比别的地方好？结合他对团山村的看法，笔者推测了一个答案：李叔叔地理知识有限，对中国政治区划地区没有明确了解。在知道笔者来自贵州之后，李叔叔说："这里是你们到过最远的地方吧。"笔者答道："天津更远。"李叔叔斩钉截铁地说：

天津不远，这里远。因为这里就是原点了，你只能退回去——退回去，去别的地方。李叔叔指着对面的群山说："你看，山那边就没有路了。"

对没有地理知识，又生长在落后山区的男人来说，"远"不是两点间的绝对距离，而是中心与边缘。团山村交通资源匮乏让李叔叔认为这里处于边缘地带。李叔叔告诉笔者，他最初到深圳的时候，深圳的路面还尘土飞扬，没想到现在道路已经那么宽，那么好。

道路是实在的物质，它把某地与某地相连，决定了线路，影响着不同范围的中心的形成。在"修路致富"的语境下，道路是贫困山区通往现代城市的纽带，是山区人民走向外部世界的通道，是外部物质文化输入的途径。道路上来来往往的、有形无形的东西，在村民的心中生根发芽，当外面更广大的世界通过道路被看见的时候，贫富差距突然成了一种切身自察。

在笔者给当地小学生上课时，一位二年级女孩画下以"北京"为主题的画，孩子稚嫩的画笔勾勒着想象中的城市：太阳微笑、白云飘浮、一幢三层且具有俐佤风格的房屋，屋顶上开满了花儿，一只蝴蝶颤悠悠地停在尖角上，四周是丛生的植物。小女孩说："我实在想不出来啦，好想去北京看森林啊。"边远山区的孩子对未知的外世界充满好奇。有一个男孩子问道："山的外面是什么？"

"修路致富"靠连通，道路也因为无限连通成为全球化的隐喻。"山的外面是什么？"团山村人处在时间与空间、历史和未来交融的状态，他们通过道路穿梭于真实和想象、中心与边缘。

## 参考文献

刘生龙、胡鞍钢：《交通基础设施与经济增长：中国区域差距的视角》，《中国工业经济》2010 年第 4 期，第 14—23 页。

李洁：《综合交通运输体现的社会公平性研究》，博士论文，北京交通大学，2009。

李文：《农村道路投资与减贫》，《农业技术经济》2007 年第 4 期，第 71—77 页。

齐美虎、张林：《云南 3D 经济地理特征及其影响》，《思想战线》2012 年第 6 期，第 41—44 页。

吴江国、张小林、冀亚哲、李红波：《县域尺度下交通对乡村聚落景观格局的影响研究——以宿州市埇桥区为例》，《人文地理》2013 年第 1 期，第 113 页。

姚勤华：《中缅交通互联互通现状与前景分析——以云南基础设施建设为视角》，《社会科学》2017 年第 5 期，第 25—37 页。

张懋功主编《云南年鉴》（2017）。

周永明：《道路研究与"路学"》，《二十一世纪》（香港），2010 年第 8 期。

周大鸣：《道路研究的意义与途经》，《吉林师范大学学报（人文社会科学版）》2019 年第 4 期，第 1—8 页。

朱凌飞、马巍：《边界与通道：昆曼国际公路中老边境磨憨、磨丁的人类学研究》，《民族研究》2016 年第 4 期，第 40—52 页，第 123 页。

朱凌飞：《修路事件与村寨过程——对玉狮场道路的人类学研究》，《广西民族研究》2014 年第 3 期，第 69—78 页。

严建辉、杨宽宽总编《中国交通运输业发展研究报告》，中国统计出版社，2008，第 4 页。

张学良：《中国交通基础设施促进了区域经济增长吗——兼论交通基础设施的空间溢出效应》，《中国社会科学》2012 年第 3 期，第 60—77 页、第 206 页。

周重林、凌文锋、张娟：《茶马古道的范围与走向》，《中国文化遗产》2010 年第 4 期，第 35—41 页。

张芬：《中国的地区和城乡经济发展差异——从交通基础设施建设的角度来看》，《武汉大学学报（哲学社会科学版）》2007 年第 1 期，第 25—30 页。

周传方：《发展云南公路交通运输问题的探讨》，《经济问题探索》1983 年第 2 期，第 45—48 页。

Demurger S., "Infrastructure Development and Economic Growth: An Explanation for Regional Disparities in China? "*Journal of Comparative Economics* 2001.29(1) :95-117.

Rosenstein-Rodan,P.N., "Problems of Industrialization of Eastern and South-Eastern Europe," *Economic Journal* 1943(53):202-221.

Rostow,W.W., "The Stage of Economic Growth," *The Economic History Review*,1959.12(1).

# 指导意见

中山大学

张文义

    2019年暑假，我带领中山大学人类学系2017级的一组本科生在云南省西盟佤族自治县王雅村进行了为期一个月的田野实习。李禧炫同学以这次田野实习搜集到的资料为基础，撰写了这篇田野论文——《财富分配与风险社会：橡胶经济影响下的王雅社会财富观》。我认为，禧炫在田野调查中认真践行了人类学的调查要求。同时，他也结合了自己对社会和自我的理解，积极设计调查方案并根据情况随时调整，以便最终能触摸社会现象背后的深刻机制。因此，总体来看，禧炫的田野调查取得了很好的成果，从他撰写的这篇田野论文也可以看到他所付出的努力。接下来，我将从"选题"和"材料呈现"这两方面分享一点经验。

    首先，就选题而言，我认为应引导学生去关注那些能体现当地社会整体性的重要社会事实。在田野实习的第一周，我要求学生们多去村子里逛逛。在与当地人接触的过程中，尝试着走进当地人的世界，有意识地从话语和日常实践中，抓住那些渗透在社会生活方方面面，并被当地人认为非常重要的事情。发现了这些当地人心目中"重要的事情"，也就找到能用来理解当地人世界的重要社会事实。在开题报告会时，我要求他们整理自己的田野笔记，并选取一个关键社会事实，围绕这一关键社会事实确定田野报告选题并完成一份提纲，以明确自己接下来要通过何种方式，接触村庄里哪些类型的人，获取什么样的田野材料。禧炫选取了"橡胶经济"作为重要社会事实，因为他在跟当地人聊天的过程中意识到，话题总会在不经意间引向橡胶。这不仅说明橡胶种植作为一种生计方式对王雅社会至关重要的作用，也说明橡胶已经渗透到人们的生活节律和生活方式中。同时，禧炫也抓住了当地刚刚经历的一场对橡胶种植影响较大的旱灾。我建议他去关注社区内的行动者应对旱灾的方式，从"旱灾"这一事件中发现当地人观念世界与现实世界的关系，看到橡胶与社会生活诸领域间的联系，从而触摸当地社会的整体性。

其次，在材料选择上，我认为应当要引导学生看到经验事实背后就是社会体系。橡胶种植不仅仅是用来说的，它实际渗透到人们的生活节律和生活方式中，这些需要在适当的地方凸显出来。但在禧炫的论文初稿中，他选择的材料过于依赖访谈，这些材料基本上都是概念性的，都存在与人们的话语之中。从这些材料中，还看不到橡胶在当地经济中对各家各户的具体影响。我建议他多关注那些能体现出社会结构的数据，譬如需要先铺开橡胶在王雅的现状，多少户、多少亩、多少家加入公司，多少自己种，各自收入的基本情况等。这些反映社会结构的材料，在他后续的修改中都有相应比例的增加。总而言之，在材料选择的问题上，应该让学生有意识地将经验表象与社会结构联系起来，以满足人类学田野调查对整体性的要求。

# 财富分配与风险社会：橡胶经济影响下的王雅社会财富观

中山大学人类学 2017 级本科生　李禧炫

指导老师　张文义

**摘要：** 王雅村是中缅边境一个新近脱贫的佤族村寨。在 20 世纪末中国的现代化进程中，橡胶种植作为一种全新的生计方式在政府和市场的共同推力下进入该社区，并逐渐成为该社区居民的主要生计方式。生计方式的改变伴随着财富观念的重塑，而"风险"这一现代的概念也正以资本和全球化的形态影响着古老的传统。在本文中我意图探讨的核心问题是：王雅居民的财富观是如何被"风险"形塑的？风险社会的触角是否伸展到这个偏远的小山村？这个村庄是否也经历着当下中国社会正在经历的"共时性问题"和"压缩的现代化"？

**关键词：** 橡胶经济；财富观；风险社会

# 序言

## （一）橡胶经济

南亢村的橡胶加工厂就在街子天（集市）不远处，这个加工厂距离王雅村只有 5 千米左右，王雅村收割的橡胶一般都会运来这里加工。我们离开热闹非凡的街子天，与怀揣喜悦来赶集的人们逆向而行，一头扎进西盟正午恼人的热浪中。一行人沿着公路前进，一言不发，时不时有一辆满载赶集者的摩托车迎面而来，时不时有货车经过，扬起一路的灰尘。我们走到一个大门，门口写着"西盟农垦集团"几个大字，这里便是橡胶加工厂。期望与现实并没有差得很远：厂棚、生产车间、单调的建筑、空旷的广场。我们在行政楼的一楼坐了会儿，跟一位负责接待的干部聊了会儿，随后他便带我们去参观橡胶厂的生产线。

还没进到生产车间，仅仅是靠近，扑面而来的就是一股臭味，难以言喻的臭！"臭得浓郁，一时觉得像垃圾桶，一时又觉得像猪圈"[①]，在闷热的环境中，直熏得人忍不住想掩鼻而逃。接待的干部说，这是未加工的橡胶的味道，因为杂质太多，所以味道很难闻。戴哥（带我们来橡胶厂的人，前村主任）补充道，加工完的橡胶没有杂质，是金黄色的，闻起来也跟面包一样香，"我第一次见到以为是面包，差点就一口咬下去了"。

忍过了第一道工序后，来到下一个厂房，气味就没有那么浓郁了，笔者缓了口气，就跟负责人聊了起来。他说现在橡胶价格不比从前了，1 吨橡胶前几年还能卖到 2 万多元，现在只有 1 万元了。这是笔者第一次接触到"胶价"这个概念，而售价直接被砍掉一半的现实也令笔者感到很吃惊。

笔者问道："价格掉了那么多，还怎么赚钱？"戴哥说，因为今年旱情严重，橡胶停割了一段时间。往年这个时候，橡胶厂外面的空地应该是堆满橡胶的，现在胶农的橡胶供应不足，导致橡胶厂缺少原料，生产不起来。这就难怪整条生产线只有第一道工序在运作，并且仓库也是空空的，只是随便堆砌着几块满是杂质、

---

① 吕雯的田野笔记。

褶皱嶙峋的胶块。我们本以为是周末所以园区才如此冷清，现在看来，原来是旱情所致。

一般而言，云南橡胶的开割期是从 3 月到 11 月。在这八个月中，气温适宜，橡胶树产出的胶水含水量较低。胶水的含水量会逐渐增加，11 月份休割以后，到次年 3 月，又恢复到含水量较低的水平。而今年突发罕见旱情，导致开割两个月后便因为旱情被迫停割，云南橡胶产业如临大敌。王雅村橡胶的停割期持续到 6 月份，在我们田野期间，旱情基本上已经得到缓解。但是，持续数月的停割期带来了一个问题，橡胶经济的收入占王雅村经济总量的 2/3，既然干旱造成了数月的橡胶歉收——也就意味着胶农在这段时间从橡胶获得的收入微乎其微，那么他们是如何维持自己生计的？更进一步来说，以单一橡胶经济为支撑的王雅村如何应对风险？

事实上，旱情只是单一橡胶经济面临的风险之一。对胶农来说，偶发的自然灾害对他们而言是更容易被理解的——自然灾害对农业社会产生的影响严重。对于自然灾害，王雅村人有出于民间信仰的解释，从这一层面上看，自然灾害是他们认知的一部分。而对王雅社会影响更深远的，也令他们更难以理解的是"人为风险"——橡胶期货价格的波动。从某种程度上，胶价的涨跌决定着村民的橡胶经济行为：胶价高的时候，大家对种植橡胶趋之若鹜；胶价低的时候，或转让他人，或直接抛荒。对于普通胶农而言，受全球市场多种因素决定的橡胶价格，似乎是不可预期的。旱情带来的影响是短期的，村民也有其他手段继续维持生计；但胶价波动带来的影响却是长期的，伴随现代性而产生的"风险"概念，深刻影响着王雅人对待财富的认知。

王雅村种植橡胶的历史只有短短 20 年，人们起初决定种植橡胶，虽然也有国家力量的影响，但更多的应该是出于对财富积累的朴素期待。毋庸置疑，橡胶经济改变了这个村落，成为王雅村的支柱性产业。橡胶经济收入占全村总收入的 80% 以上，整齐划一的橡胶林取代了杂乱丛生的原始森林，现代化的村落建设改变了世居茅草房的佤族传统村落形态。总体而言，村民可支配的财富更多了。但与此同时，王雅村也前所未有地与世界市场产生连接，成了其中的一部分，在享受其丰厚市场红利的同时，也承担着前所未有的风险。这种风险区别于外在的自然风险，它更多是由市场交易中的人为因素造成的。现代性语境下的"风险"更多指涉的是人为风险。对胶农而言，传统上应对自然风险的机制，不再适用于胶价波动的人为风险。除此之外，在生态意义上，"一棵橡胶树就是一台小型抽水机"，规模化经营的橡胶林在给王雅人带来可观财富的同时，也对当地的生态产生了不可估量的影响。① 橡胶经济在给王雅人带来线性的财富积累的期待的同时，又以风险的形式刷新了王雅人的财富观——财富的积累并非是线性的，这一过程因为风险的存在而充满着无限的不确定性。

### （二）风险社会与财富观

笔者在田野期间发现，橡胶经济作为一种现代的农业经济形式，在给王雅村带来可观财富积累的同时，也使得风险问题更加显著。

"风险"一词有两层含义：第一层是不确定性，风险发生的可能性是未知的；第二层是损失性，风险指涉的是未来可能发生的损失。② 综合来看，风险是发生在未来的损失的可能性。当代社会科学中的"风险"是一个伴随"现代性"而生的概念，被认为是现代性的一个显著特征，同时又是现代性的自我解构。

传统社会是"过去的社会"，是相对稳定的，并强调对过去历史的延续。面对不确定性，传统社会中的人们利用自身的认知进行解释，例如，命运和各种民间信仰等。"风险"只有在一个面向将来的现代社会中才有其存在的价值：通过精确计算、管理风险来控制将来。③ 现代性发展的一个结果是，人们不断地通过高度理性化的逻辑去追求确定性。然而，现代文明越发展，科技越进步，社会面临的不确定性反而越显著，换而言之，对理性的需求增加又使得不确定性重新回归社会。在此基础上，社会冲突不再被看作是秩序问题，而被看作是风险问题。风险分配的逻辑逐渐取代了阶级社会中的财富分配逻辑，推动了阶级社会向风险社会的转变。④ 如果说阶级社会的驱动力是"我饿"，那么风险社会的驱动力就是

---

① 察己今：《生态释放的最危险信号——西双版纳热带雨林开始缺水》，《中国林业》2007 年第 13 期。

② 冯必扬：《社会风险：视角、内涵与成因》，《天津社会科学》2004 年第 2 期，第 73—77 页。

③ [英] 安东尼·吉登斯：《失控的世界》，江西人民出版社，2001，第 18—19 页。

④ [德] 乌尔里希·贝克：《风险社会》，译林出版社，2004，第 15—18 页。

"我害怕"。①

风险社会是后工业文明的特征，而有学者认为，当下中国社会并未完成实现现代化，因而也并非简单地向风险社会转型，而是存在着"共时性问题"。②所谓"共时性问题"，是指仍处于发展中世界的中国，在尚未建构起第一现代世界（即工业化）的时候，已经在面临第二现代世界（即风险社会）的后果。因而，中国的风险问题展现出比西方社会更大的复杂性。这种复杂性体现在：风险冲突一方面推动了中国社会的理性化和制度转型，进而加快了第一现代化的进程；另一方面又因风险社会后果的显现而逐渐消解了第一现代化的基础。总的来说，中国社会正在经历一种"压缩的现代化"③，这种现代化既加强了风险的生产，又没有给风险的制度化预期和管理留下足够的时间。

### （三）内容安排

本报告的实证研究群体是中缅边境一个新近脱贫的佤族村寨，笔者意图探讨的核心问题是：王雅村人的财富观如何被"风险"所形塑？风险社会的触角是否伸展到这个偏僻的小山村？这个村庄是否也经历着在当下中国社会正在经历的"共时性问题"和"压缩的现代化"？

本报告共分为三个部分，其中包括一个背景部分和两个主题部分，主题部分讨论了财富分配和风险分配两种并存的逻辑。

第一部分是对西盟橡胶经济的整体性概述；

第二部分的核心是财富分配，围绕村民与橡胶公司间的关系，讨论现代化的橡胶经济中财富分配的问题。

第三部分的核心是风险分配。第一，关注王雅村的两套应对风险的社会支持系统，讨论这两种社会支持系统产生或消亡的动力因素，从结构性的制度看王雅人财富观的转变。第二，呈现在风险社会的语境下，通过讨论王雅人应对风险的

---

① ［德］乌尔里希·贝克、邓正来、沈国麟：《风险社会与中国——与德国社会学家乌尔里希·贝克的对话》，《社会学研究》2010 年第 25 期，第 208—231 页、第 246 页。

② ［德］乌尔里希·贝克、邓正来、沈国麟：《风险社会与中国——与德国社会学家乌尔里希·贝克的对话》，《社会学研究》2010 年第 25 期，第 208—231 页、第 246 页。

③ Kyung-Sup Chang, *Compressed Modernity in Perspective: South Korean Instances and Beyond*, Unpublished paper, Seoul, 2009.

另一种尝试——多元生计的探索，从行为中探究王雅人财富观的转变。第三，围绕王雅村社会中被人为制造出来的风险，分别从生活和生态两个角度进行论述。人为风险的不可计算性与之前讨论的可被计算和控制的风险相区别，构成风险社会的重要标志。

## 一、橡胶经济

### （一）王雅村的社会人口属性及经济概况[①]

云南西盟佤族自治县力所拉祜族自治乡王雅村位于中缅边境，下辖 5 个村民小组，国土面积 14.92 平方千米。2018 年末，全村共有户籍人口 345 户 1086 人，其中佤族 1025 人。从人口结构看，全村 60 岁以上的人口占比超过 25%，这意味该社区进入了严重老龄化。王雅村在 2014 年确定为贫困村，2018 年完成脱贫。根据 2018 年底动态调整工作结果，全村共有存量建档立卡贫困户 87 户 283 人，其中已脱贫 85 户 278 人，未脱贫 2 户 5 人。

全村经济产业主要有橡胶、茶叶、坚果等。全村橡胶种植面积 15096 亩（其中民营橡胶 4700 亩），人均橡胶面积 13 亩（含作业区橡胶），已开割 9000 亩。橡胶产业已成为全村支柱产业。总体来看，2014 年至 2018 年，全村农村经济总收入由 314 万元增加到 540.8 万元，同比增长 72.2%，人均纯收入由 6458 元增加到 9358 元，同比增长 44.9%。

### （二）橡胶种植历史

西盟佤族自治县的橡胶种植起步较晚，在该县第三次党代会（1980 年）的文件中[②]，还未提及橡胶。到了第四次党代会（1984 年），该县开始认识到橡胶种植的价值，并明确提出了规模种植橡胶的目标。

2015 年末，王雅村所在的西盟力所拉祜族自治乡橡胶面积共 61776 亩，其中

---

① 《力所拉祜族乡王雅村脱贫攻坚工作报告》，2019 年 7 月。
② 中共西盟县委党史研究室：《中国共产党西盟佤族自治县历次代表大会工作报告汇编》，1965 年 12 月—2011 年 1 月。

开割的有 25206 亩。民营橡胶面积 16044 亩，开割 1999 亩。[①] 据戴哥回忆，1988 年左右，西盟地区开始试种橡胶，王雅村这边也试种了几亩。王雅村大规模的橡胶种植发生在 2000 年到 2003 年之间，这一时期主要是联营的橡胶，橡胶树的所有权归公司，当地人称这部分橡胶树为"公司胶"。与"公司胶"对应的概念为"私人胶"，私人胶完全归胶农所有，出产的胶水可自行出售，无须上交给公司。

### （三）橡胶期货价格的历史波动

橡胶价格是王雅村与世界市场显著的连接，某种程度上，世界市场的风险正是通过橡胶期货价格的波动传递到王雅村的橡胶经济中，深刻影响着胶农的生产生活，形塑着他们的财富观。

自 2009 年起，以天然橡胶期货为代表的资本市场对橡胶产品进行炒作，加剧了市场价格的波动，国内天然橡胶价格在 2011 年达到"非理性"的 4.3 万元 / 吨，在巨大利润的驱动下胶农开始大面积种植橡胶。由于供需基本面的改变，促使其价格逐步下滑，至 2015 年跌破成本价，到最低的 1.0 万元 / 吨。胶农生产出现强割、弃割甚至砍胶等不同的行为，给胶农造成严重经济损失的同时也造成资源的大量浪费。[②]2016 年年末橡胶价格回升至接近 2.0 万元 / 吨，但很快又开始下降。

橡胶价格的持续波动的影响，体现在村民的生活安排和日常话语中。学者在对西双版纳基纳族村庄进行田野调查期间中就不断地听到村民抱怨："现在的胶价太差了，农民不好活，也不知道以后的胶价会变成什么样子，要是一直这样我们就要想别的办法了。"[③] 笔者在田野期间也时常能感受到橡胶价格波动对村民生产生活的影响，而风险正是通过橡胶价格波动这一重要路径，逐渐形塑着村民的财富观。

橡胶价格波动对王雅村民财富观的影响首先体现在从事橡胶生产和外出务工这两种生计选择的权衡上。2009 年到 2011 年间，橡胶价格飞速上涨，橡胶经济丰厚的利润回报完全超越了外出务工所得，不少外出务工的村民开始被利润吸引，

① 毕兰编《西盟年鉴》，德宏民族出版社，2016。

② 崔美龄、傅国华：《我国天然橡胶种植户生产行为的影响因素分析——基于橡胶价格持续低迷的背景》，《中国农业资源与区划》2017 年第 38 期，第 86—93 页。

③ 张娇娇：《橡胶经济的衰落与生计转型》，博士论文，云南大学，2017。

谋划着回乡种橡胶。但新橡胶树的种植至少需要七八年的时间，对真正下定决心种橡胶的村民而言，在短期内对橡胶价格的预期是乐观的。

达哥是王雅村的村民，因患偏瘫而半边身体行动不便。他曾在北京、深圳等地打工，胶价飞速上涨的时期，也想着要回乡种橡胶，但因为不掌握割胶的技术，橡胶价格在几年后又经历持续的下跌，最终作罢。

YC是2013年开始出去打工的，当胶价涨到30多元时，家里人又把他叫回来割胶。我们问，你当时为什么决定要回来？他答，家里人叫回来就回来呗。但他也坦言，自己并不想回来。后来2015年，他又出去了，他解释说，想趁年轻多出去走走。他说，"深圳也是老家"，石原那边老乡多，人多，更热闹。他现在的这份工作是老爸介绍的，开车比割胶更好，但现在的工资都是预支的，公司还没到有稳定收入的季度。

与YD相比，YC是更为年轻的外出务工者。2011年至2016年间，除却2016年橡胶价格的短暂回升，整体上价格都呈现下跌的趋势。YC第二次外出务工是2015年，恰好是在2011年后橡胶价格第一个下降周期的期末，又在2016年短暂回升期以前。在割胶和外出务工这两种生计方式中，哪一种更加有利可图显然是最重要的选择标准。除此之外，对YC来说，他更向往的是深圳的生活，那里有一个王雅村外出务工者的聚集区，他们甚至称其为"第二个老家"。毋庸置疑，在2015年的节点上，YC及其家人面对持续下跌的橡胶价格，对割胶的未来预期都不会太乐观，因而在某种程度上促成了他的第二次外出务工。

从王雅村民用于种植橡胶的小额信贷记录，可以直观地看出橡胶价格波动对村民生计选择的影响。王雅村在2014年被确定为贫困村，扶贫到户贷款贴息情况表（农村信用社）的业务记录也自2014年开始。

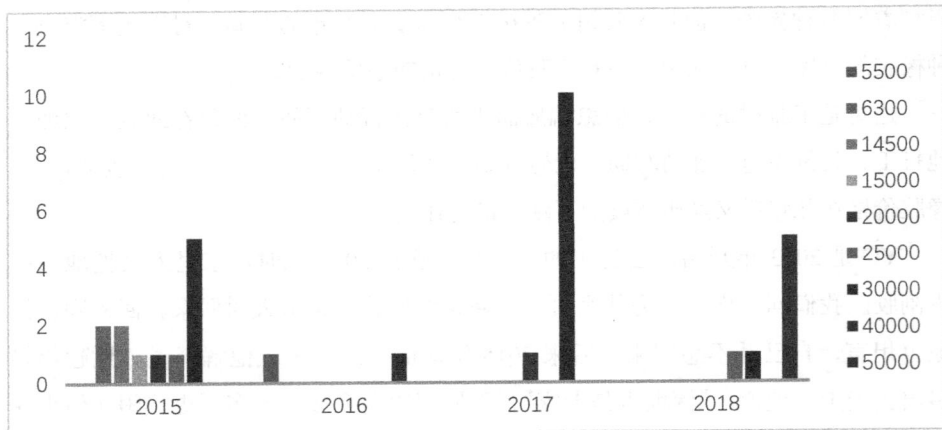

图 1　2014—2018 年王雅村橡胶种植的小额信贷数量及信贷金额<sup>①</sup>

　　2014 年王雅被确定为贫困村后，享受了国家一系列的政策补助，贴息信贷便是其中之一，这项政策使得村民能以较低的利息进行小额借贷。可以看出，2015年出现了一个信贷的高潮，这其中包括了三笔 2014 年发放的信贷，总体上可以认为是受到政策红利的激励。随后，种植橡胶的信用贷款数量和金额在 2016 年形成了一个波谷，当年发生的以种植橡胶为用途的信贷总数只有两笔，这在一定程度上反映出村民因橡胶价格的持续走低，而产生的对橡胶经济的消极预期。低谷之后，2017 年又是一个借贷的高潮，无论从数量上还是金额上看，都远超此前的规模。联想到 2016 年后半年开始的橡胶价格短暂回升，可以合理推断 2017 年的橡胶种植借贷与村民对橡胶价格的积极预期有关。到了 2018 年，借贷的数量又出现了明显的下降，但单笔借贷的金额却提高了，当年发生了五笔 50000 元的贷款。2018 年信贷发展的趋势回归平缓，这可能与橡胶价格再次呈现的下跌趋势有关。金额较高的数笔贷款或许意味着部分胶农对待橡胶价格的某种理性化倾向，但由于具体条件限制，笔者没有机会去接触这部分村民，未能通过实证材料支撑此观点。

　　但也有人觉得橡胶价格下跌的风险被看得过于严重。戴哥曾经是王雅村的村

---

　　① 2014 年发生的三笔小额信贷计入 2015 年。

委会主任，在另一段谈话中，他表达了对当前橡胶经济面临的胶价波动风险的看法：他认为当前水平的橡胶价格是正常的橡胶价格，之所以村民觉得橡胶价格下跌，是因为片面地以曾经过高的橡胶价格作为了参照。

但不可否认的是，2011年后橡胶价格的下跌趋势对王雅村的橡胶经济而言是严峻的挑战，橡胶价格长期不景气造成的一个直接后果是，年轻人口大量外流。事实上，从2019年王雅村常住人口结构的数据来看，60岁以上的人口已经占到了25%，可以认为王雅村进入了严重老龄化阶段。如同中国大多数面临"空心化"问题的农村一样，年轻人口外流构成了一种恶性循环：橡胶经济受挫——年轻人口外流——橡胶经济更加停滞，想引进新产业，缺乏年轻劳动力也是困难重重。

问：村子里面出去的人多吗？

答：多，都没有不出去的了，村子里面都没人了。这里发展不好，留不住人，所以想做些产业。

问：这里不是有橡胶吗？

答：橡胶不行，前几年胶价好的时候还行，这几年不行。

戴哥的眼睛里充满了红血丝，说话慢悠悠的但很风趣，他站在栏杆旁，抽着烟，歪过头来说话。①

## （四）小结

本部分是对王雅村橡胶经济的基本概述。橡胶作为王雅村的支柱性产业，贡献了2/3以上的财富收入，是村里大部分村民的主要生计方式。然而橡胶经济不是自发形成的，背后有国家力量在推动；同时，市场在这一经济形式形成的过程中又扮演了重要的角色，也深刻影响着这一经济形式的未来。这种影响的方式具体表现为橡胶价格的无规律波动。

从某种程度上看，橡胶价格的波动是一种现代意义上的"风险"，因为它并非王雅人所熟知的自然风险，而全然是虚拟市场中各种看不见的力量相互作用的

---

① 朱梦雨的田野笔记。

结果，它更多是由于人为因素造成的。在王雅村的场域中，现代化进程与风险对社会各领域的渗透同时发生，和当下中国社会面对的"共时性问题"一样，这种共时性使得王雅人的财富观正经历着某种转变，既呈现出现代性中财富分配逻辑的特点，又蕴含着自反现代性中风险分配逻辑发生的可能性，只是由于王雅村发展相对滞后，这一转变的发生过程可能会更加缓慢，同时也掺杂了一些传统文化的印记。这是笔者将要在接下来的两个部分中讨论的问题。

## 二、橡胶经济中的财富分配

不同于西方现代国家直接向风险社会的转型，当下中国社会面临着一个"共时性问题"。而当我们的视野回到王雅村这个中国西南边境的偏僻小山村，会发现"共时性问题"，又或者说"压缩现代化"的过程，也正在缓慢进行着。虽然只有 20 年的发展时间，但橡胶经济作为一种现代化的力量，带着与世界市场千丝万缕的联系，推动着王雅社会的转型。

这部分将围绕橡胶经济中的财富分配这一主题，通过讨论村民与橡胶公司间的财富分配方式，探究在现代化的橡胶经济影响下，王雅人财富观的转变。与第三部分相比，这部分偏向的是王雅村正在经历的第一现代性进程对王雅人财富观的影响，因而以"财富分配"为组织材料的核心。

### （一）橡胶公司的概况

云南天然橡胶产业集团西盟有限公司（下简称公司），在 2011 年完成重组后变成一个独立的有限责任公司。2011 年同时也是历史上橡胶期货价格的最高点，随后橡胶价格开始震荡下跌。但由于公司采取了一系列有效措施，实现了公司干胶产量大幅度的提高，因而在 2013 年，即便是在干胶价格较历史最高点（2011年）下降近 50% 的情况下，承包人收入仍比 2011 年增长近 15%。[①] 这就解释了为什么 YC 在 2013 年外出务工后会被家人劝说回家种橡胶。橡胶价格下跌的影响并没有直接作用在承包户身上，承包户的收入反而比橡胶价格最高的时期还增加了，

---

① 宁顺良：《实践党的群众路线 推动企业和谐发展》，《中国农垦》2014 年第 3 期，第 52—53 页。

从这一层面上来讲，公司主导的财富分配是令人满意的，它保障了承包户财富积累的需要，同时有效经营增强了橡胶经济抵御风险的能力。

## （二）村民对待橡胶公司的态度

田野调查期间，笔者在村民口中听到对橡胶公司的两种"声音"，正如上文所分析，这两种"声音"包含着对承包户与橡胶公司间财富分配方式合理性的价值判断。对种植公司胶的胶农来说，原则上他们需要按一定的数量向橡胶公司交纳胶水。之所以说是"原则上"，是因为在实际操作的过程中，存在胶农私售公司胶的现象，部分胶农没有按照规定将胶水交给橡胶公司，而是自行销售了。这其中涉及村民与橡胶公司间的博弈，某种程度上这是村民对自认为不合理的财富分配方式的反抗。

关于村民对橡胶公司的态度，村里一种"声音"觉得橡胶公司从他们手中拿去的太多，在日常话语中充斥着对橡胶公司的抱怨，这些抱怨落实到具体的行动上就是私售公司胶；另一种声音则为橡胶公司辩护，支持公司的行为，觉得公司安排的任务是合理的。接下来，笔者将呈现这两种"声音"，同时也会结合说话者的身份及其家庭基本信息进行分析，探究在这两种"声音"背后，说话者的立场是什么？他们对财富分配合理性认知或者标准从何而来？这在何种程度上体现出王雅人财富观的变化？

### 1."不是公司，王雅人不会有那么多胶（树）"

NB 家的私人像胶树比较少，只有 100 多棵。她家在 2000 年与公司签订合约，而当年之所以选择跟公司合作，是因为缺乏资金。她称 2000 年左右的树苗钱是 5 元一棵。她的叔叔当初努力劝大家跟公司走，并带头爽地（除草）。她说，"不是公司，王雅人不会有那么多胶（树）"。

她又补充到，成为公司的员工后，有事情可以找公司。譬如员工去世之后，可以找公司要丧葬费，一般会补助 5000 元；去世之后，公司也会代为补交电费。不是橡胶公司的员工，则不能享受这些待遇。去年，公司还给每位员工发了一桶香油；大前年，又给每人发了一张毛毯。除此之外，借钱也可以找公司，与农村信用社相比，向公司贷款不收取现金利息，但公司会相应地将利息放到橡胶的分成里扣除。

她还提到了建房的补助。在建新房时，橡胶公司的员工除了有政府 40000 元的补贴以外，也会收到橡胶公司 15000 元的补贴。而对普通橡胶农来说，50000 多元并不容易筹集。她说，现在只种私人像胶树的只有两位在力所乡教书的老师和 YD 家。

至于为什么选择与公司联营橡胶的问题上，NB 给出的解释是缺乏资金。跟公司联营，橡胶树苗、肥料、生产工具都由公司提供，对胶农来讲，只要把土地清空出种橡胶就可以了，几乎没有其他成本。同时，橡胶公司还会为胶农提供割胶技术的培训。对于大多数胶农来说，橡胶是一种全新的生计方式，种植和收割的技术都需要系统学习。正如 NB 所说的，"割胶是一门技术，跟你们学生学习是一样的。橡胶树的树皮有三层，割对了才能出胶水"。在一份王雅村的《技术技能培训花名册》中显示，2018 年王雅村共有 50 人参加了割胶技能培训，NB 一人也参与了三次培训。从下面一段描述可看出割胶所用到的技术之精细：

> 做展示的橡胶树两面都有割痕，显示这是一棵 15 年以上的老树，隔一天割一刀，一年可以割 20 厘米。割胶之前需要划一刀分水线，在橡胶的高产期采用阳刀割法（从上到下）。最后几年割上面，阴刀逆着方向割，最大程度利用树木。割胶很需要技术，不能碰到木质层（表皮层，中间层，木质层），需要最大化收集橡胶的产品。[①]

如果没有公司提供这些技术，新晋胶农们几乎很难在短时间学会种植橡胶，或者根本不会有勇气去尝试种植。除此之外，从橡胶树下种到出胶，大概需要八年的时间，对胶农来说，橡胶树在这八年的时间内是不能产生收益的。在这一前提下，橡胶公司关于生活费补助的提议就很有说服力了。

NB 显然对村民与公司间的财富分配方式是很满意的。她认为橡胶公司在王雅村橡胶经济起步的过程中起到了不可或缺的作用，甚至直接将橡胶经济的成效归功于橡胶公司；除此之外，作为橡胶公司员工的福利也为村民的生产生活提供

---

① 刘佳琪的田野笔记。

了多一层保障。从财富分配逻辑的角度看，NB 的观点弱化了橡胶公司对村民剩余价值剥削的一面，而关注橡胶公司与村民间的良性互动关系。在这种关系中，村民和公司间的财富分配关系是缓和的，双方均认为自己从这段关系中受益。

## 2. "公司真的吃我们太多了"

YM：这个胶价，吃最大的就是公司。像我们职工，下雨我们都要去，晚上不能睡觉。他们等着吃钱，他们不懂。他们真的吃大了。

问：那你们是橡胶公司的员工吗？

YM：我家才有三百棵（公司胶），大部分都是私人胶。划不来啊，公司真的吃我们职工的。……我们割了三百棵嘛，他们给我的任务是 1 吨，我怎么拿（得出）这么多，白白割给公司。难道我晚上不睡觉，还割给你吃胶？（象征性地交一点给公司就可以了）你不交又不行。以前他们养你，你可以给他们一点，自己留得多嘛。你全交给他们，任务不够你一分钱都没有，你好倒贴吗？

问：那他们这个任务是怎么定的？

答：嗯。这是公司搞的。我就随便一个月，秤个五十，一百斤就可以了。大部分我就拿回来。不这样做你真的不得吃啊。我们老百姓嘛，小孩要用钱，读书要用钱。

YM 对公司颇有怨言，他认为胶农与橡胶公司间的财富分配方式存在问题，甚至在某种程度上，公司占了他们的便宜。根据家庭信息表上的信息显示，YM 家的橡胶种植面积共 36 亩，全部为公司胶，按照每亩地可种 30 棵橡胶树的规模来算，YM 家应该至少种植了 1000 棵公司胶。家庭基础信息表上没有显示他们家有种植私人胶，因而即便有，应该也是不成规模的。YM 所说的 300 棵公司胶应该指的是开割的公司胶，因而他所不满的是橡胶公司给他定的任务额度，他认为不合理。对承包公司胶的胶农而言，只有完成了任务量以外的部分，即公司认定为胶农可自行处置的部分，这也是真正能产生收益的部分。但这也意味着，一旦不能达成任务量，胶农将无法得到任何收益。YM 在抱怨的过程中实际上也潜藏这一个信息，这个信息在后来笔者追问的时候得到确认，即胶农们不会完全按着公司给出的任务量上交，有时候只是象征性地交一点，剩余的部分会自己拿去出售。这种行为实际上被视为私售公司胶，这也正是橡胶公司所烦恼的，这一问题笔者将在下一部分展开叙述。

总而言之，YM 一直申明的是一种带有"反抗剥削"意味的财富分配逻辑，胶农起早贪黑工作，却还要将劳动成果让给橡胶公司，这是公司对胶农的"剥削"。"而公司以前给我们提供过生活费，所以我们现在也应该象征性地向他们交一点胶水，但剩下的大部分还是由我们自己去卖，就合理了。"YM 采取的是一个理性计算的胶农视角，通过"剥削"这一概念建构出自己违约行为的合理性。

从橡胶公司的角度看，这也是不合理的。因为当考虑到橡胶公司的投入与回报，考虑到橡胶公司需要承担的众多风险时，私售公司胶的行为对公司来说也是不公平的，并且从长远来看，对胶农自身利益而言，影响也是消极的。但是对像YM 这样的胶农来说，他们有一套自己的解释，相较于 NB 对当前财富分配关系的满足，YM 对当前财富分配关系的认识带有些许社会冲突的意味。但从另外一个方面来看，私售公司胶或许确实是他们谋生的权宜之计，对割胶带来的财富积累的迫切期待与对现存农户—公司财富分配模式的不满纠缠在一起，共同导致了私售公司胶这一现象的普遍存在。

### （三）对现存"农户—公司财富分配模式"的挑战

#### 1. 私售公司胶

田野调查期间，笔者发现胶农私售公司胶似乎是一个普遍存在的现象。

YT 是王雅村的现任村主任兼村支书，谈到胶农私自出售公司胶的现象，他说，这是不应该的，因为公司刚开始给他们发了八到十年的生活费。近年来，橡胶厂一直处于亏损的状态，主要原因就是因为胶水流失。而胶水的流失又主要有两个方面，一是橡胶树生病，二是给胶农分配的任务不平衡，胶农不愿意将橡胶上交给公司。私自出售公司胶的现象很久以前就存在了，主要原因确实是胶农跟公司干划不来。

戴哥的叙述大体上跟 YT 一致，但补充了更多的细节：

戴哥说，现在橡胶公司面临的最大问题，就是很多员工不愿意交胶，宁愿多出运费，甚至跑到西双版纳去卖，也不交给公司。他们也不愿意交给别人去卖，一定要自己去。因为这个问题，胶厂的领导都换了好几个。胶农每年交够公司的任务 1/3 左右，就不交了。从标准上看，公司每年给胶农派发的任务应该按公司占总产量 52%，胶农按总产量 48% 分成。戴哥无奈地说，这里面的各种关系很混乱，他自己也说不清楚。

戴哥强调的重点是，私售公司胶的问题目前也是橡胶公司在经营层面面临的最大问题，并且这里面的关系很复杂，可能牵涉到不同的利益相关者，因而他自己也说不清楚。由于没能去到橡胶公司开展调查，也接触不到橡胶公司的决策层，所以在讨论这个问题的时候，笔者所搜集到的材料绝大部分都是从胶农的视角出发的，这是本次田野的一个遗憾。就目前笔者手中掌握的材料来看，无法就这一问题进行更深一步的挖掘，无法厘清其中各利益相关者的关系究竟为何，因而只能转换思路，去探究橡胶公司应对胶农私售公司胶这一问题的举措。既然这件事对公司经营如此重要，公司肯定也应该有相应的监督和管制措施。

### 2. 橡胶公司的举措

YT 在访谈中提到过"保胶队"，这是橡胶公司为监督胶农而设置的。在某种程度上，这是橡胶公司在过去维持"农户—公司财富分配模式"的积极举措。

YT 说，橡胶公司曾经聘用了一支林防队（又被称为保胶队），监督胶农私自出售公司胶的行为，一旦发现，即捣毁胶农的生产工具，或者没收橡胶林。但勐连的胶农和林防队间曾发生冲突……县上怕发生群体事件，就禁止橡胶公司继续使用林防队，以至于现在几乎没有针对私售公司胶的惩戒性措施，橡胶公司也苦于收不到足够的橡胶。

在 YT 说法的基础上，戴哥又补充了更多的细节。实际上，即便没有保胶队，公司对私售公司胶的胶农也不是无能为力的，公司也采取了一些反制的措施：

> 戴哥：他们以前到处设关卡，防止胶农私自运公司胶出去卖。
>
> 问：公司对私售橡胶的胶农就没有任何惩处措施了吗？
>
> 戴哥：公司可以把胶农的岗位收回来，不给他种，但这只是针对最极端的情况，也就是那些什么都不交的胶农。还有就是回收 15000 元的建房补贴，这本来也是政府出的，不过最终是由橡胶公司交到员工手上，这也是公司维系员工的方法，但如果你不交胶，就取消你的资格。现在管得越来越严了。

尽管保胶队被取消，橡胶公司也还是能通过限制员工福利，甚至直接收回胶农的岗位来遏制私售公司胶的行为。虽然土地是胶农的，但种植在土地上的橡胶林是属于公司的，并且胶农已经将土地租赁给了公司，因而橡胶林是公司的财产，胶农没有处置的权力。而胶农之所以能继续在自己以及承租出去的橡胶地里作业，是因为胶农被公司聘用为员工，所以橡胶公司完全可以收回胶农的岗位，还可以另聘请别人来管理。但直接收回岗位这一举措当属非常极端的情况。在一般情况下，限制员工福利往往也能取得不错的效果。下面将以 YM 的父亲为例，呈现橡胶公司的这种反制手段。YM 的父亲作为公司的员工，能领到公司发放的养老金，但公司似乎依然会通过扣减养老金的手段来监督 YM 的父亲完成每月的任务额度。

> **YM**：像我爸爸这样的已经在领养老金了。公司每个月才给他 400 多元。他每年都要把任务交完，才能拿养老金，不然就会扣掉。现在可能是 500 元一个月，今年开始领。他的任务是三四百公斤胶，他每年都交完，超过定额的还会奖励，还会退给他。政府也有一个养老补助，99 元一个月；那边（公司）是 400 元一个月。

## （四）小结

本部分围绕橡胶经济中的财富分配问题，讨论了村民与橡胶公司间的关系。从官方数据来看，橡胶公司承担了部分胶价波动的不利影响，通过各种策略来增加胶农积极性，保证了胶农收入的稳步增加。从这一层面上看，橡胶公司给自己塑造的企业形象是正面的，富有社会责任感的，这一形象背后所反映的财富分配逻辑，也正体现着社会对公平和正义的诉求。

随后，本部分又讨论了村民对待橡胶公司两种截然不同的态度，其后体现出来的，是两种财富分配逻辑。财富分配逻辑在经由社会结构打磨的过程中，也产生出鲜明的主体性。对 NB 而言，她种植公司胶的规模不大，因而感受到的现存财富模式的问题不明显，反而她很满意公司目前提供的福利保障；而 YM 种植公司胶的规模是 NB 的三倍，他干劲十足，财富积累的动机强，因而更多地在现存的财富分配模式中，看到橡胶公司对胶农所产生出来的价值的"剥削"。后一种财富分配逻辑将对现存财富分配模式的违规行为合理化，将私售公司胶的行为变成了一种对不合理状况的挑战。

本部分已经讨论了王雅在现代化进程中财富分配逻辑的变化，下面的一部分将转向现代化自我解构的产物——风险分配逻辑。

## 三、橡胶经济中的风险分配

橡胶经济将王雅村卷入了巨大的全球市场，也将全球市场的风险带到了这个偏僻的小村庄。这一转变的发生意味着，王雅不仅要面对干旱、地震等灾害带来的自然风险，还要面对诸如橡胶价格波动、生态破坏这些更多由于人为因素造成的风险。本部分关注的是"风险"这一现代意义上的概念，如何通过风险分配的形式成为王雅人财富观的一部分，又如何影响到他们的日常生活实践。

本部分有三方面内容。第一，关注的是王雅村的两种应对风险的社会支持系统，讨论这两种社会支持系统产生或消亡的动力因素，从结构性的制度看王雅人财富观的转变。第二，呈现在风险社会的语境下，通过讨论王雅人应对风险的另一种尝试——多元生计的探索，从行为中探究王雅人财富观的转变。第三，围绕王雅社会中被"人为制造"出来的风险，分别从生活和生态两个角度进行论述。"人为风险"的不可计算性与前两个部分中讨论的可被计算和控制的风险相区别，构成风险社会的重要标志。

### （一）两种应对风险的社会支持系统："剽牛"与保险

#### 1. 作为传统风险应对方案的"剽牛"

佤族传统社会中存在应对风险的社会支持系统，对社会的维系而言起着不可或缺的作用。而在这其中，最显著的一种社会支持系统，就是佤族的"剽牛"活动。

在传统的佤族社会中，全寨性的民间信仰活动需要"剽牛祭鬼"，而每次"剽牛"的费用都由一户承担，承担的人被称为主祭人。每次这样的活动都需要消耗大量的酒和米，以宴请众人；还要剽一头至数头牛做祭品。因而，只有富裕户才有能力成为主祭人。

过去的不少研究认为，"剽牛"这样存在大量浪费的民间信仰活动严重破坏了佤族的社会财富积累和扩大再生产的条件，也严重阻碍了佤族的社会分化和发展。[①]但如果从生态人类学的视角进一步深究，会发现佤族的"剽牛"因所处的自然生态环境不同，而与"夸富宴"又存在差异。佤族的"剽牛"活动客观上还是一种传统社会中平均分配风险的社会支持行为，有利于佤族社会的延续。[②]

具体而言，由于生态环境和生产技术限制，在历史上佤族地区的粮食生产能力较低，因而其成员不可避免地遭受粮食短缺的困扰，佤族频繁的"剽牛"活动实际上将自然灾害、歉收等风险均分。富裕户提供祭祀用的牛，获取名望；社区中的其他居民在歉收的年景中，也能通过祭祀获取足够的动物蛋白。上述的"风险"，应当归结为外在的自然风险。将"剽牛"视作是佤族社会一种传统的风险分配方式的观点无疑带有很强的外部视角，因为"风险"这一指代不确定性的概念在现代语境中才形成，甚至在佤语中都没有直接表述"风险"的词语。因而对于传统佤族社会而言，"剽牛"更多的是基于他们对待不确定性的态度。他们用一套民间信仰的解释去拒绝不确定性，从而"剽牛"可以被看作是他们基于信仰的实践。

"剽牛"在佤族社会中稳定地延续了数百年，但笔者在田野实习期间，未见王雅村发生过"剽牛"的仪式，在村里鲜少能看见牛。曾经，对王雅人来说，牛

---

① 罗之基：《佤族社会历史与文化》，中央民族大学出版社，1995，第 357 页。

② 李文钢：《佤族传统社会支持的人类学研究》，《普洱学院学报》2003 年第 1 期。

既是重要的生产工具，又是重要的财富象征。按照 YM 的说法，在他爷爷奶奶年轻的时候，遇到干旱还会进行"剽牛"仪式。但在今年旱情发生期间并没有发生"剽牛"，这既有国家介入的因素，又很可能与王雅人财富观的转变有关。一方面，橡胶经济使得王雅村更加紧密地接入商品流通的现代社会，牛作为财富象征的重要性下降；另一方面，橡胶经济发展引发的生计转型，使得牛作为农耕生产工具的重要性也几近消失；除此之外，养殖牛的时间长、成本高，从经济效益上比不过养鸡和养猪。这些影响的一个直接后果是，王雅村中养牛的农户越来越少，牛更多被看作一种可以到市场上买的食物而非财富或生产工具，"剽牛"作为一种平均分配风险的社会支持系统逐渐淡出王雅人的视野。

> 戴哥：那时我家有四五十头牛，但好像只有两户养牛了。去年寨子里一共有19头，不知道今年有没有下崽，因为这个每年都要统计。以前养的也不多，只有一百多头牛，但还是我家养得多，有四五十，都一半了。
>
> 问：为什么现在的牛变少了？
>
> 戴哥：这里到处都是橡胶地。以前牛是生产工具嘛，现在耕地都变少了，除了这边还有一点耕地，其他地方都没有了。鼓励我们种胶（树）嘛。养牛又不方便，两三年下一次崽，没有养猪养鸡的利润高。要是这些老人（养牛的都是老人）去世了，可能就没人养牛了。

### 2. 作为现代风险应对方案的金融保险

"剽牛"作为应对风险的传统社会支持系统，内核是将风险在社区内部平均分配，增强社区作为一个整体抵御自然风险的能力。但随着国家力量的进入和橡胶经济发展而导致的一系列财富观变迁，"剽牛"作为社会支持系统已经渐渐淡出了王雅人的视野。而取代"剽牛"的，是由国家力量推行的金融保险方案，以天然橡胶期货保险和自然灾害保险为主要特征。保险的存在依赖于人们对风险的认知，是一种控制将来风险的手段。[①]这一套以保险为主要形式的现代的社会支持系统实质上也是对风险的重新分配，只不过这次风险分配涉及的范围更加广阔，

---

① ［英］安东尼·吉登斯：《失控的世界》，江西人民出版社，2001，第21页。

并不只局限于社区内部。

对普通胶农而言，在种植橡胶的过程中，他们能接触到的保险主要有两类：第一类是自然灾害保险，当遇到自然灾害的时候，橡胶的损失可获得理赔；第二类是天然橡胶期货价格指数保险，针对橡胶期货价格的波动。

### 3.自然灾害保险

如果农户提前购买了自然灾害保险，那么每个月都会收到保险补偿。笔者目前还没有找到自然灾害保险的相关政策资料，所以只能依靠戴哥口头提供的信息。

戴哥：自然灾害保险每年一期，政府承担80%的费用，农户需要自己交20%。但尽管如此，很多农户还是没有风险意识，不去购买，直到今年干旱发生的时候才想起来。也有一些农户以为这个保险只需要购买一次，不用年年都买。所以从根本上还是要改变农民的思想。

我：那你们家今天有没有买自然灾害保险？

戴哥：唉，今年忘记给家里说了，他们都没买。

政府承担自然灾害保险80%的费用，对胶农而言这是相当利好的政策，能够以较低的成本去抵御自然风险。从政策预想的效果来看，如果该政策有效实施，所有胶农都购买了自然灾害保险，那么近来由于干旱造成的损失是可以直接得到赔偿的，这在很大程度上增强了胶农抵御自然风险的能力。但该政策在王雅村实际推行的过程中，却没有达到令人满意的效果。王雅人对干旱、地震一类自然灾害的风险认知水平还较低，通过保险手段分配风险的意识还不够强。即便像戴哥这样有远见的家户，家里的橡胶地依然没有购买该种保险。家住橡胶一队的王雅村的武装干事YY，在一次闲聊中也提到尽管有这种自然灾害保险，但很多胶农都没有去购买。

### 4.橡胶期货价格指数保险

针对橡胶价格波动导致的胶农增产不增收的产业风险和扶贫风险，西盟县与保险公司和期货公司联合，采用"保险+期货"与"精准扶贫"结合的模式，通过"天然橡胶期货价格指数扶贫保险"，为农户提供价格保障。该保险的参保对象是橡胶种植户，保费由期货公司全额承担。[①] 通过保险这种胶农较容易理解且便于参与的金融服务形式来满足其风险管理的需要，同时保险公司与期货公司签订合约将风险转移出去，而期货公司则进一步利用期货复制期权使风险完全转移到期货市场，最终风险在市场得到对冲，而参与各方的利益都得到了优化与均衡。[②]

该模式在施行的初期便取得了较好的效果。在这一风险分配模式下，风险被精确计算并被控制在一个合理的范围，通过将风险转移到期货市场上对冲，实现了对风险的有效管理。橡胶价格波动的风险在这一模式下得到有效控制，这体现了现代化过程的一个特点，即人类对控制将来的介入程度越来越深，这是第一现代化进程中理性不断扩张的产物。但是，保险只能覆盖到传统的风险，而王雅村面临的现实状况却是传统风险与新风险的复杂交织。新风险的程度和大小无法估量，越想用理性去加以控制，"人为制造出来的风险"就越发显现。现代保险取代了"剽牛"，成为王雅社会应对风险的新社会支持系统。橡胶经济的外在风险得到有效管理，橡胶价格波动对村民收入的影响被控制在一定的范围，王雅村的现代化进程也得以快速推进。

然而应当注意的是，人为制造出来的风险却不可避免地越来越成为王雅社会和财富积累的威胁，重塑着人们的财富观，这是下一小节将要讨论的内容。王雅人的风险分配除却依靠结构性的社会支持系统外，还体现在多元生计上。单一的橡胶经济在作为全村支柱性产业的同时，也聚集了巨大的风险。应对这一形势的路径有两种：第一种是通过各种技术手段防范风险的发生，譬如加强病虫害防治，提高村民的橡胶管理技术，当然也包括上面提到的橡胶期货价格指数保险。但该路径永远只能解决已知的风险，随着人类知识范围的扩大，新的风险永远都只会呈指数级增长，而一旦这种生计方式出现问题，王雅社会将会遭到致命的冲击。第二种路径是改变以单一橡胶经济为主导的形式，发展原有多元生计的同时，探索更加多元、更加符合王雅村实际情况的生计方式。第二种路径是以下一个小节讨论的中心。

---

① 西盟县脱贫攻坚指挥部综合协调办公室编《西盟县脱贫攻坚惠农强农政策干部读本》，2018。
② https://www.yunken.com/?p=47805。

### （二）多元生计

有学者指出，对于农户而言，要产生积极的生计成果，单靠一种生计资本是不可行的。农户的生计状况在很大程度上取决于各种生计资本的综合作用，优质高效的生计资本是农户降低生计脆弱性，增强风险抵御能力的基础。[1]这种观点支持了多元生计对提高农户风险分配能力的有效性。本小节关注王雅人的多元生计，分析这些生计方式在何种程度上对橡胶经济进行补充，又在何种程度上带来更多的风险。

云南林业职业技术学院的亚老师是驻村扶贫工作组的队员。当被问及"橡胶接近三个月几乎没有收入，村民靠什么生活下去？"的时候，亚老师回答：

他们会想办法的，要不然他们怎么活得下去呢？

他似乎没有很在意这个问题。这说明在某种程度上，这一小插曲并不至于造成村民年度总收入的明显减少。亚老师相信胶农为了生存"会想办法的"，那胶农们到底想出了什么办法？

#### 1. 养殖

养殖是王雅村一种传统的生计方式，全村养殖业主要以猪、鸡为主。2018 年全村生猪存栏 520 头，出栏 633 头；家禽存栏 2013 只（羽），出栏 2400 只；大牲畜存栏 19 头，出栏 6 头，全年完成肉类总产量 44.06 吨。在 2019 年春夏之交的旱情期间，橡胶经济受创，养殖收入成为王雅村民的主要收入。

NP 在村里开了一家杂货店，里面既卖零食饮料，也有油、大米这类生活必需品。NP 也是胶农，这天早上下了雨，不能去割胶，她便杀了一头猪，在小卖部门口售卖。

这头猪是 NP 家养的，但"卖"给了她的老公和一组的组长"做生意"。一组的组长在记账，NP 的老公在处理猪肉。NP 提前以每市斤 7 元的价格将猪肉

---

① 许汉石、乐章：《生计资本、生计风险与农户的生计策略》，《农业经济问题》2012 年第 33 期，第 100—105 页。

"卖"给他俩，但只有在猪肉卖完并完成收款后再交付。猪肉的定价跟市场价格相近，能卖到十几块每市斤，所以基本上每市斤能赚五到六块，多出来的这部分钱由 NP 的老公和一组的组长平分。就这头猪而言，总重有 168 公斤，预计能卖到 2000 元钱。

NP 家卖猪肉的方式是，杀猪后，会告诉村里人，村里人听到消息后就会过来买。后来，我们看到她老公和一组的组长将猪肉放上了"三蹦子"，他们走街串巷地在寨子里卖猪肉。NP 说，这个猪肉很容易就卖完了，而且他们卖的价格跟市场价格是差不多的，因此一般只在村子里卖。

根据 NP 的说法，猪肉在村子里的销路不错。虽然村子里没有集市，但邻里之间消息传得快，她杀了一头猪出售，很快村里的人都知道了，而且都会来买。并且猪肉在村子里的售价，跟在外地市场上的售价几乎没什么差别，因而也没有套利的必要，直接在村子里卖更省事。

卖猪肉在不能割胶的日子里是一项重要的收入补充，一般情况下，每位胶农割胶的月收入也只有 1000—2000 元，与杀一头猪获得的利润差不多。但实际上，养殖这种生计方式同样面临着风险。

今年（2019）5 月底，云南省西双版纳州勐海县格朗和乡部分养殖户饲养的生猪发生非洲猪瘟疫情。云南省自 2018 年 10 月以来，累计发生非洲猪瘟疫情 9 起，波及存栏生猪 2327 头。目前云南有 3 个州（市）处于封锁状态。[①]

在笔者田野实习期间，西盟地区对非洲猪瘟的检疫力度依然很强。公路上会有消毒的检查站，村干部需要随时掌握村里生猪的头数及死亡情况。还记得某天晚上，我们一群人正在谈天说地，村里的辅警接到一通电话后，立刻进入执勤状态，拿上手电筒、装备，挨家挨户排查生猪的死亡状况。非洲猪瘟带来的风险是全球性的，不再局限于某个国家或区域。猪瘟起源于非洲，却最终威胁到中国西南边境的这座小山村。并且这种风险带来的损失是巨大的，难以控制的，一旦村

---

① http://www.sohu.com/a/317664935_782486。

里有猪感染瘟疫，全村的猪都需要被处理掉，可想而知这给养殖户带来的巨大损失。对王雅村而言，全球市场带来的风险并不仅在胶价波动上，还因为国际间日益密切的物质往来，以非洲猪瘟的形式蔓延到偏远的社区。这种风险危害巨大且难以控制，对处于快速现代化进程中，而又没有足够的时间形成风险管理机制的王雅人而言是不小的挑战。

### 2. 务工

务工是另外一种重要的生计方式。在前文中已经论述了在王雅村种植橡胶和外出务工存在一种替代关系，当橡胶价格低迷的时候，更多的村民愿意去城里找工作；而当橡胶种植收入高的时候，外出务工的村民又会返村种橡胶。选择外出务工而闲置家中橡胶林的现象在王雅村隔壁的南亢村表现得尤为显著：

> 孃孃家门前就是他们自己的胶地，已经一两年没割了，说就让它荒废在那里。问为什么不割胶，说割胶"不划算"。言下之意就是他们的工作比割胶要赚钱。这可能就是这个寨子这么富裕的原因吧，工作收入已经超过在胶地劳作的收入了。[①]

与外出务工相比，本地务工与橡胶种植两种生计间是互补关系，在橡胶经济遭遇风险的年景，或者因老弱伤病而导致无法割胶的时候，在本地务工继续为村民提供可观的收入来源，从某种程度上分担了村民的生计风险。

YB 是第三村民小组的组长，今年 58 岁。或许是因为西盟地区紫外线强，这里的老人看上去都比实际年龄大，皮肤的肤质以及其上的褶皱特别有沧桑感。YB 现在基本上已经不割胶了，他的橡胶地已经转让给了儿子来打理。目前，他的主要收入来源是本地务工。

> YB：今年胶价不好，橡胶树又生病，像 YT 书记的媳妇就跑到深圳去打工了。YT 书记割胶的时候凌晨两到三点出发，早上八九点回来上班，"老百姓不容易"。我今年也劝我儿子（和媳妇），让他们一个去打工，一个去割胶，他们不听。

---

① 卢思瑶的田野笔记。

谈到今年的旱情时，按照 YB 的说法，打工是应对停割损失的一种办法。与此同时，在橡胶价格低迷的环境下，打工是比割胶更好的选择。

### 3. 多元生计探索

王雅人积极进行多元生计的探索，进行了肉牛、中蜂、青贮玉米、坚果、魔芋等多种新产业的探索。其中，魔芋的种植较为成功，还曾被计划为替代橡胶的第二产业。总而言之，这些通往多元生计的尝试，都在不同程度上分担了单一橡胶经济负载的风险。

### （三）"人为制造的风险"

"人为制造的风险"是一个区别于自然风险的概念，即风险的产生是人为介入产生的结果。后工业时代所带来的很多风险是无法预料的，"我们生活在这样一个社会里，风险更多地来自我们自己而不是来源于外界"①。在本小节中，笔者将从生活与生态两个方面，围绕王雅社会中出现的人为风险，讨论这些新出现的人为风险如何对王雅人的财富观造成影响。

橡胶经济经过了二十年的发展，给王雅人带来了一定的财富。而对待新增的财富，部分王雅人将其用于酒精饮料的消费，也导致了酗酒问题的出现。这是王雅社会近年来出现的一个显著问题，导致无论在健康还是在社会正常运行上，都蕴藏着不小的风险。有学者曾以风险社会的视角去分析西盟拉祜族社会中的酗酒问题，发现拉祜族的酗酒问题是伴随橡胶经济收入的提高而产生的。过去人们只能喝一点自家酿的苞谷酒，数量有限，但现在人们不用再自己烤酒了，他们能用钱去购买廉价的商品酒，这助长了当地人不节制的酗酒行为。②

王雅人本来喝的也只是佤族传统的水酒，度数较低，喝起来不容易醉。而所谓的"辣酒"酒精度数高，容易上头。啤酒在 2013—2014 年才进入当地市场，结果却出乎意料地受欢迎。酗酒行为首先带来的是子女教育的风险，家长酗酒会给儿童树立一个坏榜样，影响儿童健康人格的形成。罗警官是当地的一名干警，

---

① [英] 安东尼·吉登斯：《失控的世界》，江西人民出版社，2001。

② 林春大：《橡胶种植与风险社会的失序——以西盟拉祜族社会为例》，《普洱学院学报》2014 年第 30 期，第 11—16 页。

他道："为什么这里的孩子不读书呢？因为这里的小朋友们放学回家看到爸爸妈妈都在喝酒，觉得生活好啊！认为不努力也可以过上不错的生活，很开心。想要发展教育，就得从小娃娃抓起，从家长本身的戒酒抓起。"

酗酒行为带来的第二种风险，是村民生产积极性的降低。王雅村本来已经进入严重老龄化阶段，越来越多酗酒的劳动人口将阻碍社会经济的发展。在下面一则材料中，谈到 YN 酗酒问题时，仁博士采用了"腐蚀"一词，隐喻酗酒行为是一种对生产力的破坏。这也难怪西盟县政府会如此重视该问题，并在 2018 年内颁布了三次禁酒令。

我提起村上有好些人养猪很有心得，提到了 YN 养猪很成功。仁博士说他对打疫苗很上心，比较有科学饲养观念。但他后来一直酗酒，有些被酒腐蚀了，他以前更勤快。去年县里下了三次禁酒令。仁博士说不如改成控酒，让村民上午不喝，保持半天的清醒。[1]

酗酒行为带来的第三种风险直接作用于个人的健康。当地的村医 NL 对酒精饮料持负面态度，她认为当地人寿命越来越短的原因就是因为酗酒。YC 告诉我们，村里爱喝酒的人能从早上 8 点喝到晚上 8 点，有些人喝到酒精中毒不能正常劳动了，还要继续喝。酗酒造成的健康问题对王雅社会而言是一个潜在的风险。从另一个角度来看，酗酒问题终于成为一种风险，也反映了王雅人健康观念的提高。酗酒问题与健康之间的联系，正是通过现代科学的理性研究成果才得以建立的。从风险文化的视角看，实际上王雅人所面临风险并没有增多，只是由于他们认识的发展，导致他们意识到的风险增加了。

## （四）小结

本部分探讨了橡胶经济发展中的风险分配问题。首先讨论了"剽牛"与保险两种分配风险的社会支持系统。"剽牛"社会功能的实质是在社群中的富人和穷人间均分风险；保险社会功能的实质是对风险进行管理，将可控的风险转移出去。

---

[1] 刘佳琪的田野笔记。

以佤族民间信仰为基础的"剽牛"否认不确定性的存在，用"巫术"去控制自然界中的不确定性；伴随资本主义经济而生的保险，努力去计算各种不确定性，并通过理性对其进行管理，降低不确定性的危害。

然而，在现代化自我解构的过程中，风险社会逐渐呈现，人为制造的风险逐渐取代自然风险，成为社会发展的主要驱动力。就风险社会的特点而言，理性因素渗透的程度越深，风险非但没有得到控制，反而变得越来越多。在这种意义上，与其通过各种努力去控制橡胶经济的风险，不如通过发展多元生计以分配风险。

新出现的人为风险就其危险程度和波及范围的大小而言都是不可预知的，而人为风险产生的原因也正是理性进一步施展其控制力的结果。透过王雅社会中新出现的两种"人为风险"，我们可以看到风险社会的预言确实已经部分发生在王雅社会。

## 结语

本报告以王雅村的橡胶经济为背景，在现代性和风险社会的语境下，讨论了王雅人财富观的转变。在这一转变发生的过程中，我们可以看到王雅人对财富积累的期待体现在了他们计算橡胶公司财富分配模式合理性的行动上；同时，我们也可以看到风险的概念逐渐通过橡胶价格波动、期货价格指数保险、非洲猪瘟、酗酒问题等，逐渐成为王雅人财富观的一部分，影响着他们的思考方式和行为实践。

从某种程度上看，现代化与风险社会是割裂的。一方面，现代化告诉他们要用理性去创造更多的财富，追求更加公平的财富分配模式；另一方面，自反现代性（风险社会）又向他们展示了风险渗透在现代社会的每一个角落，越用理性去施加控制，需要面对的风险反而会越多。然而现代化与风险社会这两种趋势却可能同时在一个社会当中发生，这就是中国社会目前正面临的"共时性问题"。而这一问题也通过国家、市场的触角延伸到王雅社会，深远地影响着王雅社会的财富观。